L'islam en France

POLITIQUE D'AUJOURD'HUI

L'islam en France

ALAIN BOYER

PRESSES UNIVERSITAIRES DE FRANCE

ISBN 2 13 049764 0

Dépôt légal — 1re édition : 1998, décembre

108, boulevard Saint-Germain, 75006 Paris

Aux musulmans de France, mes amis en Dieu,
mes frères dans l'attachement à la laïcité
et aux valeurs républicaines.

Sommaire

TROISIÈME PARTIE

La situation actuelle de l'islam :
la deuxième religion de France et ses problèmes

Remerciements

Ma gratitude va tout d'abord aux ministres de l'Intérieur successifs, MM. Charles Pasqua, Pierre Joxe, Philippe Marchand, Paul Quilès, Jean-Louis Debré et Jean-Pierre Chevènement qui, à des titres divers, et dans des circonstances variées, ont su faire appel à mes connaissances en matière d'histoire religieuse pour servir à l'intégration des musulmans de France. Les contacts en ce domaine ont été facilités par des relations franches et cordiales avec leurs conseillers, en particulier Raoul Weexsteen, André Damien et Alain Billon. Ces travaux ont pu être poursuivis grâce à la compréhension des préfets sous l'autorité desquels j'ai eu l'honneur de servir, tant en poste territorial qu'à l'administration centrale, parmi lesquels je citerai Philippe Loiseau, Roger Gros, Gilbert Carrère, Joël Thoraval, Gérard Deplace, Jean-Marc Rebière, Michel Blangy, Jean-Pierre Delpont, Christian Fremont et François Leblond. Je n'oublierai pas combien le préfet Paul Bernard, alors président de l'Association du corps préfectoral et des hauts fonctionnaires du ministère de l'Intérieur, m'a incité à écrire mes réflexions sur ces sujets délicats, voire controversés.

Ce livre doit énormément aux rencontres personnelles avec beaucoup de musulmans, les membres du CORIF, puis Dalil Boubakeur, recteur de la mosquée de Paris, mais aussi Soheib Bencheikh, grand mufti de Marseille, Abd el Haq Guidernoni, responsable de l'émission « Connaître l'islam », et tant d'autres d'origines diverses et de convictions parfois opposées, mais qui ont une foi profonde et le souci de l'avenir des musulmans en France.

Mes réflexions ont été enrichies par toutes les rencontres interreligieuses et par les groupes d'amitié entre chrétiens, juifs et musulmans. J'évoquerai en particulier, à ce propos, mon maître, le grand rabbin René-Samuel Sirat, les responsables du Service des Relations avec l'Islam de l'Église catholique et de la Commission Église Islam de la Fédération protestante de France, les P. Michel Lelong, Gilles Couvreur, Michel Reeber et tant d'autres qui, dans des approches diverses, ont su développer une vue positive de l'islam et considèrent les musulmans comme des frères.

Sur le plan matériel, ma reconnaissance va à mes secrétaires qui ont su faciliter mon travail et ont souvent repris le manuscrit, en particulier Mme Chantal Georges, Mlle Marie-Anne Colin, Mme Christiane Dupeyrix, Mlle Monique Blanchet.

Rien bien sûr n'aurait pu advenir sans la compréhension de ma famille pour qui, en plus de responsabilités déjà prenantes, ce livre a signifié bien des heures de présence arrachées. Je remercie tout particulièrement mon épouse Anne-Marie et mes enfants, Myriam, Jean-Daniel, Hélène et Anne-Sophie. Mon plus grand bonheur est de les voir s'intéresser aux relations interculturelles et au dialogue interreligieux, en vue de renforcer la fraternité entre les hommes.

LA FÂTIHA (OUVERTURE)

Premier chapitre du Coran : « Au nom de Dieu, très bon et miséricordieux, Louanges soient à Dieu, Seigneur de l'Univers, Très bon et miséricordieux, Souverain du Jour du Jugement. C'est Toi que nous adorons, Toi dont nous demandons l'aide. Conduis-nous sur la Voie Droite, la Voie de ceux à qui Tu as accordé tes bienfaits et non de ceux qui ont encouru Ta colère ni de ceux qui sont dans l'égarement. Amen. »

DÉFINITION

« L'islam est une "institution religieuse" qui englobe et régit, par ses dogmes, ses rites et ses normes, tous les domaines de l'existence individuelle et communautaire. L'islam est ainsi parallèlement *dîn* (religion), *dawla* (mode et système de gouvernement) et *dunyâ* (vie quotidienne de chaque instant dans le monde d'ici-bas). »

« Trois courants animent l'islam militant contemporain : le courant moderniste, favorable à la modernisation du Code islamique, le dogmatisme théologique, opposé à cette même modernisation, et l'idéologie révolutionnaire, décidée à mener la guerre contre l'impiété. »

Michel Reeber, *L'Islam*, Milan Édition, coll. « Les Essentiels », 1995, 64 p.

INTRODUCTION

L'islam et la France sont deux notions et deux termes de portée bien différente ; et pourtant, l'objet principal de cet ouvrage consistera à les mettre en relation, à les confronter, en indiquant si possible les voies et les perspectives de leurs rapprochements.

L'islam est d'abord une religion, mais il est aussi bien plus que cela. Il porte avec lui une histoire, une culture dont l'aire d'expansion traditionnelle s'est répandue d'abord, à partir de la péninsule arabique, au Proche- et au Moyen-Orient, puis au Maghreb, mais aussi bien au-delà, en dehors des peuples arabes ou arabisés, vers la Turquie, l'Iran, l'Indonésie et jusqu'aux Philippines et en Chine, non sans avoir aussi poussé des ramifications et des implantations plus ou moins durables en Europe, souvent dans des rapports conflictuels avec une chrétienté dominante.

La France est d'abord un État, sujet du droit international, caractérisé par un territoire qui ne se limite pas à l'Europe, à la métropole, mais qui a connu une vaste expansion coloniale et qui s'étend encore outre-mer, dans des zones où l'islam est présent. Mais c'est aussi un peuple, caractérisé par une histoire, une culture, une langue qui n'empêchent pas bien des diversités, et une nation qui s'est forgée à travers une communauté de destin. La nation est d'abord définie, dans la tradition républicaine, et selon la conception de Michelet et de Renan, par une volonté de vivre ensemble, malgré diversités et différences, en construisant un projet commun dans un pluralisme accepté et vécu.

La nation française est le fruit d'une histoire complexe et conflictuelle où les rencontres avec l'islam ont été nombreuses, mais souvent orageuses et difficiles, dans des rapports de force, de conquêtes, de colonisation, laissant certes la place à des périodes d'alliances, de relations commerciales et d'échanges culturels que l'on a trop souvent tendance à occulter. Cependant, l'identité française, si elle est multiple et si elle a varié au cours des temps, s'appuie essentiellement sur une langue et sur une culture où les apports de l'islam, sans être inexistants, restent marginaux, et où l'islam est surtout conçu comme un phénomène extérieur, sinon étranger.

Ces deux termes, qui ne sont donc pas sur le même plan, n'ont *a priori* guère de points communs. De plus, il ne s'agit ici pas d'examiner les relations entre la France et l'islam, ni l'image que l'islam a de la France, mais de suivre l'implantation de l'islam en France. En effet, la présence relativement récente de musulmans, en France métropolitaine, est un phénomène majeur de ces dernières décennies qui transforme le visage de notre pays et qui nous conduit à envisager les relations qu'il entretient avec l'islam, tant dans une perspective sociopolitique interne que sur un plan géostratégique.

En effet, la présence en France de plus de 4 millions[1] de personnes de religion et de culture musulmanes qui font, sans conteste, de l'islam la deuxième religion de France par le nombre de ses fidèles, sinon par son importance dans la société et dans la vie politique, est un phénomène fondamental majeur de la France contemporaine qui pose une série de problèmes et qui amène une évolution du contenu de l'identité française. Cette présence, de plus en plus massive et visible des musulmans, conduit à nous interroger sur leur situation juridique, leur statut, leur place dans la société et sur le rôle qui leur est dévolu.

1. Nous reviendrons plus loin sur les débats liés aux évaluations statistiques du nombre des musulmans en France.

Que cette présence plaise ou non, qu'elle soit acceptée ou rejetée, elle est désormais un fait « incontournable » dont les tendances lourdes laissent plutôt envisager une augmentation numérique et une place de plus en plus importante, sans parler de la pression démographique croissante de la rive méridionale de la Méditerranée. La France devra vivre désormais avec ces réalités.

Mais si nous rencontrons des musulmans, et nous aurons l'occasion de souligner la diversité, voire les divisions des populations musulmanes en France, est-on fondé à parler d'islam en France, comme l'on parlerait du catholicisme, du protestantisme ou du judaïsme en France, que l'on rencontre certes à travers les individus qui vivent et pratiquent ces religions, mais qui présentent un certain nombre de points communs qui permettent de parler de communauté, d'identité religieuse particulière, même si l'on est bien conscient que ces termes doivent être maniés avec beaucoup de précautions ?

Les musulmans en France sont extrêmement divers par leurs origines et leurs croyances, comme par leur degré d'intégration dans la société française. L'unité que l'islam pourrait résumer leur est souvent attribuée par la société majoritaire, alors qu'elle est pour eux l'objet d'une recherche. Pourtant, s'il n'y a pas d'unité visible, d'institution représentative, il reste la conscience de faire partie de l' « oumma » de la communauté des croyants. Et si les musulmans sont divers, il en est sans doute de même des croyants de toutes les grandes religions universelles, sans que cela empêche de les étudier globalement, en dehors même des structures qu'ils ont pu se donner, et qui peuvent être consubstantielles à leur foi, comme l'Église, pour un catholique.

Non seulement les musulmans en France sont extrêmement divers, ils sont de plus profondément divisés. Ils sont divisés d'abord par des luttes internes incessantes et complexes pour le pouvoir que l'on pourrait certes rencontrer dans d'autres institutions religieuses mais qui ne trouvent pas ici de solution, ni d'arbitrage, faute d'autorité respectée ou admise. Ils sont divisés surtout par les multiples interventions directes d'États étrangers qui, à travers leurs financements ou l'envoi d'imams, cherchent à s'assurer le contrôle religieux, idéologique et politique des communautés musulmanes, au point que certains responsables et « missionnaires » musulmans peuvent faire figure d'agents de l'étranger. Certes, dans l'histoire, des groupes et, en particulier, des religions minoritaires, ont été dénoncés comme le « parti de l'étranger » ; tandis que la droite antirépublicaine, à l'époque de l'affaire Dreyfus, dénonçait les liens du protestantisme avec l'Allemagne ou avec l'Angleterre, au moment où, pour Drumont ou Maurras, les juifs ne pouvaient être que des étrangers, traîtres à la France. Ce fut même le cas pour l'Église catholique en France, aux plus beaux jours de la lutte anticléricale, à cause de ses liens avec Rome et de la victoire, au cours du XIXe siècle, de l'ultramontanisme sur le gallicanisme. En ce qui concerne les musulmans, il ne s'agit pas de simples dénonciations : les tentatives de tutelle exercées par des États étrangers sur les communautés musulmanes en France sont une réalité d'une ampleur remarquable. Cette attitude pourrait apparaître comme le désir légitime des pays d'origine de conserver le contrôle de leurs ressortissants, appelés à retourner chez eux à l'issue de leur contrat de travail, à condition qu'il se développe dans le cadre d'accords avec les autorités françaises (comme il existe des églises allemandes ou américaines, des missions italiennes, polonaises, etc.). Mais ce contrôle perd sa légitimité lorsqu'il s'agit de citoyens français ou lorsque les immigrés concernés souhaitent rester en France et s'y intégrer. L'influence de l'Arabie Saoudite en faveur du fondamentalisme whahabite ne peut s'appuyer sur cet argument, puisqu'elle ne compte guère de ressortissants en France. Elle s'explique, en revanche, par les prétentions de cette puissance régionale du monde arabe et surtout par la centralité de la religion et les responsabilités qui découlent de son rôle de protecteur des Lieux saints. Les raisons de ces tutelles étrangères ne manquent pas : l'islam est trop récemment implanté en France pour disposer de cadres religieux propres ; il ne jouit pas encore de moyens financiers suffisants pour répondre aux frais liés à l'exercice du culte et en particulier à la construction de mosquées.

Est-on alors autorisé à parler d'islam au singulier, tout en sachant qu'il existe de multiples formes, fragmentées et même brisées, souvent rivales, d'islam en France ? On est en droit de le faire, mais avec d'infinies précautions, à condition d'entendre le terme d'islam au sens large, comme on pourrait esquisser des histoires du christianisme ou du judaïsme en France, sans occulter les divisions internes de ces groupes religieux.

Il convient d'abord de préciser ce qu'on entend globalement par islam, alors que nous aurons à parler surtout des musulmans. Il n'existe aucune autorité normative interne à l'islam, capable de décider qui est musulman, et aucune détermination de cette appartenance par les pouvoirs publics dans un pays laïc. De plus, la conversion à l'islam est aisée puisqu'il suffit de prononcer la « chahada », la profession de foi. C'est pourquoi nous nous appuierons sur une approche essentiellement sociologique et non juridique ou normative, nous contentant, dans un premier temps, de considérer comme musulman tout individu qui se déclare comme tel, nous réservant par la suite la possibilité d'interroger ses modes de relation avec l'islam, par exemple l'intensité de sa pratique des principaux rites religieux, le laissant déterminer les modalités de son adhésion à l'islam et le contenu de son identité musulmane. Mais revenons-y, qu'est-ce que l'islam ? Une religion bien sûr, mais aussi une culture (trop souvent confondue avec la civilisation arabo-musulmane !)[1], une législation, un mode de vie, un ensemble de pratiques et de références sociologiques.

1. Rappelons simplement, car il s'agit de lutter contre des représentations bien ancrées, que tous les Arabes ne sont pas musulmans (en soulignant l'importance des minorités chrétiennes et autres) et que les Arabes ne représentent qu'une minorité des musulmans (un quart environ), même si l'arabe est la langue religieuse de tous les musulmans (la langue de la Révélation du Coran). Mais notre image est marquée par l'histoire : l'islam a été connu à travers le monde arabe, et les musulmans en France sont en très grande majorité d'origine arabe (même s'il ne faut pas oublier les Turcs ou les Africains du sud du Sahara).

On peut noter la tendance de l'Occident à se disculper de toutes ses erreurs historiques et à en rendre l'islam responsable. Ainsi, en 1842, Edgar Quinet, traçant à grandes lignes l'histoire de l'Occident, ne peut passer sous silence les massacres d'Indiens d'Amérique par les conquérants espagnols, mais les explique ainsi : « Ceux-ci se trouvaient sous l'influence de la culture et de la religion islamiques ! L'Inquisition a connu son apogée dans une Espagne influencée par les Barbares ! Et la croisade, qui a exterminé les hérétiques albigeois, a été préparée par la prédication d'un Espagnol, San Domenico di Guzman. » Même en ce

C'est ce vaste ensemble de caractéristiques que nous aborderons autour d'une notion fondamentale, l' « oumma », la communauté des croyants, qui entraîne une vision panislamique et impose des solidarités internationales, au-dessus des appartenances nationales et des frontières étatiques.

La conscience d'appartenir à cette communauté se ressource dans la participation collective, au pèlerinage à La Mecque dont il conviendrait d'étudier de plus près les modalités d'organisation, sans différence de race, d'origine et de rang social (mais à travers un encadrement par contingents nationaux).

Sans entrer ici dans les subtilités de l'islamologie, il apparaît nécessaire, sinon de définir l'islam, du moins de tenter rapidement une approche de ses principales caractéristiques. Nous partirons d'abord de la présentation de leur religion par les musulmans eux-mêmes (fondée sur les textes du Coran, mais aussi sur les hadiths et sur les commentaires). Nous examinerons ensuite les approches des différentes religions avec lesquelles il a eu, dès l'origine, des contacts, ce qui nous aidera à voir comment l'islam a été reçu, en particulier dans les pays où il est appelé à être vécu dans une situation minoritaire, expérience radicalement nouvelle pour de nombreux musulmans, habitués à un islam très majoritaire, voire exclusif.

L'islam est, avant tout, une attitude personnelle qui suppose la soumission et l'obéissance totales à Dieu, Allah. Il peut y avoir de bons musulmans, en dehors même de l'adhésion à une doctrine particulière, en dehors de la lecture du Coran et de la connaissance intellectuelle du message révélé à travers et par Mahomet. Tout l'univers, étant soumis à la loi de Dieu, est fondamentalement « musulman ». Cependant, l'homme, doué d'intelligence et de raison, a la faculté de choisir : il peut accepter la souveraineté

qui concerne les croisades, Quinet déclare : « L'Église catholique adopte dans les croisades le principe de l'islamisme : l'extermination » ! (*in* E. Quinet, *Le christianisme et la Révolution française*, 1845, Paris, Fayard, 1984, p. 146, 159 et 137). Il faut bien justifier l'expansion coloniale menée à l'époque en Algérie au nom d'une mission divine : « Lequel verra le premier l'étoile ? » (*ibid.*, p. 148), cité par Domenico Losurdo, « Autocritique de l'Occident », in *Le nouveau système du monde*, sous la direction de Jacques Bidet et Jacques Texier, Paris, PUF, coll. « Actuel Marx Confrontation », 1994, 288 p. (p. 156 et 157).

de Dieu et se soumettre à ses commandements, il peut, au contraire, l'ignorer, voire la rejeter. La confession de foi du musulman (la « chahada ») prononcée en imprimant à l'index[1] la direction du ciel, est très concise : « Il n'y a de divinité autre que Dieu lui-même et Mahommed est le Prophète de Dieu. » L'islam affirme l'indissolubilité entre l'homme et Dieu, et insistera sur l'alliance révélée à plusieurs reprises, dans l'histoire, par les prophètes. Cette révélation a été souvent dénaturée ou mal comprise, mais Mahommed l'a portée à la perfection.

La soumission à la volonté de Dieu n'est pas passive, au contraire, elle est une tension permanente vers la perfection. Cette action doit avoir un effet de réconciliation, de pacification : dans islam, on retrouve la racine sémitique *s, l, m,* qui signifie paix.

Cette alliance, Dieu l'impose à l'homme, qui est par nature musulman, dans son histoire totale. L'homme doit reconnaître son Dieu et accomplir sa vie terrestre selon la voie droite, sans aucun mérite. Au contraire, rejeter Dieu est un acte de folie, d'égarement, qui peut aller jusqu'à l'apostasie, péché impardonnable.

La soumission à Dieu doit se manifester concrètement par la pratique scrupuleuse des préceptes du Coran, parmi lesquels les cinq piliers de l'islam :

« 1 / La proclamation de Dieu unique et la reconnaissance de Mahommed comme Prophète (la chahada) ;

« 2 / L'obligation de la prière divine en cinq temps dans la journée ;

« 3 / L'obligation de la "zakat" ou impôt communautaire ;

« 4 / Le pèlerinage à la Maison de Dieu de La Mecque, au moins une fois dans sa vie, s'il est possible matériellement et spirituellement ;

« 5 / L'obligation du jeûne absolu pendant les jours du mois de Ramadan. »[2]

1. Appelé en arabe dialectal le « chahid », le professant.
2. Pierre Boz, *L'islam. Découverte et rencontre,* Paris, Desclée de Brouwer, 1993, 240 p., p. 158.

L'effort de perfection consiste donc à servir Dieu dans une recherche personnelle s'accompagnant de rites de purification indispensables pour éviter la souillure et s'éloigner de multiples interdits, et qui vise à remplir parfaitement les obligations religieuses. C'est là, à proprement parler, le « Djihad » intérieur, que l'on a trop souvent réduit à sa dimension extérieure et à ses manifestations de « guerre sainte ».

Ce que l'on a souvent qualifié de « ritualisme » dans l'islam est en fait une liturgie du corps qui, par une quête de perfection pour la vérité, vise à placer le croyant en adoration devant son Dieu. Il n'y a pas à proprement parler de sacrement ni de liturgie dans l'islam, car il n'y a pas de médiation possible entre le croyant et Dieu. C'est Dieu lui-même qui est le Miséricordieux mais aussi le Tout Autre. Seule l'expérience mystique permet de le rendre plus proche, tandis que la Révélation du Prophète permet de le connaître parfaitement.

L'homme est seul face à son Dieu, dans toute la grandeur de cette rencontre avec son seul Juge, son seul Maître. Il n'y a guère en islam de notion d'intercession : certes, Abraham prie Dieu pour le retour de son peuple à la voie directe de l'islam, certes Mahomet a un rôle d'intercesseur à l'égard des croyants au moment du Jugement dernier... mais, lors du jour terrible de la Résurrection, « nulle intercession ne sera agréée (par Dieu) » (Sourate 2, La Vache, v. 48). « Les cinq piliers de l'islam » sont des obligations personnelles qui, certes, rythment la vie communautaire, mais laissent peu de place pour des rites de communion, comme la fête de l'Aïd-El-Kébir, qui, un mois et dix jours après la fin du Ramadan, commémore le « sacrifice d'Abraham » par l'immolation d'un mouton en famille ou entre amis.

Cette solitude du croyant, véritable face-à-face avec son Dieu, se combine avec la certitude très profonde de faire partie d'une communauté de témoins soumis à Dieu, d'un peuple élu. Certes, le croyant a conscience de son indignité et sait qu'il n'y a pas de communauté modèle. Cependant, la communauté dans son organisation doit se conformer au Coran, ce qui n'est vraiment possible qu'en terre d'islam (« Dar Al Islam »).

Le musulman ressent très profondément son appartenance à l'« Oumma » et développe pleinement sa foi au milieu des croyants soumis à Dieu, porteurs et propagateurs de la Révélation. S'il n'y a pas de modèle type d'organisation de la communauté musulmane, si le Coran ne privilégie aucune forme de vie nomade ou citadine, dans le désert ou dans les champs, toute la réflexion s'est tournée vers l'organisation d'une société majoritairement musulmane, ou au moins dominée par les musulmans, où les « idolâtres » devaient être convertis par la force, et où les gens du Livre, juifs et chrétiens, étaient réduits au rang de « dhimmis », de protégés[1]. L'islam n'a pas encore établi une véritable réflexion sur la situation des croyants dans des pays où ils sont minoritaires, dans des régimes pluralistes et laïcs, tels que ceux que beaucoup d'entre eux connaissent maintenant en Europe. Il convient aussi de remarquer que l'islam permet de nombreux types de régimes politiques et que, s'il existe bien l'idée d'une loi religieuse devant s'appliquer concrètement dans la société, le contenu de la « charia », la loi musulmane, est très divers.

En fait, si l'inspiration peut être puisée dans le Coran, tout ce qui concerne les rapports entre les hommes, la législation civile et pénale comme le droit constitutionnel et public, s'appuie essentiellement sur des « hadiths », des dires attribués au Prophète, qui n'ont pas le caractère de révélations canoniques, et dont l'interprétation peut être plus ouverte. L'interprétation a pu permettre des adaptations aux cas concrets, posés par des situations différentes de celles de l'Arabie du temps de Mahomet. L'interprétation a permis dans l'islam sunnite orthodoxe de développer quatre grandes écoles juridiques qui se sont implantées dans différents pays, au gré des circonstances et selon le choix de leurs dirigeants ; elles ont toutes la même légitimité religieuse par rapport au message du Prophète : les malékites, hanéfites, chaféites et hanbalites, issues de légères divergences

1. On se reportera aux études de Bat Yeor sur le statut de « Dhimmi », en particulier, *Les chrétientés d'Orient entre jihâd et dhimmitude, VIIe-XXe siècle*, Paris, Le Cerf, 1991.

entre les maîtres interprètes du « consentement universel » de la Communauté primitive[1].

L'égalité absolue des croyants implique qu'il n'y a pas dans l'islam d'autorité religieuse imposée par Dieu. L'autorité est purement morale et repose sur la connaissance du Coran et la pureté de l'existence. Elle peut être, à tout moment, contestée. D'où le recours fréquent à la force pour trancher des conflits religieux. Mais le puissant peut être interpellé par le mendiant, et même être contraint à lui abandonner le pouvoir, car toute autorité est en Dieu, aucune autorité n'est déléguée : même le Commandeur des croyants exerce simplement une fonction, un service, et ne reçoit aucune onction sacrée.

Cette absence d'autorité religieuse reconnue par l'islam orthodoxe, sans parler des divergences et des dissidences théologiques internes[2], explique les difficultés à trouver des responsables légitimes et reconnus qui puissent parler au nom de l'islam dans le monde ou regrouper l'ensemble des communautés musulmanes issues de l'immigration, au-delà de leur diversité d'origines, comme c'est le cas en Europe et tout particulièrement en France. Ce ne sont pas tellement les dissidences théologiques qui sont un obstacle à l'unité du monde musulman : elles sont sans doute moins profondes que celles qui ont divisé le monde chrétien, entraînant de véritables ruptures en Europe, entre catholicisme, orthodoxie et protestantisme. Ce sont essentiellement des divisions politiques ; leur fondement est toutefois d'origine religieuse, à cause des problèmes liés à la succession du Prophète et à la disparition du califat. En France, de plus, les divisions théologiques traditionnelles restent à l'intérieur de la sphère sunnite, qui est très largement majoritaire.

1. Pour tout ceci, on se reportera à Henri de Waël, *Le droit musulman*, Paris, Presses du CHEAM, La Documentation française.

2. Par exemple le chiisme, à propos du libre arbitre, les Moutazilites rationalistes, autour du thème de la liberté humaine et du statut du Coran qui, selon eux, aurait été créé, les Ismaïliens, affirmant la légitimité et le caractère divin de l'Aga Khan, les Nosaïris ou Alaouites de Syrie, croyant à la légitimité d'Ali, le Kharedjisme « surenchère puritaine anarchique », le soufisme « ascension mystique personnelle » et les différentes confréries.

Ce qui, souvent, complique l'approche des pouvoirs publics en Occident dans leurs rapports avec les communautés musulmanes est l'absence, au moins dans l'islam sunnite, d'un véritable clergé comparable au clergé catholique. Certes, il existe des spécialistes du religieux qui peuvent en faire profession, mais ces connaisseurs de l'islam n'ont pas le monopole de la conduite de la prière et de l'enseignement du Coran. Il n'y a pas de véritable séparation entre clercs et laïcs dans l'islam sunnite.

Dans ses institutions et ses objectifs, d'un point de vue purement sociologique, « la Communauté musulmane est à la fois plus et moins qu'une Église »[1]. Elle est moins qu'une Église, car elle est peu structurée : aucune institution n'a compétence en matière doctrinale. Mais elle est plus qu'une Église, car elle englobe tout l'homme, dans son être et ses activités. L'unité de la communauté vient de l'universalité de ses attributions.

« Il n'y a plus de hiérarchie ni de chefs religieux dans l'islam à cause de l'absence d'un Calife ; pourtant l'unité de la communauté est bien réelle : elle provient de l'universalité de ses attributions, de la conscience d'une unité géographique et du ciment collectif que créent les piliers de l'islam. L'absence de clergé (sauf peut-être dans le chiisme) est un problème pour les pouvoirs publics des pays où l'islam est minoritaire et qui sont à la recherche d'interlocuteurs légitimes. »[2] Il y a un conflit perpétuel dans l'islam entre la Tradition et la Création novatrice (ou l'interprétation).

« Dès les premiers temps de l'islam, sitôt après la mort du Prophète, ce conflit prit deux aspects : un premier aspect d'ordre politique et religieux, relatif à la définition du calife ou de l'imâm, et un autre qui concerne les rapports entre la religion et la raison, la religion et la vie. Ces deux aspects entrent en jeu conjointement dans la scission qui, sur ces deux points, prennent des positions nettement opposées. »

1. Cf. Pierre Rondot, *L'islam*, Paris, coll. « Prismes », 1965, 128 p., p. 47.
2. *Ibid*, p. 30.

La première tendance considéra, dès la mort du Prophète, que l'appartenance à la tribu de Quraych (celle de Muhammad) et la parenté avec le Prophète étaient primordiales pour assurer sa succession et assumer le pouvoir. Cette tendance prônait l'obéissance absolue à l'imâm, la fidélité à la lettre du texte sacré et à la Tradition (la « Sunna ») et la soumission à la communauté des croyants (la « Oumma »), donc à la force du plus grand nombre. La seconde tendance, au contraire, faisait passer l'esprit avant la lettre, voyait dans l'islam avant tout une religion et une vision de l'homme en tant qu'homme, et non de l'homme arabe en particulier. Dans le domaine politique, elle invitait à surveiller l'imâm, afin de faire respecter la justice, et à se rebeller éventuellement contre le pouvoir, si jamais il manque de se conformer à celle-ci.

L'islam, propagateur de l'unicité divine, est un puissant facteur d'unité. Le Coran a un statut unique parmi les religions monothéistes ; c'est lui qui joue le rôle de médiateur entre le Créateur et la Création. Il a été révélé, entièrement et parfaitement, à Mahomet qui, analphabète selon la tradition, l'aurait dicté. Il n'est donc pas écrit de main d'hommes comme les textes bibliques ; il est strictement divin. Ce qui explique que toute traduction en sera une « trahison », et surtout qu'il ne doit pas être interprété, mais seulement commenté, qu'il ne peut pas faire l'objet d'une exégèse historico-critique... De plus, seule la lecture en arabe est légitime.

Certes, les savants musulmans pourront reconnaître que le Coran répond à des problèmes qui se posaient en Arabie à l'époque de Mahomet, et qui peuvent difficilement être transposés dans le monde occidental moderne, mais ses prescriptions conservent toute leur valeur. Bien sûr, la diversité des situations a conduit à des interprétations différentes, en particulier dans le domaine du droit civil et personnel, qui déterminent les quatre grandes écoles juridiques. Cependant, en l'absence d'autorité religieuse et de calife, chacune de ces écoles est légitime, à partir du moment où elle se fonde dans le texte sacré et reste dans le domaine de la jurisprudence.

Le problème principal posé par le statut du Coran pour des musulmans confrontés à la société occidentale moderne, qui a démythologisé le sacré et qui a amené les religions à accepter une lecture historico-critique des textes révélés, est justement qu'il est, pour les fidèles, révélation divine, directe et immédiate. Il n'a pas d'origine humaine, il n'est pas la transmission écrite d'un message entendu, ni le récit d'une incarnation du Verbe divin, dans une situation historique évolutive, qui permet de décrire le plan de Dieu pour les hommes. Le Coran ne peut être interprété que dans sa dimension politique et sociale et faire l'objet de différentes lectures jurisprudentielles. Mais il n'est pas parole humaine, il est directement Verbe de Dieu, intangible ; il ne peut être traduit en vérité ; il est un fondement, ce qui rapproche le statut du Coran de celui de la Bible hébraïque (mais l'on sait que le judaïsme a valorisé la traduction depuis la Septante jusqu'aux Targumim, passant très vite de la traduction au commentaire, et qu'il a laissé une grande place à la Tora orale, à la discussion entre les Maîtres, et à l'étude critique des textes) ou de celui de la Bible pour les chrétiens fondamentalistes. Il est important que les islamologues aient le courage, sans altérer le message du monothéisme musulman, d'étudier le texte du Coran, en montrant tout ce qui provient d'une situation historique et géographique précise, l'Arabie des marchands et des nomades du VIIe siècle de notre ère.

Le statut sacré du Coran, dans sa seule version arabe, pose aussi le problème de l'interprétation pour tous ses aspects socio-économiques qui se réfèrent à une société très différente du monde moderne. Il convient de confronter l'expérience religieuse musulmane à la modernité. C'est là que l'interprétation pourrait avoir tout son rôle : il faut réouvrir les portes de l' « ijtihad », de l'effort d'interprétation, fermées depuis le Moyen Age.

Mais l'absence d'autorité religieuse, et plus encore la faiblesse actuelle des centres de formation théologique musulmane en France, où pourrait s'élaborer une approche nouvelle des cas concrets, posés aux musulmans par la vie dans un pays laïc et républicain, rendent cette tâche particulièrement difficile. Or la plupart des préceptes ont été conçus pour une société majoritairement musulmane, alors que les musulmans font depuis peu l'expérience d'une situation de minoritaires dans un pluralisme religieux, pour lesquels aucune réponse largement admise n'a été jusqu'ici apportée.

De plus, une très large ignorance des fondements de l'islam amène à confondre bien souvent les us et coutumes avec des préceptes religieux. Ceci se rencontre dans des milieux, religieux par tradition, mais qui n'ont pas élaboré une théologie tirée du vécu. Or, les traditions sont justement des référents qui brisent l'unité proclamée du monde musulman et qui créent des différences suivant les origines nationales ou ethniques.

La France ne peut non plus ignorer le fait qu'elle est devenue un pays pluriculturel et plurireligieux, où les musulmans occupent une place croissante. Les liens de la France avec l'islam sont anciens ; la France, avec son empire colonial, s'est voulue une puissance musulmane. Avec plus de 4 millions de résidents de culture et de tradition musulmanes, parmi lesquels près de 2 millions de citoyens français musulmans, dont le nombre est appelé à croître rapidement, surtout par l'acquisition de la nationalité française, par le *jus soli,* par les jeunes musulmans issus de l'immigration, nés sur le sol français.

La société française a mis un certain temps à prendre conscience de ce phénomène et n'a pas manqué d'hésiter sur le caractère assimilable et tolérable de l'islam comme l'ont montré les nombreuses affaires liées au foulard islamique (pour reprendre la question souvent posée : « L'islam est-il soluble dans la laïcité ? »).

L'affirmation de l'islam peut devenir source de conflits, au moment où de nombreuses communautés islamiques souhaitent sortir des catacombes et des caves des HLM, pour célébrer un culte public dans des conditions dignes, et réclament une plus grande visibilité de l'islam en France.

Or, s'il y a une égalité absolue de droit entre toutes les religions en France, il existe une inégalité de fait aux dépens des cultes « nouveaux », apparus sur le territoire métropolitain après la loi de séparation des Églises et de l'État de 1905. La loi visait, en effet, essentiellement les anciens cultes reconnus et traitait surtout de la dévolution aux nouvelles associations cultuelles des biens des établissements publics du culte, créés par le Concordat et les Articles organiques.

La loi de 1905 n'a rien prévu pour les « clochers du futur », c'est-à-dire pour la construction de nouveaux édifices du culte, en particulier dans les zones d'urbanisation récente. Elle a encore moins envisagé les cultes qui n'existaient pas alors en France métropolitaine. Ainsi, l'islam ne dispose-t-il pas, contrairement aux cultes catholique, protestant et israélite, d'un patrimoine important, propriété des collectivités publiques (des communes essentiellement, et de l'État pour les cathédrales) qui les entretiennent et les mettent gratuitement à disposition du clergé, l'affectataire légal.

Les musulmans ont dû établir des salles de prières et construire quelques rares mosquées[1] alors même que les ressources des fidèles issus de l'immigration étaient souvent faibles et ponctionnées par les sommes envoyées aux familles dans les pays d'origine. C'est par nécessité que les musulmans français ont dû faire appel à des fonds étrangers ; les bienfaiteurs ont cherché à contrôler, voire à mettre sous tutelle, les associations bénéficiaires. La faiblesse de l'encadrement religieux même en France explique le recours à des imams étrangers[2] dont le traitement est souvent pris en charge directement par le pays d'origine. C'est le besoin d'avoir recours à des imams formés en France auquel les pouvoirs publics, à cause de la laïcité, n'ont pas su répondre à temps, qui a entraîné la création par les organisations musulmanes de centres de formation théologique en France, d'abord par l'UOIF, à Bouteloin, dans la Nièvre, puis par la Mosquée de Paris

1. A la seule exception, mais combien prestigieuse et symbolique de la Mosquée de Paris, créée grâce à une loi de la République, en 1921, en reconnaissance du sacrifice consenti, lors de la Grande Guerre, par les recrues musulmanes, et en hommage à l'islam dans le monde, de la part de la France tolérante et ouverte.

2. 94 % des imams exerçant en France, en 1992, étaient des ressortissants étrangers.

avec l'Institut de théologie musulmane et par la FNMF, à Mantes-la-Jolie.

L'islam en France est très divers et plus encore divisé. Ces divisions s'expliquent par l'histoire de la constitution des communautés musulmanes, issues de vagues d'immigration d'origines diverses et marquées souvent par une histoire mouvementée (en particulier pour les conséquences de la guerre d'Algérie, avec les rapatriés d'origine nord-africaine).

Ces divisions bien compréhensibles[1] sont encore attisées par les interventions de puissances étrangères qui cherchent à contrôler l'islam de France, ou du moins certains de ses secteurs, et par les surenchères de groupes politiques, parfois extrémistes, qui espèrent trouver des appuis en France pour asseoir leurs stratégies internationales.

Le phénomène musulman dans la société française est relativement récent. Il est une conséquence lointaine de la colonisation : les pays sous influence française, anciennes colonies ou protectorats, du Maghreb à l'Afrique noire, sont les pays d'origine de la grande majorité des musulmans aujourd'hui établis en France[2]. C'est aussi le résultat de l'immigration et du recours à la main-d'œuvre étrangère à bas salaire et à bas niveau de qualification, pendant les Trente Glorieuses. C'est surtout l'effet des différences de niveau de vie et de vitalité démographique entre le Nord et le Sud, plus précisément entre les deux rives de la Méditerranée. En effet, les migrations de main-d'œuvre, dans les années 1960, n'avaient pas entraîné d'implantation durable des musulmans en France. Les jeunes travailleurs venaient avec un contrat de travail de durée limitée, et devaient retourner au pays, à la fin de leur contrat, dans une véritable « noria », où les pays d'origine recevaient des devises en « vendant » leur main-d'œuvre superflue. Les besoins religieux, dans

1. Les divisions internes à l'islam sont sans doute moins profondes que les divisions que connaît le christianisme.

2. La communauté turque, surtout présente dans la France de l'Est, est une exception.

une telle situation, n'étaient pas déterminants ; ils étaient aisément satisfaits par le réseau des ambassades qui souhaitaient contrôler, par leurs imams comme par leurs amicales, leurs ressortissants ; la France ne s'occupait – et souvent fort mal – que de ses propres citoyens, les Français musulmans, les rapatriés d'origine nord-africaine, anciens harkis et supplétifs de l'armée française et leur famille.

Dans les années 1970, commença à apparaître une demande d'islam, à cause des modifications radicales dans le phénomène migratoire et des évolutions des communautés musulmanes. En effet, les populations d'origine immigrée ont désormais comme projet majeur de demeurer en France. Ce phénomène nouveau s'explique par la fermeture de la France à l'immigration, après la crise économique, par la politique du regroupement familial mais aussi par les difficultés économiques et l'ampleur du chômage dans les pays d'origine.

Désormais on a affaire à des populations immigrées aux caractéristiques très différentes : des familles constituées, avec une forte natalité, une proportion importante de jeunes, de plus en plus souvent nés en France, appelés à devenir Français à leur majorité, par le *jus soli*. Ces familles n'ont plus le projet de retourner dans leur pays d'origine, sauf pendant les vacances, mais elles gardent des liens étroits avec leurs parents, et souhaitent souvent être enterrées avec leurs ancêtres, en terre d'islam.

L'islam est la deuxième religion de France, affirme-t-on partout. Mais les musulmans combien sont-ils ? Aussitôt les imprécisions apparaissent. En effet, il n'existe pas de statistiques religieuses officielles en France, en particulier à cause des principes de laïcité, et de la loi de 1905 sur la séparation des Églises et de l'État. Cette situation est bien différente de celle de nos voisins : la religion est considérée en France comme une affaire privée qui ne doit pas faire l'objet d'interrogation lors des recensements. Le dernier recensement où apparaissent des appartenances confessionnelles eut lieu en 1962 en Alsace (comme le permettait le statut local, tiré du Concordat et des Articles organiques, qui sont à la base du régime des cultes reconnus). On y comptait alors

7 064 musulmans... selon les évaluations actuelles, ils seraient au moins 85 000. Il n'existe que des évaluations sociologiques, avec tous les problèmes posés par la définition de l'appartenance religieuse[1]. Une première approche permet d'*évaluer* les populations musulmanes, à partir des différentes origines, en faisant abstraction des différents degrés d'adhésion religieuse possibles :

Musulmans d'origine arabe maghrébine	2 900 000
dont : Algérie	1 550 000
Maroc	1 000 000
Tunisie	350 000
Musulmans arabes du Moyen-Orient	100 000
Musulmans non arabes du Moyen-Orient (dont Turcs)	315 000
Musulmans « africains » (= d'Afrique noire)	250 000
Convertis français d'origine	40 000
Demandeurs d'asile et clandestins	350 000
Asiatiques	100 000
Autres	100 000
Total	4 155 000

Ce chiffre important place la France largement en tête des pays d'Europe occidentale où le nombre total des musulmans est évalué à 8 millions (Allemagne : 2 500 000 ; Angleterre : 1 750 000 ; Pays-Bas : 500 000 ; Italie : 400 000 ; Belgique : 300 000 ; Espagne : 200 000)[2].

Peu à peu, ces populations prennent conscience du fait que le retour est impossible avec la difficulté de revenir en France en situation régulière et d'y trouver du travail. Il devient désormais nécessaire d'avoir un projet de vie en France et de veiller à la transmission aux enfants des valeurs et des croyances religieuses.

Il est cependant possible d'arriver à une approche statistique plus fine de la population musulmane en France à partir des statistiques sur la population étrangère par pays d'origine, supposée

1. Sur ce point on consultera utilement Jean-Paul Willaime, *Sociologie des religions*, Paris, PUF, « Que sais-je ? », 1994. Voir aussi Émile Poulat, *La solution laïque et ses problèmes*, Paris, Berg International, coll. « Faits et représentations », 1997, 230 p.

2. Source : dossier SRI, *L'islam en Europe*, 1996.

d'appartenance islamique. Le dernier recensement disponible, celui de 1990, permet, par exemple, de fournir le nombre des étrangers, nés hors de France et en France, par pays :

Algérie	614 207
Maroc	572 652
Tunisie	206 336
Turquie	197 712
Sénégal	43 044
Mali	37 693[1]

Il faut, bien sûr, ajouter les ressortissants de nombreux autres pays (Maliens, Iraniens, Pakistanais...) mais, pour d'autres pays, il est bien difficile de déterminer la part des musulmans (Yougoslaves, Libanais, voire Égyptiens...).

A partir de ces données, les statisticiens tentent d'évaluer la descendance des immigrés, en extrapolant, à partir du taux de fécondité, l'apport démographique indirect de l'immigration étrangère. Mais ces approximations risquent de ne pas prendre en compte l'impact de la baisse très nette de fécondité des Français d'origine étrangère.

Bien sûr s'y ajoutent les musulmans français qui représentent sans doute plus du tiers de l'ensemble des musulmans dans notre pays... mais leur évaluation est encore plus difficile. Ils appartiennent en effet à trois catégories :

— les harkis et leurs descendants. Le dernier recensement où ils apparaissent officiellement, celui de 1968, dénombre 85 000 « rapatriés français musulmans », 140 000 avec leurs familles. La Délégation aux rapatriés les estime à 450 000, mais certains experts avancent le chiffre, sans doute exagéré, de 700 000 ;
— les « devenus Français », enfants et petits-enfants d'immigrés ayant acquis la nationalité française par différentes voies – le

1. Source : Recensement INSEE, 1990, in *La connaissance de l'immigration et de l'intégration*, décembre 1992. Rapport au Premier Ministre, Éd. La Documentation française, p. 96.

flux de demandes agréées est d'environ 100 000 par an – mais tous ne sont pas musulmans !
— les « devenus musulmans » ou convertis à l'islam par conviction ou pour épouser un conjoint musulman que l'on peut estimer à 30 000 environ (les évaluations vont de 10 000 à 100 000...).

N'oublions pas les musulmans originaires des Dom-Tom. L'assassinat d'un jeune Comorien, à Marseille, a révélé l'existence d'une communauté de 40 000 membres dans cette ville, presque tous citoyens français...

Il est encore possible de préciser ces données, en partant des données du recensement de 1990 :

Population totale	56 625 000 personnes	
Résidents étrangers (au total)	3 596 000 personnes	
Dont résidents de pays musulmans (Algériens)	614 207 personnes	considérées comme toutes musulmanes
Dont résidents de pays musulmans (Marocains)	572 652 personnes	
Dont résidents de pays musulmans (Tunisiens)	206 336 personnes	
Dont résidents de pays musulmans (Turcs)	197 712 personnes	

Il faut y ajouter les ressortissants d'un nombre important de pays d'Afrique noire, du Proche- et du Moyen-Orient et même d'Asie, soit plus de 200 000 personnes au total.

A ces musulmans résidents étrangers il faut ajouter, bien sûr, les Français musulmans, mais on ne dispose alors que d'évaluations :

Rapatriés d'origine nord-africaine (RONA : harkis et supplétifs de l'armée française et leur famille)	600 000
Enfants français issus de parents algériens	400 000
Enfants nés en France de parents d'origine musulmane devenus français par le *jus soli* à la majorité	200 000
Français de souche convertis à l'islam	40 000

Il faut ajouter également à cette catégorie les musulmans de Mayotte et des autres DOM TOM

On peut estimer que le nombre de musulmans sur le territoire français a atteint globalement aujourd'hui un peu plus de 4 millions. Cela fait de l'islam incontestablement la seconde religion de France, et de la France le pays de l'Union européenne qui compte le plus fort pourcentage de musulmans (7 % environ de la population totale). La France est aussi le seul pays européen dont la communauté musulmane est majoritairement maghrébine (avec une prédominance des Algériens – ce qui est la conséquence de l'histoire coloniale de notre pays, avec toutes les tensions que ceci a pu entraîner, par suite des drames liés à la décolonisation et à l'indépendance de l'Algérie). Il faut ajouter les Marocains et les Tunisiens mais aussi beaucoup de citoyens français. Outre les musulmans qui avaient obtenu la nationalité française, malgré le problème du statut personnel, après la Première et la Seconde Guerre mondiale, il convient de souligner deux cas : les harkis ou, plus exactement, les rapatriés d'origine nord-africaine (RONA), anciens supplétifs de l'armée française et leur famille, qui, après l'indépendance de l'Algérie, ont dû se replier en France pour se protéger et sont devenus français par choix, et les enfants d'immigrés nés sur le sol français, ou les jeunes nés en Algérie avant l'indépendance, donc dans une colonie française et qui obtiennent leur citoyenneté française à leur majorité par le *jus soli*. Mais en même temps, coexistent de nombreuses autres communautés musulmanes, turque, indo-pakistanaise, africaine, proche-orientale, moyen-orientale, qui font de la France un lieu de rencontres, sinon de brassage, et parfois d'affrontements, entre toutes les cultures du monde islamique.

L'implantation des musulmans sur le territoire métropolitain est très inégale. Il s'agit d'abord essentiellement des grandes et des très grandes villes (et de leurs banlieues). En tête, la région parisienne en regroupe 38 %, puis Provence-Alpes-Côte d'Azur 13 %, et Rhône-Alpes 10 %. On tombe à 5 % dans le Nord - Pas-de-Calais, et le reste des régions (donc 18 sur 22) n'en comptent que 34 % au total.

Cette répartition n'empêche pas des spécificités régionales fortes. Prenons l'exemple de l'Alsace qui connaît depuis 1991 une stabilisation de l'effectif global des étrangers d'origine maghrébine et turque, et même une diminution des élèves de confession musulmane (qui étaient 6 910 à la rentrée 1985 dans le Bas-Rhin sur 69 910 élèves, soit 10,1 %, et qui ne sont plus que 6 141, soit 9,32 % à la rentrée 1991). Pour l'ensemble de l'Alsace, l'effectif est passé durant cette période de 13 501 élèves (soit 12,37 %) à 12 490 (soit 11,38 %). Les Turcs, avec 23 200 ressortissants, sont la communauté la plus nombreuse, mais l'Alsace est la région où les contacts avec les Maghrébins (39 000 au total) sont très fréquents[1].

Il conviendrait également d'opérer des distinctions suivant les taux de pratique et les types de pratique (respect du ramadan, respect des interdits alimentaires, pratiques des prières quotidiennes...).

Selon un sondage de l'IFOP (pour *Le Monde* et *La Vie,* in *Le Monde,* 30 novembre 1989) 37 % des musulmans interrogés se sont déclarés croyants et pratiquants, 38 % simples croyants, 20 % d'origine musulmane, 4 % sans religion et 1 % d'une « autre religion » *(sic)*. Mais comment était constitué l'échantillon de ce sondage ? Le jeûne apparaît largement suivi (60 % des personnes interrogées ont jeûné pendant tout le ramadan et 21 %, en plus, au moins pendant quelques jours). La prière du vendredi n'est suivie que par 16 % des interrogés, mais 41 % déclarent prier chaque jour. Plus d'un tiers déclarent boire de l'alcool et 70 % ne seraient pas hostiles à ce qu'un de leurs proches épouse une femme non musulmane.

Le degré de pratique dépend très fortement de l'origine des intéressés. Pourtant les groupes d'origine musulmane pratiquent plus régulièrement que les migrants appartenant à d'autres cultures religieuses et que la moyenne des personnes résidant en France. Ce sont les Mandés (originaires d'Afrique noire) qui ont le record de pratique religieuse – 65 % des hommes – contre

1. Données tirées de « État des lieux sur la question de l'Islam à Mulhouse », *op. cit.*

25 % pour les hommes nés en Algérie, et 7 % des hommes en moyenne en France. La pratique est plus développée chez les femmes. Les jeunes migrants pratiquent moins que les adultes, et les jeunes d'origine algérienne marquent un désintérêt vis-à-vis de la religion aussi élevé que celui de la jeunesse française d'origine : 70 % des hommes et près de 60 % des femmes se déclarent sans religion ou ne pratiquant pas. Ils restent pourtant attachés aux pratiques alimentaires : un jeune sur deux (garçon ou fille) originaire d'Algérie déclare respecter l'interdit sur l'alcool. Pourtant, chez les femmes, la consommation d'alcool cesserait aujourd'hui d'apparaître comme une pratique... renvoyant à la prostitution, comme c'est le cas dans les cultures d'origine.

Cette enquête a été reprise, en 1994, à partir d'un échantillon de 535 personnes d'origine musulmane et l'on note une évolution des réponses à la question : « Diriez-vous que vous êtes vous-même ? »

Réponses sur l'adhésion religieuse d'un échantillon
de la population d'origine musulmane

Population d'origine musulmane	*% 1994*	*% 1989*
Musulman croyant et pratiquant	27	37
Musulman croyant	42	38
D'origine musulmane	24	20
Autres religions	2	1
Sans religion	5	4
Ne se prononce pas		
Total	100	100

Les réponses varient, bien sûr, selon l'âge (les plus de 50 ans se disant à 46 % musulman croyant et pratiquant, contre 20 % pour les 25-34 ans), la profession (66 % pour les retraités contre 16 % pour les artisans et cadres supérieurs), mais surtout selon la nationalité (pour les Français 20 % se disent « musulman croyant et pratiquant », 29 % « musulman croyant », 35 % « d'origine musulmane » ; pour les Algériens respectivement 30 %, 45 % et 20 % ; pour les Tunisiens 24 %, 62 % et 12 %).

Ces données ont été précisées par l'enquête « Mobilité géographique et insertion sociale » (MGIS - 1992) portant sur un échantillon de 13 000 enquêtés. Les migrants algériens sont les moins pratiquants des musulmans de France (29 % de pratique régulière, contre 36 % chez les migrants turcs, 40 % chez les Marocains, 55 % chez les Wolofs et les Peulhs, 65 % chez les Mandés d'Afrique noire. Leurs enfants, nés en France, sont encore plus détachés de l'islam, surtout s'ils ont un parent né en France : alors que la moyenne des Français déclarant ne pas avoir de religion est de 27 %, celle des jeunes d'origine algérienne nés en France de deux parents est de 30 % et d'un seul parent algérien seulement de 60 %. L'origine ethnique joue aussi profondément : 64 % des Berbères d'Algérie contre 48 % des Arabes d'Algérie n'ont « pas de religion » ou « pas de pratique »[1].

En ce qui concerne les pratiques, plus des deux tiers des musulmans déclarent jeûner à l'occasion du ramadan (jusqu'à 84 % pour les Marocains) ; l'interdit du porc est largement observé (de 67 à 80 %), alors que l'on constate plus de laxisme à l'égard de l'alcool (l'interdit n'étant pas respecté par 49 % des migrants turcs). Les femmes montrent un plus grand attachement au respect des rites alimentaires et du jeûne que les hommes. Pour d'autres observances, la pratique est beaucoup plus lâche : seulement 16 % déclarent aller à la mosquée le vendredi, et 31 % prier chaque jour (alors que le Coran prévoit l'obligation des cinq prières quotidiennes). 4 % des personnes interrogées dans le sondage IFOP sont allées à La Mecque, mais 55 % ont l'intention de faire le pèlerinage. En 1997, l'Arabie Saoudite a délivré 14 000 visas à des musulmans de France pour le pèlerinage, ce qui indique que, à ce rythme, l'accomplissement du rite restera pour beaucoup à l'état d'intention.

1. Cf. *Enquête mobilité géographique et insertion sociale*, rapport final, INED, 1995, vol. 1, p. 31 sq.

Ce ne sont là bien sûr que des approches sociologiques par sondages sur le comportement religieux des musulmans. Elles indiquent une grande diversité de pratiques suivant les milieux, l'origine ethnique, le sexe, avec une tendance à la diminution des pratiques que l'on pourrait lier à l'intégration dans la société environnante, en la comparant à l'évolution des comportements religieux des immigrés d'autres religions, catholiques en particulier. La tendance à la réislamisation et au retour aux pratiques, sur laquelle nous aurons l'occasion de revenir, n'apparaît en tout cas pas clairement à travers ces données, ce qui devrait nous inciter à ne pas la généraliser, ni à lui donner une trop grande importance.

La tendance dominante chez beaucoup de musulmans consiste, non pas à repenser l'islam dans une situation radicalement nouvelle, celle d'un islam minoritaire dans une société pluraliste et laïque, mais à reprendre des formules théologiques traditionnelles et souvent inadaptées.

« La théologie dans les pays musulmans est celle d'un islam majoritaire chez lui. Or, en France, l'islam est minoritaire dans une société multiconfessionnelle, laïque et d'obédience chrétienne. C'est une situation inédite pour les études islamiques et aucune école juridico-religieuse, sunnite ou shi'ite ne l'a prévu. »

« Comment peut-on enseigner en France une théologie qui découle d'une division du monde en une "maison de l'islam" et une "maison de la guerre", comme l'affirment toutes les écoles juridiques de l'islam ? Ce sont des visions archaïques dangereuses élaborées à l'époque du grand conflit militaro-impérialiste qui a opposé les chrétiens à l'islam et réduit l'histoire de ces deux mondes à des épisodes de conquête et de reconquête. »[1]

Avec l'enracinement des immigrés, voire leur intégration, liée à l'arrêt de l'immigration (le va-et-vient ou *turn over* devenant impossible) et au regroupement familial, se présente une demande d'islam totalement inconnue jusque-là en France. Elle apparaît d'abord lors de la grève des loyers dans les foyers Sona-

1. Soheib Bencheikh El Hocine, La formation théologique pour les musulmans, in *La convivance entre chrétiens et musulmans dans les pays méditerranéens*, *op. cit.*, p. 53-60, p. 58.

cotra où les résidents réclament l'ouverture de salles de prières, et lors de la grève des OS de Renault, où apparaissent des revendications purement religieuses. Si les mouvements de défense des immigrés traitent encore les problèmes de l'immigration d'une façon globale, au nom des principes et des droits de l'homme, les immigrés de confession musulmane se battent pour maintenir vivantes, en France, leurs traditions, leurs coutumes et leurs convictions religieuses.

L'attitude des pouvoirs publics français a toujours consisté à intervenir le moins possible dans les questions religieuses. La gestion de l'islam, dans les années 1960-1970, était laissée à la responsabilité des pays d'origine : les consulats contrôlaient leurs ressortissants par des associations, comme l'Association des travailleurs algériens, et s'occupait de leurs besoins religieux. Une telle attitude se justifiait pleinement dans un pays laïque, lorsque les immigrés ne venaient que pour des séjours limités. Mais à partir du moment où les immigrés ont souhaité rester en France, y construire leur projet de vie et à terme s'y intégrer, cet abandon est dangereux, car il constitue un frein à l'intégration, un risque de mise sous tutelle étrangère et plus encore une source de tensions à l'intérieur des communautés immigrées, dès lors que les régimes des pays d'origine sont remis en cause et que les opposants affrontent des pouvoirs d'État de type autoritaire. Certes, les gouvernements s'intéressaient de très près aux Français musulmans, mais on entendait par ce terme essentiellement les « harkis » et leurs familles. C'est pourquoi M. Raymond Barre créa par décret, en 1980, le Conseil consultatif des Français musulmans. De plus, malgré les relations souvent difficiles des pouvoirs publics avec le recteur Si Hamza Boubakeur, ancien député français, hostile au FLN, la Mosquée de Paris apparaissait comme un rempart de l'influence française face aux prétentions de l'Algérie. Bénéficiant de subventions publiques, du ministère de l'Intérieur comme de la Ville de Paris, organisant les cérémonies patriotiques rappelant la symbiose entre la France et l'islam, la Mosquée de Paris apparaissait comme une vitrine et comme une garantie pour la fidélité des musulmans français.

A partir des années 1980, le paysage islamique en France change profondément. D'abord, par suite des mutations que connaît le monde musulman avec l'affirmation politique de mouvements à référence religieuse : l'islam et la stricte application de la « charia » apparaissent comme des programmes politiques « révolutionnaires », à la suite de l'effondrement des pays communistes. Les valeurs de l'Occident, les droits de l'homme, la liberté religieuse, le pluralisme et, bien sûr, la laïcité à la française, sont réinterprétées, subverties, voire combattues par des idéologies révolutionnaires de substitution au marxisme qui visent à établir des États musulmans selon les préceptes du Coran, en utilisant souvent les armes et les techniques les plus sophistiquées du monde moderne. A la place du terrorisme palestinien de l'OLP qui défendait les valeurs des mouvements de libération nationale et revendiquait la création d'une Palestine laïque, pluraliste et démocratique, s'est affirmée la puissance contestataire d'un islam révolutionnaire : révolution en Iran suivie de l'installation du régime théocratique et anti-occidental des ayatollahs, combats des chiites au Liban, rôle des groupes islamistes dans la guerre d'Afghanistan...

Le retour aux « traditions islamiques » (« sunna ») est devenu le mot d'ordre subversif face aux pouvoirs en place, parfois compromis avec l'ordre occidental dominant et, qui, sous couvert d'une idéologie marxistante d'abolition des classes, avaient créé une « nomenklatura » autour du parti unique et une classe dominante de profiteurs avides et de dirigeants corrompus. Ces mouvements très divers s'opposent en particulier sur la question des moyens pour arriver au pouvoir, soit par la voie légale des élections (ce fut la stratégie du FIS au début) soit par la lutte armée de type guérilla (l'expérience afghane a marqué beaucoup de dirigeants islamistes), soit par le terrorisme international passant des alliances complexes et provisoires avec des stratégies d'États.

Le jeu de pays musulmans traditionnels, en particulier de l'Arabie Saoudite, dans cette stratégie internationale, est pour le moins ambigu. L'Arabie Saoudite, aux mains d'un petit groupe dirigeant, bénéficiant de toutes les richesses issues de la manne pétrolière, sait qu'elle est directement visée par l'islamisme qui est devenu, depuis la chute du communisme soviétique, la force d'opposition aux monarchies comme aux aristocraties traditionnelles. Mais en même temps, gardienne des Lieux saints, la monarchie saoudienne s'appuie sur un fondamentalisme musulman dont la doctrine, le whahabisme, correspond à un mouvement de réforme puritaine du XVIIIe siècle. Aussi l'Arabie Saoudite n'hésite-t-elle pas à soutenir des mouvements politiques, hostiles aux États socialistes, et des courants de réislamisation. Elle eut parfois à regretter les soutiens qu'elle a accordés à certains mouvements. Ainsi lorsque le FIS qu'elle avait soutenu contre le FLN en Algérie prit position en faveur de l'Irak de Saddam Hussein durant la guerre du Golfe. L'Arabie Saoudite, alliée des Occidentaux, intervient souvent en qualité de bailleur de fonds, dans l'islam de France ; elle accorde son soutien à des mouvements divers, qui parfois même se combattent, mais qui ont en commun de brandir la bannière de l'islam contre les valeurs de la démocratie occidentale et contre la laïcité à la française.

Il est certain que les influences étrangères, qu'elles proviennent des pays d'origine (pays du Maghreb, Turquie...), soucieux de conserver la tutelle sur leurs ressortissants par le contrôle des imams et des mosquées, ou de pays musulmans, comme l'Arabie Saoudite, l'Égypte, l'Iran..., désireux d'accroître leur influence culturelle et morale sur le monde musulman, ou de mouvements religieux comme le Tabligh (Foi et Pratique) d'origine pakistanaise, constituent un obstacle à l'intégration des musulmans en France et présentent un risque de surenchère, voire de heurts qui pourraient transformer la France en champ clos d'affrontements internes aux différents États comme à l'ensemble du monde musulman.

Il pouvait être concevable pour les pouvoirs publics, lorsqu'on avait affaire à une immigration fluide, faite d'allers et retours sur des contrats de travail de durée limitée, jusqu'au milieu des années 1970, de laisser gérer les communautés musulmanes en France pour les pays d'origine. Ce n'est plus possible aujourd'hui. Les différents régimes politiques de beaucoup d'États musulmans, affaiblis par l'inexorable montée du pluralisme politique et confrontés parfois à de véritables situations de guerre civile, ne sont plus à même de gérer leurs ressortissants. Ceux-ci élaborent un projet de vie en France ; leurs enfants entrent, malgré toutes les difficultés et toutes les tensions, dans un processus d'intégration ; le nombre des citoyens français musulmans ne cesse d'accroître par le simple jeu démographique et les mécanismes d'acquisition de la nationalité française ; ils sont appelés à constituer bientôt la grande majorité des membres de la communauté musulmane en France.

Les pratiques religieuses varient fortement suivant les groupes, en fonction des origines nationales ou ethniques mais aussi du niveau de formation et du degré d'intégration des individus dans la société française. Ces pratiques sont souvent des héritages sociologiques et les personnes concernées, faute d'une formation religieuse suffisante, sont souvent incapables de faire la distinction entre la prescription religieuse (le licite et l'illicite) et les coutumes des régions d'origine. Le besoin de formation à tous les niveaux est ce qui ressort le plus nettement. Confrontés à un monde laïc, où toutes les religions sont sur un pied d'égalité, mais où le facteur religieux est loin de modeler les comportements sociaux et les mentalités, les musulmans doivent pouvoir expliquer leurs pratiques et justifier leurs comportements, largement différents de ceux de la majorité de la population. Certes, il existe des lieux de formation des jeunes, en particulier les écoles coraniques, les mosquées et les salles de prière, mais c'est là que se fait sentir le plus nettement le besoin de réflexion théologique des cadres religieux et communautaires.

La formation y reste souvent extérieure à la vie réelle ; elle peut être un facteur d'enfermement, d'exclusion et de « ghettoïsation », alors qu'elle était sans doute parfaitement adaptée aux milieux ruraux des pays d'origine. Il n'est plus normal, alors que l'on compte largement plus de 1 million de citoyens français de culture musulmane, que les cadres religieux continuent à être tous formés à l'étranger, et à rester à plus de 95 % des ressortissants étrangers, souvent payés par des États étrangers. Ceci pose très clairement le problème de la formation théologique *en France* des imams et du personnel religieux musulman (juristes, décisionnaires, sacrificateurs, éducateurs). Les pouvoirs publics ont certes senti très tôt l'enjeu et ont tenté de trouver des solutions. Ces velléités se sont heurtées à une conception très figée de la laïcité[1] et à une vue très rationaliste de l'université. L'université aborde le phénomène religieux de l'extérieur, à travers les sciences religieuses ; elle compte des spécialistes réputés d'islamologie ; mais elle se refuse, à l'exception des Facultés de théologie catholique et protestante de Strasbourg et du Centre de formation théologique de l'Université de Metz, liés au statut des cultes reconnus d'Alsace-Moselle, à considérer la théologie comme un domaine universitaire à part entière (contrairement à ce qui se passe dans tous les autres pays européens), et *a fortiori* à s'intéresser à la formation de ministres de culte. Ce vide a été en partie comblé récemment, mais de façon encore peu satisfaisante, par la création de trois centres de formation d'imams correspondant aux trois courants majeurs qui se disputent l'islam.

Alors comment parler de la religion dont se réclament les musulmans résidant en France ? Certes, la République ne reconnaît pas de communautés qui négocieraient des statuts et se verraient reconnaître des droits particuliers. Elle ne considère que des individus, appelés à s'intégrer et à devenir des citoyens, à condition d'accepter et de respecter ses lois, égales pour tous. Cependant une conception radicale de la laïcité ne s'appliquant qu'à des individus sans particularité et « sans appartenance » pose déjà des problèmes dans les relations que l'État a établies avec l'Église catholique ; elle est encore plus délicate pour les musulmans, pour lesquels il n'y a pas de séparation évidente du laïc et du clerc, du profane et du sacré, du spirituel et du temporel, car la loi religieuse doit régler l'ensemble des actes de la vie quotidienne.

1. Même si la laïcité française dans ses comportements comme dans le rythme de ses fêtes et de sa vie est profondément marquée par le catholicisme (on a pu parler d'un pays « catholaïque » avec Bruno Étienne).

Il n'y a pas un islam homogène en France, mais de nombreuses formes d'islam, les musulmans manifestant leur diversité par leurs origines nationales, par leurs langues d'origine (arabe, turc, persan...), par leurs différentes écoles et traditions religieuses et plus encore par leur degré d'intégration dans la société française, leur immersion, voire leur assimilation, dans la culture occidentale. Il n'y aurait donc que des musulmans. Mais ces musulmans se regroupent dans des associations locales et plus encore dans des grandes fédérations ; aurait-on alors des communautés musulmanes en France, même si juridiquement elles ne sont pas reconnues en tant que telles, et si elles n'existent qu'à travers les associations qu'elles ont pu très librement créer, à partir de 1981, selon la loi de 1901, et qui se sont, depuis, multipliées ? Dans une approche sociologique, il existe bien des communautés musulmanes en France. Si l'on ne considère que l'aspect religieux, on peut bien parler, tout en connaissant parfaitement leurs différences internes, voire pour certaines le pluralisme accepté et vécu, du catholicisme, du protestantisme, du judaïsme, du bouddhisme... et donc de l'islam en France. Mais quels rapports cet islam entretient-il avec la France, à la fois dans ses institutions, sa culture, son identité, et la société globale ? Le vocabulaire hésite encore pour qualifier ces rapports entre les musulmans et la France, au moins sur le territoire métropolitain. Il marque plus ou moins consciemment les différents degrés, voire les étapes historiques, individuelles et collectives, de l'intégration, sinon de l'assimilation. Islam en France est le terme le plus neutre, descriptif, islam de France indique déjà un enracinement et une spécificité dans l' « Oumma » et l'ensemble du monde musulman, islam français souligne l'intégration et le fait que de plus en plus de musulmans sont citoyens français et que leur nombre ne cessera de croître, ce qui ne manquera pas d'avoir des répercussions sur le contenu de l'islam lui-même ou, plus exactement, sur les pratiques religieuses et sur ses modalités d'expression ; l'islam à la française marque la volonté de créer un islam aux couleurs de la France et de vérifier que l'islam pratiqué en France respecte les lois de la République et est « compatible avec la laïcité ».

Comment vont évoluer les relations entre les musulmans et la société française ? Selon certains scénarios catastrophes, la société française ne serait plus capable d'intégrer les immigrés. Les communautés musulmanes seraient menacées par une forme de ghettoïsation communautariste et ethniciste à l'américaine, opposée à l'identité française. Cette exclusion, favorisée par l'absence de relations officielles avec les pouvoirs publics et de structure unifiée de la représentation musulmane, pourrait être utilisée par des puissances étrangères fondamentalistes pour asseoir leur puissance, et plus encore par des mouvements islamistes pour établir en France des foyers de lutte contre la démocratie, voire des centres de subversion contre l'Occident. Heureusement, le pire n'est pas toujours sûr.

En effet, pour beaucoup de musulmans en France, la religion n'est pas la principale préoccupation, et ne constitue qu'un élément parmi d'autres de leur identité. L'intégration avance rapidement pour la majorité des jeunes musulmans, même si l'armée a perdu son rôle de brassage social, si l'école n'est plus toujours la voie royale de la promotion sociale mais devient souvent un lieu de sélection par l'échec, et si l'importance du chômage, en particulier dans certains quartiers, est un facteur d'exclusion et un frein important à l'insertion sociale, favorisant les ressentiments contre les dominants. Les responsables de l'islam en France cherchent à favoriser un islam pacifié, organisé par et pour lui-même, compatible avec les lois de la République et les traditions françaises : le 10 janvier 1995, le Dr Dalil Boubakeur, recteur de l'Institut musulman de la Mosquée de Paris, remettait à M. Charles Pasqua, ministre d'État, ministre de l'Intérieur, la Charte du culte musulman en France rédigée par le Conseil représentatif des musulmans de France. Même si ce conseil ne regroupait pas toutes les tendances de l'islam en France, Dalil Boubakeur insistait sur le fait que l'islam de France forme « une communauté musulmane composée dans sa majorité d'hommes et de femmes qui reconnaissent la France pour leur pays et l'islam pour leur religion ». En suivant cette voie, l'islam réconcilié, plus uni dans toutes ses diversités internes, libéré des tutelles étrangères, trouverait sa place dans le paysage religieux français, dans une laïcité qui garantit l'égalité et le libre exercice des cultes et ne conserverait que sa spécificité confessionnelle.

Mais ces évolutions, comme tous les phénomènes de mentalité et les mouvements sociaux, prendront un certain temps, au moins une génération, et face aux risques réels que peuvent représenter les explosions des islamismes dans le monde, les décideurs politiques souhaiteraient hâter les choses, et assister à l'accouchement d'un islam français, au besoin au forceps.

Il nous restera dans les pages qui suivent à préciser l'histoire et la situation des communautés musulmanes en France, pour mieux cerner les difficultés, voire les dangers, pour faire aussi ressortir les signes d'espérance qui font que la France est une chance pour l'islam, l'obligeant à s'ouvrir à la modernité, à affronter le pluralisme, à définir sa place dans une situation minoritaire, à réouvrir les portes de l' « ijtihad », c'est-à-dire de l'interprétation du texte sacré. Mais en même temps, il importe que l'ensemble des Français dominent leurs peurs et leurs fantasmes et puissent envisager l'islam comme une chance pour la France, lui redonnant le sens de la spiritualité, lui rappelant l'exigence du monothéisme et l'ouvrant sur l'immense monde musulman, dans un dialogue réciproque, confiant et fructueux.

PREMIÈRE PARTIE

La constitution de l'islam en France : une histoire récente

CHAPITRE I

Des liens anciens, une présence récente et longtemps marginale

L'islam en France est un phénomène récent qui s'est constitué progressivement au cours de ce siècle, en liaison d'abord avec la présence coloniale, en particulier au Maghreb, et à la suite des vagues d'immigration nécessitées par la faiblesse démographique de la France et par les besoins de main-d'œuvre liés aux conflits mondiaux, aux périodes de reconstruction, et surtout aux moments d'expansion économique, en particulier lors des « Trente Glorieuses ». Ce caractère récent de l'islam en métropole fait qu'il n'a jamais fait partie des cultes reconnus[1], qu'il n'a pas pu négocier avec l'État, comme l'a fait, avec force, l'Église catholique, les conditions particulières d'application de la séparation des Églises et de l'État. La loi de 1905 n'avait pas prévu sa constitution en métropole, ce qui, par rapport aux cultes anciens disposant d'un patrimoine cultuel, induit une inégalité de fait. Ce caractère récent a des conséquences plus profondes dans l'approche et la compréhension de l'islam par la société française

1. Cette situation est tout à fait différente dans les territoires d'outre-mer qui sont ou ont été sous drapeau français. Nous verrons par exemple qu'à Mayotte, collectivité territoriale, l'islam majoritaire a, de fait, un statut de culte reconnu et que le représentant de l'État y désigne les autorités religieuses musulmanes.

qui a tendance à le considérer comme un phénomène *étranger*. Par rapport à d'autres cultes minoritaires, comme le protestantisme et le judaïsme, qui, malgré toutes sortes de persécutions et de tragédies, sont enracinés depuis longtemps dans l'histoire et dans le paysage français par les traces et le patrimoine qu'ils y ont inscrits, l'islam ne peut revendiquer cette ancienneté. C'est pourquoi on lui demande sans cesse de prouver qu'il est bien français, et on le soupçonne aisément de cultiver son identité, voire son altérité. N'oublions pas toutefois que cette attitude a longtemps prévalu à l'égard des juifs et des protestants français, même après leur émancipation, obtenue par la Révolution française.

L'ANCIENNETÉ ET L'AMBIVALENCE DES RELATIONS ENTRE LA FRANCE ET L'ISLAM

Pourtant les relations de la France avec l'islam sont très anciennes et profondes, mais leur histoire est particulièrement contrastée, faisant alterner des périodes d'affrontements, voire de conflits ouverts, et des périodes d'alliance, voire de véritable symbiose[1]. Cette histoire a été largement occultée, en particulier la longue période de présence musulmane dans le midi de la France au cours du haut Moyen Age, après l'avancée extrême des Arabes jusqu'aux environs de Poitiers[2].

Les relations entre la France et l'islam ont commencé dès l'expansion politique des Arabes, à la suite de la prédication de Muhamad[3] ; on pourrait rappeler les échanges d'ambassadeurs

1. Jacques Frémeaux, *La France et l'islam depuis 1789*, Paris, PUF, coll. « Politique d'aujourd'hui », 1991, 292 p.

2. Il en reste des traces dans la toponymie et même dans l'architecture, mais on a considéré cette présence musulmane comme une invasion étrangère ou comme les attaques et les incursions de barbaresques sur la côte méditerranéenne (les Maures). En réalité, les échanges de population ont dû être beaucoup plus importants qu'on veut bien l'admettre en général.

3. Qui commence véritablement après la mort du Prophète (8 juin 632), par Abou Bakr (d'Arabie vers la Syrie et la Perse) et surtout par Omar (634-644), vers la Syrie, Jérusalem et l'Égypte.

entre Charlemagne et le sultan Haroun Al Rachid. Après les croisades, ces relations se sont développées et ont débouché sur une véritable alliance, objet de scandale dans le monde chrétien de l'époque, entre François Ier et Soliman le Magnifique, en 1526, instituant le régime des « Capitulations », ou privilèges commerciaux.

On ne saurait trop insister sur la proximité entre les trois monothéismes, en particulier entre le christianisme et l'islam, le Coran reprenant, pour les réinterpréter et les renouveler par une révélation « supérieure », les messages des prophètes successifs d'Abraham à Jésus. Mais cette proximité n'est pas forcément le gage de rapports pacifiques, au contraire, si l'on compare les relations du christianisme avec les religions « orientales »[1]. En effet, cette proximité nourrit les polémiques et l'apologétique : chacun des monothéismes se prétend le détenteur unique de la vérité révélée et refuse aux autres toute légitimité, cherchant à montrer, par leur infériorité, leur rejet loin des bénédictions divines.

Cette prétention absolue à détenir la seule vérité et à être la seule voie de salut explique le statut inférieur des révélations antérieures prétendument mal comprises ou dévoyées, ce qui explique la théorie du peuple juif, peuple témoin, par son abaissement, de la vérité désormais détenue par le « Verus Israël » et, dans les pays musulmans, le statut de dhimmitude des peuples du Livre, essentiellement les chrétiens et les juifs. Les croyants des religions monothéistes sont donc rarement portés à l'estime réciproque, malgré toutes les références spirituelles communes. L'islam, pour les chrétiens, est alors au mieux une hérésie, les musulmans sont souvent considérés comme des « infidèles », tandis que, pour les musulmans, la Bible chrétienne offre une révé-

1. C'est ce que le P. Michel Lelong a appelé la « proximité dans la différence ou la différence dans la proximité ». Cf. Michel Lelong, *Deux fidélités, une espérance. Chrétiens et musulmans aujourd'hui*, Paris, Le Cerf, 1979 : « L'islam et le christianisme ont en effet beaucoup de traits communs jusque dans les mots de la foi, mais les mêmes mots n'ont pas le même sens et des mots différents peuvent recouvrer une réalité similaire, ce qui peut aisément conduire à des malentendus ou des impasses. »

lation tronquée et dévoyée. Surtout, les deux religions se sont déployées dans des mondes fort différents par leurs coutumes, leur calendrier, leur langue, leur culture... Il s'y est ajouté l'opposition de pouvoirs politiques légitimés par la religion, protégée par le glaive.

Malgré de nombreuses querelles entre l'Église et l'État, le souverain a longtemps été de droit divin, (con)sacré par l'Église[1], tandis qu'en pays musulmans les souverains sont par essence les défenseurs et les propagateurs de la foi, tout en devant chercher l'appui des Ulemas, les docteurs de la Loi, dont les prescriptions constituent la « Sharia » qui est appliquée aux cas concrets par la jurisprudence ou « Fiqh », développée par les grandes écoles juridiques.

Ces tensions se sont transformées en affrontements, en particulier à l'époque des croisades dont l'idéologie a profondément marqué l'Occident. Or, la première croisade a été prêchée par le pape Urbain II au Concile de Clermont, et les seigneurs de la France du Nord ont répondu les premiers à son appel. Bien d'autres motivations peuvent expliquer le succès des croisades, succès surtout si on le mesure à l'importance des mouvements de populations et à la rencontre de l'Occident avec un Orient mythique, qu'elles ont provoqués, plus qu'à l'éphémère durée du royaume latin de Jérusalem. Leur aspect religieux reste fondamental : il s'agissait bien d'un acte de foi consistant à prendre la croix, dans toutes les catégories de la population, à reprendre le tombeau du Christ aux infidèles et à rouvrir un pèlerinage prétendument interdit. La conquête arabo-musulmane, si elle a été au début favorisée par les populations locales, et en particulier par les chrétientés locales monophysites, désireuses de secouer le joug pesant de l'Empire byzantin et de son orthodoxie, s'est appuyée sur la conception guerrière du « djihad », conçu comme un acte de foi. Bien d'autres oppositions se manifestèrent plus

1. L'Église affirmant son indépendance, en se revendiquant aussi comme puissance temporelle, à travers les États de l'Église, dont la possession était « légitimée » par la prétendue donation de Constantin.

tard, comme la course, musulmane ou chrétienne, qui perturbait les courants d'échanges en Méditerranée et qui se poursuivit jusqu'à l'aube du XIXe siècle, cause et en tout cas prétexte de l'expédition d'Alger. La prise d'Alger en 1830 amena la rencontre majeure de la France avec l'Algérie, sous la forme de la colonisation, avec les échanges réciproques mais aussi avec toutes les incompréhensions et les rancœurs qu'elle a pu susciter par les rapports inégaux et la violence légale qu'elle instituait. Tous ces éléments expliquent l'opposition qu'il faudrait suivre de plus près et souvent nuancer, mais dont les traces restent très présentes, entre l'Europe chrétienne et le Dar al-Islam.

Ces rapports conflictuels hérités des croisades et de la conception conquérante du djihad font du musulman, l'ennemi du chrétien, l'étranger pour le Français, assez proche certes, mais ennemi menaçant.

Pourtant, des relations plus pacifiques, et même d'alliance forte, ont pu s'établir entre la France, fille aînée de l'Église, et des pays de l'Islam. Les relations avec l'Empire turc, la Sublime Porte, ont été très étroites, presque dès l'origine. Cet État bénéficiait d'un grand prestige ; il avait su réunir, en cent cinquante ans, d'immenses territoires, de l'Atlantique au golfe Persique et à la mer Caspienne, et devenir la première puissance en Méditerranée, en s'emparant des Balkans et en s'avançant jusqu'aux portes de Vienne. Il s'agit bien d'une construction impériale qui, à travers ses corps d'élite, imposait sa souveraineté aux divers pays, voire aux dynasties qu'il rassemblait, mais qui conservaient une large autonomie, à laquelle s'ajoutait le respect des libertés accordées aux communautés protégées de *dhimmis*.

L'alliance de François Ier avec Soliman le Magnifique en 1526, qui déboucha sur le régime des Capitulations[1], des pri-

1. Dont le texte le plus ancien remonte à 1569 et le texte définitif à 1740. Elles garantissent la sécurité des pèlerins et des religieux de rite latin, mais surtout des négociants français, installés en particulier dans les Échelles du Levant (Smyrne, Alep, Saïda, Le Caire, Alexandrie, Damiette, Constantinople, Salonique). Par ailleurs, l'ambassadeur de France à Constantinople a la préséance sur ses collègues, à commencer par l'ambassadeur du Saint-Empire romain, montrant bien la prééminence reconnue à la France.

vilèges commerciaux, fut un véritable scandale pour l'Europe chrétienne. Elle permit cependant de contrebalancer la menace que représentait pour la France la Maison d'Autriche, avant de devenir, au XVIIe siècle, le pivot du système de sécurité français, complété au nord par la Pologne (plus tard la Russie) et la Suède, en alliance de revers. Les Turcs purent s'installer provisoirement à Toulon (1543-1544), avant de se replier, après leur défaite navale à Lépante en 1571. Pour les Turcs (et leurs alliés musulmans), la France acquiert un nouveau statut, celui de Dar-As-Söulh, ou Maison de la trêve (ou de la réconciliation).

En 1739, le traité de Belgrade, conclu sous l'égide de la France, entre l'Autriche et l'Empire ottoman, montre le parallélisme des stratégies et la coopération franco-turque, qui assure à la France l'annexion de la Lorraine, et permet un nouvel élargissement des Capitulations. Chacun des deux États exerce sa prééminence dans sa sphère d'influence. Cette amitié montre que l'idéologie des croisades ne déterminait plus depuis longtemps l'action des dirigeants français qui se préoccupaient surtout de leurs voisins : en 1683, le roi de France se garde bien de secourir Vienne assiégée par les Turcs, avant de s'engager, en 1685, dans la persécution des protestants, tandis que la Turquie, menacée par la Perse chiite, renonce à poursuivre sa politique expansionniste en Europe.

D'autres contacts historiques ont été à l'origine de relations profondes avec le monde musulman, en particulier l'expédition d'Égypte, en 1798. Conçue à l'origine comme une expédition militaire, avec la volonté stratégique de porter hors d'Europe le conflit de la République contre l'Angleterre, débouchant sur une tentative avortée de conquête coloniale, elle fut à l'origine d'une découverte scientifique du pays et prit une dimension culturelle, par la volonté de Bonaparte de s'entourer de savants et d'écrivains. Pourtant, on s'intéressa plus à l'Égypte ancienne (d'où des progrès très importants en égyptologie), qu'à l'Égypte moderne et à l'islam contemporain considéré seulement comme un élément exotique et une des causes du retard du monde arabe par rapport à l'Occident chrétien et rationaliste. Que n'a-t-on écrit, à partir de là, sur le fatalisme musulman, sur la passivité des fellahs, sur leur difficulté, voire leur incapacité à entrer dans le monde moderne et à concevoir l'idée de progrès des connaissances et de la société[1]. Cependant, l'Arabe musulman s'était rapproché de l'Occident chrétien, sans que la distance ait été abolie, un peu à la manière du tableau de Gros représentant Bonaparte au contact des pestiférés de Jaffa. Le romantisme nourrit toute une fascination de l'Orient, faite de nostalgie et d'exotisme, qui se penche surtout sur les ruines de civilisations brillantes disparues, sans qu'il y ait un véritable intérêt pour les Orientaux réels de l'époque, que l'on se donne pourtant pour mission d'éduquer et de civiliser, fût-ce contre leur gré, pour leur apporter les bienfaits et les lumières du monde moderne, et dont les superstitions, souvent confondues avec la religion, et en particulier avec l'islam, les ont trop longtemps tenus éloignés.

LE POIDS DE LA COLONISATION

La rencontre initiée par la colonisation va être d'une tout autre nature. La présence française au Maghreb, et tout particulièrement en Algérie, a marqué profondément les mentalités. L'œuvre de la France coloniale fut immense en termes de développement économique, de progrès sanitaires, d'influence culturelle, et même lorsqu'il y eut un rejet, et souvent rejet violent, il n'est pas possible de nier son impact.

Pourtant, on ne peut parler d'une véritable symbiose, d'un dialogue des cultures, car les rapports sont restés inégalitaires, même lorsque les populations musulmanes ont fini, bien tardive-

1. En 1883, Renan ouvre une célèbre conférence, « L'islamisme et la science », en déclarant : « Toute personne un peu instruite des choses de notre temps voit clairement l'infériorité actuelle des pays musulmans, la décadence des États gouvernés par l'islam, la nullité actuelle des races qui tiennent uniquement de cette religion leur culture et leur éducation », cité *in* J. Frémeaux, *op. cit.*, p. 97.

ment, par être acceptées comme citoyens français. L'islam était certes reconnu, mais il servait d'abord de marqueur de différenciation, entraînant de fait un développement séparé : la France garantissait le respect du statut personnel, mais les musulmans étaient les indigènes (par opposition aux colons), exclus de la nationalité française, à la différence des israélites d'Algérie, naturalisés par le décret Crémieux, en 1871.

La France, avec son empire colonial, s'est affirmée comme une puissance musulmane, comme le protecteur de l'islam, mais avec une attitude paternaliste : l'islam qu'elle reconnaissait lui restait extérieur, non consubstantiel. Le respect de l'islam a pu être poussé très loin, comme le montre toute l'action de Lyautey au Maroc, mais il devait rester fidèle à ses traditions, et n'était pas destiné à devenir un article d'importation en métropole. Il faisait partie des forces au service de la France et devait lui rendre hommage.

L'islam fut ensuite un facteur de prise de conscience identitaire et nationale, s'opposant à l'assimilation : la condition de l'acquisition de la citoyenneté française, même pour des anciens combattants, fut longtemps l'abandon du statut personnel, considéré comme partie intégrante de l'islam, ce qui bloqua bien des évolutions vers la modernité.

La marche vers l'indépendance fut la source de beaucoup d'incompréhensions, et le drame de la guerre d'Algérie contribua à faire des nationalistes algériens, s'appuyant souvent sur l'islam, les ennemis de la France[1]. Certes, beaucoup de soldats et de troupes supplétives fidèles à la France furent recrutés parmi les musulmans. Le drame des « harkis » provient justement de cet

1. Même si l'expédition d'Alger de Charles X relevait, par bien des aspects, chez les ultras, de l'idéologie d'une nouvelle croisade contre l'infidèle, sinon le « barbare » (on parle à l'origine des attaques des barbaresques contre la circulation maritime en Méditerranée). On peut noter que, si les autorités françaises ont pu soutenir les missions françaises destinées à convertir les musulmans dans les pays du Maghreb (contrairement à l'utilisation politique des missions par la France en Afrique noire, à Madagascar ou dans le Pacifique), ceux-ci ont peu apprécié certaines initiatives de catholiques français, comme l'organisation du Congrès eucharistique mondial à Tunis, à la veille de la Seconde Guerre mondiale.

engagement contre les mouvements favorables à l'indépendance et de leurs difficultés à s'intégrer pleinement parmi les Français, même après l'indépendance de l'Algérie et leur « rapatriement » forcé en métropole après bien des massacres. Les Français musulmans restèrent, pour de longues années, les rapatriés d'origine nord-africaine (RONA).

La colonisation a contribué à donner un visage déformé de l'islam et à établir des relations inégales entre Français et Musulmans, mais avec de sensibles différences. Dans la conquête de l'Algérie, l'aspect religieux a été très largement absent : on s'adresse d'abord aux populations arabes, avec les bureaux arabes, sous la monarchie de Juillet, le rêve d'un Empire arabe, avec Napoléon III, les bureaux et administrations des Affaires indigènes, sous la IIIe République, jusqu'à la création d'un ministère de l'Algérie avec la départementalisation, reléguant les questions strictement musulmanes au second plan, dans une perspective de laïcisation. La France au Maroc a été beaucoup plus soucieuse de respect, voire de protection, d'un islam traditionnel. Mais la vision très positive et valorisante de l'islam visait à maintenir la distance à l'égard de l'étranger et à souligner que la France ne voulait ni annexer le Maroc, ni le transformer en une simple colonie. Au contraire, avec la volonté d'annexer et d'assimiler l'Algérie, on a insisté sur l'origine des différentes populations appelées à entrer individuellement dans la citoyenneté française, et, pour les juifs algériens, à bénéficier de la naturalisation par le décret Crémieux. L'aspect religieux, l'islam, et à travers lui, le statut personnel, apparaît vite comme un obstacle ou un alibi pour empêcher l'acquisition de la citoyenneté, à la demande d'ailleurs des colons européens qui ne souhaitaient pas partager leurs privilèges, désireux de poursuivre leur exercice solitaire du pouvoir. Autant l'Arabe pouvait, à la rigueur, entrer dans la nation française, autant le musulman en semblait, par idéologie, exclu.

Cela explique d'ailleurs pourquoi l'islam fut le conservatoire et la matrice où se réfugièrent ceux qui rejetaient la colonisation et prônaient les revendications nationales et l'indépendance, même lorsque les leaders de ces mouvements, formés à l'Université française, avaient des conceptions très laïques, étaient même culturellement assimilés et appuyaient leurs revendications sur l'héritage de la Révolution française, les libertés individuelles, le droit des peuples à disposer d'eux-mêmes et l'État-nation.

Les difficultés du dialogue en vérité et en profondeur entre chrétiens et musulmans proviennent à la fois des croisades et de la colonisation. La pensée religieuse s'est élaborée sur le mode de l'exclusion, dans la logique du tiers exclu, selon laquelle la vérité d'une affirmation implique que son contraire soit faux, sans qu'il y ait possibilité de complémentarité entre deux affirmations contraires[1]. Il y a inévitablement opposition entre « nous », les croyants, les Français, et « eux », ceux du dehors, exclus du champ de la réflexion théologique, de l'action de Dieu et de la citoyenneté. Il en découle un complexe de supériorité, renforcé par la domination coloniale, et exempt de tout sens critique. Les élaborations doctrinales ont fonctionné comme des systèmes d'exclusion mutuelle. Les relations ont été marquées par l'apologétique, voire la polémique, une juxtaposition de monologues sans échanges, débouchant sur l'ignorance et le mépris de l'Autre, considérant la religion d'autrui comme un ensemble abstrait et quasi immuable de dogmes et de rites. Il ne suffit pas de connaître les cinq piliers de l'islam, les gestes de la prière quotidienne ou la liste des noms ineffables de Dieu, pour comprendre la foi vécue des musulmans. Ce qui importe, au-delà des doctrines, des mythes et des rites, c'est leur signification pour le croyant, et cela est vrai pour toutes les religions : « La religion d'un homme, c'est sa propre attitude envers ce qu'il considère comme la vérité et l'absolu. »[2] Les amalgames, les généralisations, les diabolisations rendent la compréhension de l'Autre et le dialogue impossibles. L'islam est souvent considéré comme la religion du fanatisme, de la violence, de la guerre sainte, de la

1. J.-C. Basset, « Élargis l'espace de ta tente », *Études théologiques et religieuses*, t. 71 : *Islams en mutation*, Montpellier, 1996, p. 9-11.

2. William James, *The Varieties of Religious Experience*, trad. *L'expérience religieuse*, Paris, Alcan, 1906, p. 31.

confusion du temporel et du spirituel, du fatalisme ; il n'aurait pas évolué depuis le Moyen Age, ou même aurait régressé vers l'obscurantisme et le terrorisme, même lorsqu'il est porteur d'une protestation très moderne contre des régimes autoritaires ou dictatoriaux, alliés de l'Occident. Parallèlement, le christianisme est très souvent assimilé dans la propagande musulmane à l'Occident oppresseur et matérialiste, source de toutes les perversions et voué à la décadence spirituelle et morale. Mais les clivages sont bien plus complexes et traversent les mondes musulman et chrétien : comme l'écrit J.-C. Basset : « Il existe une théologie de la libération en Amérique latine qui dérange nombre de chrétiens mais qui offre des points de convergence étonnants avec des penseurs musulmans contemporains, comme l'Iranien Ali Shariati ou l'Égyptien Sayyid Qutb. De même, le conservatisme rigide des autorités saoudiennes et leur déni des droits de l'homme font bon ménage avec la droite occidentale, notamment américaine avec sa composante de chrétiens fondamentalistes. »[1]

Pour un dialogue en vérité, il serait nécessaire de prendre en compte la dimension personnelle et existentielle de la religion et d'interroger d'abord l'acte de foi, avant d'examiner les traductions de cette foi, dans des systèmes de pensée et d'action codifiés dans les textes fondateurs, considérés comme sacrés. Il importe de développer une écoute de l'autre qui puisse exprimer sur le mode du « je » l'expérience de foi qui l'anime, au lieu de se comporter comme le représentant patenté d'une orthodoxie figée.

« Si Dieu l'avait voulu, il aurait fait de vous une seule communauté. Mais il a voulu vous éprouver par le don qu'il vous a fait. Cherchez à vous surpasser les uns les autres dans les bonnes actions. Votre retour, à tous, se fera vers Dieu ; il vous éclairera, alors, au sujet de vos différends » (La Table servie, 5/48). Pour les croyants, la vérité est essentielle : comprise comme une et

1. J.-C. Basset, « Élargis l'espace de ta tente », art. cité, p. 11.

absolue, puisque fondée en Dieu, elle implique pour le croyant la mission de la répandre dans toute l'humanité. La Parole de Dieu se révèle pour les chrétiens en Christ, le Verbe incarné, et pour les musulmans dans le Coran. Mais cette parole est-elle le tout de la vérité ? Ne risque-t-on pas une absolutisation de la religion qui déboucherait dans une nouvelle forme d'idolâtrie, en oubliant que toute vérité portée par des hommes reste relative, ancrée dans une situation historique déterminée, une culture et une situation sociale particulières, qui sont pourtant les seules voies par lesquelles nous avons humainement accès à Dieu, dans des formulations toujours limitées et partielles du Vrai et du Réel. Les Écritures des chrétiens et des musulmans, les croyances et les rites, sont des balises vers un but non atteint et non une fin en soi[1].

Le danger dans le dialogue islamo-chrétien est bien celui du « totalisme », dénoncé par Jean-Claude Basset, dans lequel les deux traditions « sont tentées de se considérer comme détentrices de la vérité, de toute la vérité et de la seule vérité, rejetant du même coup les autres dans la nuit de l'ignorance, de l'erreur et du péché »[2].

Si l'on a trop longtemps effacé de notre conscience historique la présence musulmane sur le sol de la France métropolitaine (qui reste présente dans la toponymie du Midi, des Maures à Ramatuelle...), il faut bien reconnaître que les musulmans ont été, pendant des siècles, totalement absents du paysage français, absence soulignée plutôt que compensée par la présence de voyageurs exotiques et étrangers (cf. les *Lettres persanes*) qui ne cherchaient pas à enraciner l'islam en terre française.

La situation de l'islam est donc bien différente de celle du judaïsme : malgré les expulsions de la fin du Moyen Age, on peut considérer qu'il y a une continuité de la présence juive sur certaines parties du territoire ; les « nations juives » de l'Ancien

1. Cf. Smith Wilfred C., *The Meaning and End of Religion*, New York, Harper & Row, 1962, rééd. 1978.

2. J.-C. Basset, « Élargis l'espace de ta tente », art. Cité, p. 16.

Régime ont toujours été considérées, malgré leur situation d'infériorité, comme régnicoles, c'est-à-dire comme partie intégrante, reconnue par des lettres patentes, du royaume de France.

UN ISLAM ÉTRANGER ET LONGTEMPS ABSENT DE MÉTROPOLE

L'islam certes n'était pas ignoré, mais il était l'objet extérieur d'études et de discours scientifiques, avec l'orientalisme et l'islamologie qui commencent en France dès François Ier, avec la création du Collège de France. Bien sûr, avec la colonisation, et en particulier la présence française au Maghreb, les liens vont se renforcer, mais dans une relation toujours externalisée. L'islam reste objet de curiosité, et l'on est surpris, à la fin du XIXe siècle, de voir le « Musulman de la Chambre », le Dr Philippe Grenier, élu député du Jura en 1896, siéger en gandoura, burnous et turban[1]. Il s'agit de cas isolés de conversion, en aucune façon de l'amorce d'une communauté musulmane en France métropolitaine, il s'agit tout juste de la présence d'intermédiaires culturels facilitant les relations avec le monde musulman ami, dont Abd el Khader, l'adversaire digne et réconcilié, deviendra la figure emblématique.

Cette absence de véritable communauté musulmane en métropole au début du XXe siècle, même à Paris, au-delà de quelques groupes d'étudiants arabes, qui joueront d'ailleurs un grand rôle parmi les nouvelles élites dans la montée du mouvement national arabe, explique que l'islam n'a pas été concerné, à l'époque, par la loi de 1905. Cette loi visait en effet à régler la situation des cultes reconnus et à organiser la dévolution des biens des établissements publics du culte aux nouvelles associations cultuelles créées par la loi. Les musulmans n'avaient en

1. *Le Petit Journal*, supplément illustré, 24 janvier 1897.

métropole ni patrimoine cultuel, ni clergé affectataire. La loi n'ayant prévu ni les « clochers du futur », c'est-à-dire la construction de nouveaux édifices du culte dans des zones de nouvelle urbanisation, ni les nouvelles religions, c'est-à-dire les cultes qui se sont implantés en métropole, après la loi de 1905. On peut considérer que l'islam n'avait pas de place officielle ni même légale en métropole au début du siècle, qui s'ouvrait sur la séparation à la française, au début très radicale, interdisant toute subvention publique aux cultes sous quelque forme que ce soit..

Si l'islam, jusqu'à la Première Guerre mondiale, ne concernait pas la métropole, cela ne signifie pas qu'il n'ait pas concerné la France. D'abord, dans la définition de sa politique extérieure, la France a développé une politique de relations, sinon avec l'islam religieux, du moins avec l'islam politique, et les pays musulmans. Ces relations ont surtout concerné les pays riverains de la Méditerranée. L'alliance avec l'Empire ottoman qui remontait à François Ier a peu à peu fait place, à partir du XIXe siècle, à l'influence de l'Angleterre, soutien de la pérennité de « l'homme malade de l'Europe », au nom de l'équilibre européen, puis à celle de l'Allemagne, avec la construction du Berlin-Badgad Bahn.

La présence de la France en Égypte depuis l'expédition de Bonaparte s'est développée sur le plan culturel, par l'alliance avec Mehemet Ali et la construction du canal de Suez, avant de laisser, après la défaite de 1870, la primauté à l'Angleterre qui instaura une véritable tutelle sur le pays, avec la politique de Lord Kitchener. La traditionnelle mission de la France dans les Échelles du Levant – protectrice des communautés chrétiennes et tout particulièrement des catholiques (des Maronites par exemple) – a permis une forte présence culturelle et politique, avant même l'expédition de Syrie en 1860, conçue comme une défense contre les musulmans et contre les Druses. C'est l'action culturelle de la France, qui, sous l'inspiration du principe des nationalités et de l'État-nation, a favorisé la naissance du mouvement national arabe, en particulier parmi les chrétiens libanais, à l'extrême fin du XIXe siècle, en opposition à l'oppression turque :

ce qui est alors mis en avant, c'est le phénomène national (unité du monde arabe) aux dépens de l'aspect religieux (l'unité musulmane qui aurait uni les Turcs aux Arabes musulmans).

Mais la France, surtout à partir de l'expédition d'Alger (1830), s'intéresse essentiellement au Maghreb et n'a de cesse d'y étendre son influence et sa domination politique. Elle met toujours en avant le caractère arabe plus que le caractère musulman du Maghreb : Napoléon III a cherché à créer un royaume arabe et non un royaume musulman, ce qui correspond d'ailleurs à la tradition française, après la Révolution et même dans un système concordataire, de cantonner la religion au privé et de donner la primauté à l'État et à la société civile.

La France, à travers ses colonies et ses protectorats, est en contact direct avec des populations musulmanes, mais l'islam reste un phénomène extérieur à la conscience nationale. De plus, l'attitude vis-à-vis de l'islam fut très diverse. L'effort de laïcisation en Algérie vise l'intégration du pays dans l'ensemble français ; amorcée avec la naturalisation des juifs d'Algérie dans le cadre du décret Crémieux, elle n'a jamais pu être poussée jusqu'à son terme logique, la citoyenneté de tous les musulmans d'Algérie... – jusqu'à la veille de l'indépendance. Au contraire, l'islam a servi, à travers le droit personnel, de prétexte pour ne pas intégrer les musulmans algériens à la communauté nationale. La France a adopté une stratégie de cantonnement et de contrôle de l'islam, en permettant l'exercice des rites religieux (pèlerinage à La Mecque, écoles coraniques, nourriture halal, aumônerie...) et en essayant de surveiller les confréries religieuses, mais en évitant toute expression politique de l'islam. Au contraire, la politique de Lyautey au Maroc visait à s'appuyer sur un islam respecté, mais sclérosé dans des formes folkloriques[1]. L'islam religieux est alors élevé au rang de partenaire politique, incarné dans la personne du souverain chérifien, commandeur des croyants, allié et ami de la France.

1. En interdisant par exemple aux non-musulmans l'entrée dans les mosquées, ce que l'islam n'avait guère pratiqué.

L'absence de musulmans en métropole, sinon en tant qu'individus, du moins en tant que communautés organisées, jusqu'à la Première Guerre mondiale, qui se manifeste par une absence d'inscription dans le paysage et dans le patrimoine historique, a d'importantes conséquences aujourd'hui même ; elle pourrait expliquer l'inégalité de fait, dans le cadre d'une parfaite égalité de droits, dont l'islam souffre aujourd'hui encore. Ne faisant pas partie des cultes reconnus en 1905, ne disposant pas d'édifices du culte ni de structures associatives, il ne bénéficie pas de toutes les dispositions de la loi de la séparation des Églises et de l'État favorisant le transfert des biens des établissements publics du culte aux associations cultuelles qui en sont issues, et imposant aux propriétaires des édifices du culte, essentiellement les communes, des charges d'entretien des bâtiments, de surveillance (avec même une indemnité de gardiennage au bénéfice des ministres du culte affectataire) et de mise à disposition gratuite des locaux au bénéfice de l'affectataire légal qui en tire un droit de jouissance quasi exclusif.

On a souvent reproché à la loi de 1905 d'avoir réglé l'héritage du passé mais de ne rien avoir prévu pour les « clochers du futur », c'est-à-dire la construction des nouveaux édifices du culte. Elle a encore moins prévu les conditions d'exercice des nouveaux cultes qui apparaîtraient sur le territoire métropolitain postérieurement à la loi et qui, ne bénéficiant d'aucun patrimoine, se trouveraient réduits à leurs propres forces, ce qui, pour une religion pratiquée surtout par des personnes à faibles revenus, ne manquerait pas de poser des problèmes, avec la tentation de se tourner vers des bienfaiteurs étrangers. Le retard des aumôneries musulmanes s'explique aussi par cette raison, aggravée par les divisions des musulmans, l'absence d'interlocuteurs et d'autorités reconnues, alors que la loi de 1905 avait prévu, pour garantir le libre exercice du culte, l'intervention publique pour favoriser l'exercice du culte lorsque, à cause de situations spécifiques (internat, hospitalisation, prison, service militaire...), des individus ne pouvaient assister, en dehors de ces lieux, au culte de leur choix.

LA PRÉSENCE MUSULMANE EST LIÉE A LA PREMIÈRE GUERRE MONDIALE : LA FRANCE, PUISSANCE MUSULMANE, ET LA MOSQUÉE DE PARIS

Le principal point de départ de l'installation de l'islam en France est la Première Guerre mondiale qui constitue également un tournant dans les relations de la France avec le monde musulman et plus spécifiquement avec ses colonies et ses protectorats. Ce tournant n'a pas été suffisamment ressenti à l'époque ; il aurait dû conduire à l'établissement de nouvelles relations coloniales. Jusque-là, la France avait des protégés et des sujets musulmans ; désormais elle est fière de son empire et se veut une puissance musulmane, en rivalité avec l'Angleterre qui cherche à s'appuyer sur les premiers mouvements de libération arabe. Il n'y a plus alors de véritable puissance musulmane, après l'effondrement de l'Empire ottoman et son dépeçage, sous les auspices de l'Angleterre, et accessoirement de la France.

Pour faire face à l'effort de guerre, la France a eu besoin de ses colonies, en particulier des pays du Maghreb : elle a organisé la mobilisation économique de l'Algérie et a eu très vite recours aux recrues coloniales. Des troupes musulmanes furent mobilisées qui connurent des pertes importantes. On a évalué à plus de 100 000 le nombre des morts et des blessés musulmans de la Première Guerre. Les grandes batailles se sont accompagnées de la création de cimetières musulmans. C'est d'abord par le sacrifice du sang que l'islam a acquis une présence et des droits sur le sol métropolitain. Dès août 1914, des musulmans avaient été appelés en métropole pour remplacer les travailleurs partis au front : ils constituent véritablement la première vague d'immigrants musulmans, de jeunes adultes. Ainsi se constituèrent de petits groupes de travailleurs musulmans, venant pour un temps limité en métropole. Par ailleurs, après la victoire, le nombre des étudiants musulmans dans les grandes villes universitaires, et en particulier à Paris, ne cessera de croître.

Pour galvaniser le soutien religieux des musulmans, les autorités françaises cherchèrent des gestes symboliques manifestant l'alliance de l'islam et de la France. Un thème important de propagande fut d'abord celui des Lieux saints dont la garde était assurée par l'Empire ottoman, allié de l'Allemagne. Le sultan avait proclamé la guerre sainte contre l'Entente, l'accès à La Mecque, et Médine était donc interdit aux musulmans français. C'est pourquoi les autorités françaises favoriseront la création, en 1916, d'une Société des habous[1] et Lieux saints de l'islam déclarée auprès du cadi d'Alger, de droit musulman, et dont le but était d'établir des fondations pieuses à La Mecque et Médine, pour y accueillir des pèlerins originaires du Maghreb, et de revendiquer un droit d'accès des ressortissants français aux Lieux saints. Il s'agissait donc de défendre les intérêts musulmans et les prétentions françaises au Proche-Orient dans la perspective des règlements de la paix, après la défaite de l'Empire ottoman et son démembrement.

Remarquons que l'organisation du pèlerinage (obligation religieuse, un des cinq piliers de l'islam) conserve aujourd'hui un caractère politique marqué. Il est placé sous l'égide de l'Arabie saoudite qui accorde à chaque État des contingents pour ses ressortissants. Les musulmans de nationalité française sont pris sur le contingent algérien, ce qui indique bien que le fait musulman en France n'est pas officiellement reconnu. Il pourrait être envisagé, sans qu'il soit par là porté atteinte à la laïcité et à la séparation des Églises et de l'État, que la France plaide sur le plan international pour ses ressortissants et obtienne pour eux un contingent spécifique. En tout cas, en plein cœur de la Première Guerre mondiale, au moment de Verdun, les responsables français ont jugé utile de réclamer des droits d'accès aux Lieux saints de l'islam pour les sujets et protégés musulmans et ont souhaité la création de biens religieux inaliénables à La Mecque et Médine, tout en

1. Habou : bien religieux inaliénable (appelé dans d'autres pays musulmans *waqf*).

sachant que cet accès ne serait possible qu'avec la défaite de l'Empire ottoman. Là encore, l'anticléricalisme, et même la laïcité, ne semblaient pas des « articles d'exportation »...

On chercha aussi à marquer par un signe religieux la reconnaissance par la France du sacrifice consenti par les musulmans. On créa un carré musulman et on érigea un monument à côté de l'ossuaire de Douaumont. Un comité, animé par Édouard Herriot, préconisa la construction d'une mosquée en plein cœur de Paris. La Ville de Paris vota une subvention qui permit à la Société des habous des Lieux saints de l'islam d'acquérir gratuitement un vaste terrain de l'Assistance publique de Paris dans le 5e arrondissement ; sur proposition d'Herriot, l'Assemblée vota une loi permettant une subvention importante de l'État, d'un montant de 500 000 F, pour la création d'un institut musulman, au titre du ministère des Affaires étrangères, car l'Intérieur n'avait plus de ligne budgétaire à cet effet, depuis la loi de 1905. La Société des habous fut amenée alors à modifier ses statuts, à se transformer en association de la loi de 1901, à se doter d'un bureau composé de deux Algériens, de deux Marocains, de deux Tunisiens et d'un représentant de l'Afrique occidentale française (un Sénégalais), ce qui indiquait bien qu'il s'agissait d'une réalisation de la France, puissance musulmane, avec une relative égalité entre les colonies et protectorats musulmans. D'ailleurs, la réalisation de l'institut et de la mosquée nécessitait la contribution « volontaire » de chacun des pays concernés, fixée sous l'égide de la France. Le président de la Société, qui allait devenir également le directeur de l'institution, Si Kaddour Ben Ghabrit, était un Algérien au service du sultan du Maroc, qui pouvait concilier en sa personne les intérêts des principaux protagonistes du projet.

Pour cette réalisation, l'État, pas plus que la Ville de Paris, n'ont subventionné directement la construction d'une mosquée, d'un lieu de culte, ce qui eût été contraire à la loi de 1905. La subvention est justifiée par la réalisation de « l'Institut musulman de la Mosquée de Paris », avec bibliothèque, salles de cours..., donc d'un projet culturel et éducatif. C'est la même justification que celle de la subvention accordée par le ministère de la Culture à un musée d'art religieux attenant à la nouvelle cathédrale d'Évry, qui a permis l'édification de l'ensemble architectural.

Dans l'entre-deux-guerres, l'islam n'est pas contesté en métropole ; au contraire, il permet souvent un contrôle des populations originaires des pays sous domination française. La Mosquée de Paris participe à ce contrôle, tandis que les confréries, comme la Tidjaniya et la Senoudjia, continuent à étendre leur réseau parmi les ouvriers et manœuvres musulmans. L'Institut musulman de la Mosquée de Paris fut, entre les deux guerres, le symbole, sur le sol métropolitain, de la symbiose entre la France et l'islam et du rôle de l'islam dans cet empire colonial français magnifié par L'Exposition coloniale. Mais, en même temps, il manifeste la présence en métropole de communautés musulmanes « dont les prières s'élevant dans le beau ciel de France ne devraient pas rendre jalouses les tours de Notre-Dame », pour reprendre la formule de Lyautey, lors de la cérémonie de la pose de la première pierre de la mosquée.

La mosquée de Paris a pu jouir, en effet, de toutes les « bénédictions » officielles lors de ses différentes inaugurations, avec la présence du roi du Maroc et du bey de Tunis, puis lors des cérémonies nationales et patriotiques, en particulier le 11 Novembre et le 14 Juillet. La Mosquée de Paris est devenue une institution nationale, que visitaient régulièrement le président du Conseil et les ministres.

L'institution était profondément liée à la situation coloniale ; soutenue par les pays musulmans administrés ou protégés par la France, elle était devenue l'institution franco-musulmane. Ses structures juridiques fondées sur le droit associatif étaient à la fois celles d'une association de droit musulman créée par acte de cadi et d'une association déclarée de la loi de 1901. Rien n'était prévu en cas de conflit entre ces deux statuts. De plus, on avait surtout pensé à la création de l'Institut musulman ; on avait moins prévu son fonctionnement (les dons « étrangers » étaient surtout destinés à assurer l'investissement tandis que le fonctionnement, vu l'insuffisance des contributions des fidèles, dut être souvent assuré par le gouvernement français, avec l'aide de la

Ville de Paris (et parfois du département de la Seine). La Mosquée, qui avait un rôle national, faisait aussi rayonner la culture française à l'étranger, en particulier vers le monde arabo-musulman ; la Ville de Paris pouvait se prévaloir, grâce à elle, d'être une capitale musulmane.

La Société des habous des Lieux saints de l'islam comptait 7 membres fondateurs qui concentraient tous les pouvoirs, même si son comité de parrainage comprenait de nombreuses personnalités politiques françaises non musulmanes. Mais rien n'avait été prévu pour assurer le renouvellement de ces membres fondateurs et préserver l'équilibre initial.

La Mosquée de Paris devait aussi répondre aux besoins spirituels des musulmans en France de plus en plus nombreux, étudiants et travailleurs. Des monographies sur les communautés musulmanes des grandes villes de province seraient nécessaires pour savoir comment étaient alors satisfaits les besoins religieux ; il semble que l'on se soit contenté des organisations traditionnelles, des liens confrériques, du respect des règles religieuses et des principales fêtes dans le cadre familial, sans que la construction de mosquées soit apparue alors comme nécessaire. On ne dispose pas, en tout cas, de statistiques sur les salles de prière et les lieux de culte musulmans à cette époque en France métropolitaine, en dehors de Paris.

La Mosquée de Paris était le centre du monde musulman en France, depuis son inauguration en grande pompe par Gaston Doumergue, président de la République, et Moulay Youssef, le sultan du Maroc, le 16 juillet 1926. Si Kaddour Ben Ghabrit, chef du protocole du sultan et consul de France à Tanger, était une personnalité respectée au Maghreb qui bénéficiait de la confiance de la France. Il n'y avait pas alors de problème d'autorité musulmane en France.

Toutefois, l'attitude des autorités françaises dans les colonies et les protectorats vis-à-vis de l'islam ne manquait pas d'être ambivalente. Le profond respect de l'islam et de ses traditions que prônait un Lyautey, la présence de troupes supplétives coloniales et musulmanes et même la fraternité des tranchées poursuivie par les associations d'anciens combattants musulmans dont certains avaient pu, à titre de reconnaissance pour leur sacrifice, obtenir la citoyenneté française, pouvaient très bien se combiner avec le souhait d'un développement séparé de la communauté musulmane, en contradiction avec les conceptions d'intégration à la française, héritées de la Révolution.

On dispose d'ailleurs de peu de données concernant les attitudes religieuses des populations musulmanes en métropole, à Paris ou dans les grandes villes de province, dans l'entre-deux-guerres. En fait, l'islam n'est pas alors un problème. On surveille beaucoup plus les intellectuels venus faire leurs études en métropole qui y découvrent un air de liberté et une atmosphère intellectuelle bien différente de ce qu'ils pouvaient connaître en Algérie, même à l'Université. Fréquentant des condisciples libéraux, voire marxisants, ils en viennent rapidement à remettre en cause la situation coloniale de leur pays d'origine et à réclamer, sinon l'indépendance, conformément à l'idéologie des nationalités et au droit des peuples à disposer d'eux-mêmes, du moins l'égalité des droits et le suffrage universel pour tous les musulmans. Mais cette revendication se heurtait précisément au problème du statut personnel fondé sur le droit musulman. Si la revendication était essentiellement politique, dans ces milieux modernistes souvent incroyants, autour de l'Étoile nord-africaine de Messali Hadj, ou influencés par la libre pensée ou la franc-maçonnerie, on ne pouvait ignorer la dimension religieuse de l'identité des peuples arabes colonisés, en particulier au Maghreb.

Les besoins religieux des musulmans en métropole n'apparaissaient clairement pas, car ils étaient satisfaits sur un plan individuel. Les institutions existantes et le respect des règles qui régissaient les rapports entre la religion musulmane et l'État, dans le statut colonial, avec une sphère publique séparée permettant l'exercice de toutes les pratiques religieuses, remplissaient leur fonction. L'islam avait bien une place « officielle » dans le paysage religieux français, mais il s'agissait d'une place particulière, avec un statut inférieur à celui des anciens cultes reconnus, et intimement lié au fait colonial. Mais la revendication des populations colonisées ne portait pas sur une réévaluation de l'islam, ni sur des avantages pour la religion musulmane. Les colonisés savaient très bien que tolérance et respect de l'islam[1] pouvaient se conjuguer avec des discriminations visant à maintenir les musulmans, à travers leur statut personnel, et sous prétexte de sauvegarder leur spécificité religieuse, à l'écart du pouvoir économique, et surtout politique. C'est pourquoi, sans négliger l'étendard de la dignité de l'islam, le combat se déroulait surtout sur un plan politique, en s'appuyant sur les idéaux de 89, la liberté religieuse, et surtout le principe d'égalité entre tous les ressortissants français, prenant pour modèle l'émancipation accordée aux protestants et aux juifs par la Révolution, sous la Constituante. Il s'agissait d'obtenir, pour tous les musulmans, et non pour une petite minorité d'anciens combattants, de dignitaires méritants, ou de bons serviteurs des intérêts français, la totalité des droits civils et politiques des citoyens français, en acceptant au besoin, comme étape provisoire, la constitution de collèges électoraux séparés. C'était la solution qui avait été apportée par le décret Crémieux, en 1871, pour naturaliser en bloc les juifs « indigènes » d'Algérie. Le refus d'appliquer cette naturalisation aux musulmans algériens, alors que la puissance française était affaiblie après la victoire de la Prusse et la proclamation de l'Empire allemand, avait alors suscité la sanglante révolte de Mokrani. Cette revendication politique était soutenue, dans l'entre-deux-guerres, par la gauche socialiste et communiste ; les accords Blum-Violette devaient constituer une étape importante de cette émancipation du peuple algérien ; toutefois la montée des périls et l'échec du Front populaire, laissant le pouvoir à des coalitions entre les radicaux et le centre droit, partisans du statu quo colonial, n'en permirent pas l'application.

La défaite de 1940 et l'application du statut des juifs par le régime de Vichy en Algérie allaient poser à nouveau la question

1. Aussi bien pour le respect des prières, du jeûne, la formation des imams, l'exercice du culte, les règles d'inhumation, le respect des nourritures licites *(halal)*, y compris dans le cadre militaire, à partir du moment où l'on avait affaire à des unités spécialisées et des formations supplétives.

de la citoyenneté française. Le débarquement allié en Afrique du Nord, au nom de la lutte contre les dictatures de l'Axe et des principes de liberté et d'égalité politique contenus dans la charte de l'Atlantique, ne pouvait que favoriser une évolution de la situation coloniale en faveur des populations indigènes, essentiellement musulmanes. La défaite de Vichy, puis l'élimination de Giraud par les gaullistes à Alger, ainsi que la constitution du gouvernement provisoire de la République française reprenant le programme du Conseil national de la résistance, fondé sur la laïcité et l'égalité entre tous les cultes, ne pouvaient qu'entraîner de nouvelles relations entre la métropole et les colonies fondées sur la notion de solidarité, de communauté et d'union française, avec la possibilité d'accession des populations indigènes à la vie politique. Ces concessions furent d'autant plus facilement acceptées que l'on avait besoin, et de Gaulle le premier, de l'appui des colonies libérées, et tout d'abord de leurs recrues pour renforcer les effectifs des Forces françaises libres. Cet embryon de la nouvelle armée française était destiné à remplacer l'armée croupion de l'armistice, limitée à 100 000 hommes, et souvent détournée de ses velléités de résistance par la politique de collaboration de plus en plus ouvertement menée par le gouvernement de Vichy dans la France dite libre, fiction qui devait prendre fin le 11 novembre 1942, avec l'occupation allemande de la zone sud, à la suite du succès du débarquement allié au Maroc. On connaît les efforts de Hitler pour gagner les sympathies du monde arabo-musulman, en prônant la lutte contre les puissances coloniales et en développant les sentiments antijuifs. Si l'appui apporté au grand mufti de Jérusalem dans sa lutte contre l'emprise sioniste en Palestine eut quelque écho au Proche-Orient, il n'eut guère d'impact réel au Maghreb[1] et encore moins parmi les musulmans de métropole. En effet, ils savaient bien qu'ils n'avaient rien de bon à attendre de mesures discriminatoires contre les étrangers et

1. Où les mouvements antijuifs, au moins depuis l'affaire Dreyfus et l'élection de députés antisémites à Alger autour de Marc Régis, étaient d'abord le fait des colons dont certains accueillirent avec faveur la législation antijuive de Vichy et en particulier la suppression du décret Crémieux par Vichy.

contre différentes catégories de Français, rejetés par une « Révolution nationale », prônant le retour aux valeurs traditionnelles de la France catholique.

Pendant l'Occupation, les musulmans en France cherchent d'abord à survivre et à passer inaperçus grâce à l'idéologie favorable aux peuples colonisés, dans une perspective de développement séparé, des responsables militaires de l'entourage de Pétain. C'est en quelque sorte naturellement qu'ils résistèrent aux sirènes du nazisme dont l'écho leur parvenait de façon très affaiblie : l'idéologie raciste du nazisme ne leur disait rien de bon, car ils savaient qu'ils risquaient d'en constituer les premières victimes. Si l'on ne sait pas grand-chose de l'attitude des groupes musulmans de province pendant la guerre, on connaît un peu mieux l'action de la Mosquée de Paris, dans la capitale occupée, le sauvetage des juifs qu'elle put organiser. Sans que l'on dispose de statistiques précises, on estime que plusieurs centaines de juifs ont pu bénéficier de soutiens de la part de la Mosquée de Paris, et l'aide profita, d'après les témoignages recueillis, essentiellement aux juifs originaires du Maghreb.

L'ISLAM DE FRANCE ET LA DÉCOLONISATION

Mais très vite, et surtout après 1947, avec la guerre froide, le départ des communistes du gouvernement, le rétablissement de la puissance coloniale française, au besoin par la force, en Indochine, à Madagascar et en Algérie, les promesses faites aux peuples colonisés furent vite oubliées et les concessions vidées de leur contenu. Les populations musulmanes se trouvèrent donc largement exclues de la réalité du pouvoir politique par le système des collèges et par le truquage des élections, même si commençait à se constituer une catégorie de notables « indigènes » et de responsables politiques locaux. La revendication était donc politique : permettre l'accession au pouvoir des musulmans, et en particulier de leurs élites intellectuelles formées dans les écoles et les universités françaises, plutôt que dans les médersas. On chercha à associer des élites déjà largement sécularisées, et développant une conception libérale et moderne de l'islam, à la gestion de leurs propres affaires, dans le sens au moins d'une codécision avec les métropolitains et surtout les colons, de plus en plus fréquemment désignés comme Français d'Algérie. Les massacres de Sétif en 1945, comme ceux de Madagascar, ou le raidissement de la politique française en Indochine, débouchant sur un affrontement direct avec le Viêt-minh d'Hô Chi Minh, mis en œuvre par l'amiral Thierry d'Argenlieu, après les tentatives de conciliation menées par Leclerc, marquent incontestablement un arrêt dans les espoirs d'évolution du fait colonial vers une communauté égalitaire. Le blocage aboutit à une radicalisation politique des élites modernes et des intellectuels indigènes, pour lesquels la religion ne joue qu'un rôle instrumental de marqueur d'identité et n'apparaît que comme un moyen de mobiliser les masses contre la puissance dominante, qualifiée d'étrangère et d'impérialiste plutôt que d'infidèle.

C'est à partir de la Deuxième Guerre mondiale que vont se constituer dans les grandes villes et dans les grandes régions industrielles, celles de la première comme de la seconde révolution industrielle, de véritables communautés d'origine extra-métropolitaine, et ce à la suite d'un double phénomène. D'abord la France, pour sa reconstruction, puis pour son développement économique, encadré par la planification indicative à la française, lancée par Jean Monnet, a besoin de main-d'œuvre, car ce sont alors les classes creuses qui sont à l'âge adulte. Il s'agit en particulier de main-d'œuvre peu qualifiée, de manœuvres et d'OS. La France les recrute d'abord dans les pays voisins du Sud, Italie et Espagne, mais elle se tourne de plus en plus vers son propre espace colonial. Ces colonies, et en particulier les pays du Maghreb les plus proches, connaissent une grande vitalité démographique et l'arrivée sur le marché du travail de ruraux déracinés et de classes d'âge adulte abondantes qui ne trouvent pas d'emploi sur place, faute d'un développement endogène suffisant que le patronat de métropole, comme les colons, s'efforce de freiner pour éviter des concurrents et la montée de revendications sociales et politiques liées inévitablement à une évolution de la situation économique et sociale. On dispose donc d'une main-d'œuvre importante, peu exigeante, prête à quitter son pays d'origine pour répondre aux besoins de la métropole, faisant ainsi diminuer la pression revendicative des sans-emploi en Algérie même. Le résultat est l'installation souvent provisoire, avec un contrat de travail à durée déterminée, amenant de nombreux allers et retours, de travailleurs jeunes, essentiellement masculins, célibataires ou ayant laissé leur famille au pays. Cette main-d'œuvre sera très directement mêlée aux combats de la décolonisation et en particulier de la guerre d'Algérie, prise souvent en otage, rackettée par les partis nationalistes et le FLN, menacée de représailles par l'OAS, victime de « ratonnades » et d'opérations policières. L'indépendance ne modifiera pas sensiblement la nature des flux migratoires et leurs causes, pendant de nombreuses années. Le seul impact direct de l'indépendance sera l'implantation sur le territoire métropolitain de familles entières de harkis, Français musulmans, rapatriés d'origine nord-africaine (RONA), qui connaîtront, en plus tragique, le sort général des rapatriés et qui seront confrontés dès le début au problème de leur intégration et de leurs relations personnelles à l'islam qu'ils contribueront à implanter en métropole, et dont ils feront le marqueur de leur identité.

Mais, pour toutes les migrations de main-d'œuvre dans la période des Trente Glorieuses, le phénomène religieux apparaît comme marginal : on parle de Nord-Africains, d'Arabes, d'Algériens, selon les cas et les périodes, mais très rarement de musulmans. Dans la conscience collective mais aussi dans les revendications et les demandes des immigrants, la dimension religieuse apparaît comme secondaire, voire marginale. Il faut essayer d'analyser les raisons de ce phénomène. D'abord il ne s'agit pas, pour ces immigrants, d'un établissement durable en métropole ; ensuite il s'agit de parcours individuels et rarement familiaux qui ne posent donc pas les problèmes d'adaptation, d'intégration et d'éducation de la seconde génération. Les tensions et les conflits liés à la décolonisation ont eu un impact très direct sur les musulmans en France, mais essentiellement sur un plan politique ; pourtant les traces de ces divisions restent encore très présentes à l'intérieur des communautés musulmanes et dans la perception que de nombreux Français ont des immigrés d'origine maghrébine. Les communautés musulmanes en métropole ont été l'enjeu des luttes de pouvoir entre les différentes tendances lors de la guerre d'Algérie : la métropole a souvent servi de base arrière et de zone de recrutement, en particulier pour les cadres dirigeants. Elle fut aussi un pourvoyeur de ressources à travers le prélèvement de l'« impôt révolutionnaire », ce qui a entraîné de nombreux refus de ce « racket » et des règlements de compte. Avec le durcissement des affrontements en Algérie, et l'adhésion volontaire, et parfois forcée, de la majorité des Algériens musulmans résidant en métropole à la lutte pour l'indépendance, les immigrés algériens sont devenus les victimes désignées des partisans de l'Algérie française (ratonnades de l'OAS), et parfois d'actions policières, en particulier à Paris, sous la direction du préfet de police de l'époque, Maurice Papon. L'exclusion et le racisme qu'ils devaient subir dans le pays des droits de l'homme ne pouvaient d'ailleurs que renforcer l'adhésion politique des immigrants aux thèses des indépendantistes, en leur montrant que l'Algérie française ne ferait guère de place aux musulmans.

Cependant, si le débat se situait essentiellement sur un plan politique et s'il y avait toute une stratégie de conquête des communautés par les mouvements indépendantistes, la décolonisation eut un impact direct sur l'organisation religieuse des musulmans en France. Jusqu'alors, l'islam était un élément du consensus à la française entre la métropole et ses colonies et protectorats musulmans. Avec les dissensions, puis les tensions et le conflit, le contrôle de l'islam va devenir un enjeu, la religion va devenir un élément du débat et un marqueur identitaire. La fidélité à la religion musulmane va souvent être un moyen d'affirmation nationale, un signe de refus de l'intégration et de rejet d'une citoyenneté française que le pouvoir leur marchandait chichement. Sur le plan institutionnel, c'est l'Institut musulman de la Mosquée de Paris qui va servir de caisse de résonance à cette évolution du paysage islamique en métropole. Avec ses sept membres fondateurs originaires de pays différents sous influence française et qui en constituaient les instances dirigeantes, la Société des habous des Lieux saints de l'islam devait fonctionner selon la règle du consensus que permettaient une communauté d'intérêt et un accord sur le rôle de la religion, dans une perspective française. La marche vers l'indépendance du Maroc et de la Tunisie (avec des étapes successives comme l'association ou l'indépendance dans l'interdépendance) qui allait coïncider avec le décès, en 1954, du directeur de l'Institut musulman, président de l'association, propriétaire et gestionnaire de la Mosquée, Si Kaddour Ben Ghabrit, contribua à bloquer le fonctionnement de l'institution religieuse qui représentait, de façon quasi exclusive, l'islam en métropole. S'y ajouta un problème juridique : les statuts de l'association n'avaient pas défini les modalités de désignation des membres de la Société des habous appelés à succéder aux membres fondateurs, en cas de décès ou de démission. On se trouva donc devant un vide juridique que les divergences d'intérêt des partenaires, et surtout de l'opposition entre la France et les nouveaux États indépendants, ne permirent pas de surmonter (en réunissant par exemple une assemblée générale statutaire extraordinaire, qui aurait pu modifier et compléter les statuts sur ce point précis). Avec la montée des tensions en Algérie, et leurs répercussions en métropole, le gouvernement français ne pouvait se désintéresser des orientations de ce centre musulman, symbole des liens entre la France et l'islam, en plein cœur de la capitale. Si Kaddour Ben Ghabrit avait confié à son neveu Ahmed le soin de poursuivre son action et de veiller aux intérêts de la Mosquée de Paris. Mais qui allait désormais financer et, par là, contrôler l'institution ? En des temps plus calmes, cette solution transitoire aurait pu paraître satisfaisante : Ahmed Ben Ghabrit aurait préservé l'institution, en attendant de lui donner, avec l'accord de ses protecteurs et des puissances tutélaires, un statut plus solide. Mais les protecteurs ne s'entendaient plus, et Ahmed, trop proche du Maroc, ne se montrait pas assez favorable aux intérêts français dans le conflit algérien et laissait se développer une propagande favorable à cette indépendance algérienne qu'encourageaient les autorités marocaines et tunisiennes. Non seulement Si Ahmed Ben Ghabrit ne condamnait pas explicitement l'insurrection algérienne, mais encore il tolérait des prêches hostiles à la France, allant jusqu'à appeler les fidèles à la guerre sainte contre la puissance coloniale. C'est pourquoi les autorités cherchèrent à remplacer Ahmed Ben Ghabrit, qui n'avait aucune légitimité juridique, même si son oncle (qui n'était pas propriétaire de la Mosquée mais seulement le président de l'association propriétaire) lui avait confié, à la fin de sa vie, la responsabilité de la Mosquée et, au moins, l'expédition des affaires courantes. Il devait être écarté pour des raisons de politique intérieure française, afin d'éviter que la Mosquée ne devienne le repaire des actions du FLN.

Mais quel successeur trouver ? La réponse pouvait être strictement juridique. Parmi le personnel de la Mosquée, aucun ne paraissait assez sûr ni surtout ne semblait disposer d'une autorité suffisante. C'est pourquoi on chercha en dehors de l'institution[1] une personnalité musulmane d'origine algérienne, dotée d'une autorité intellectuelle, sinon spirituelle reconnue, bon connaisseur de l'islam et de la culture moderne comme des institutions françaises, mais surtout favorable au maintien de l'Algérie dans la communauté française. C'était donc un choix éminemment politique bien éloigné des principes de la laïcité. Ce choix tomba sur Si Hamza Boubakeur, député des Oasis, professeur agrégé d'arabe, chef d'une importante tribu du Sud algérien, dont il était le guide spirituel, en se prétendant descendant du Prophète. Le 18 mai 1957, Guy Mollet, président du Conseil, prend, par

1. Sans, bien sûr, consulter les États partenaires, la Tunisie et le Maroc, ou le Sénégal, qui évoluaient vers l'indépendance et qui enregistreront cette attitude avec une amertume non dissimulée.

arrêté publié au *Journal officiel* du 21 mai, une « décision portant agrément de M. Boubakeur Hamza Ben Kaddour en qualité de directeur de l'Institut musulman de la Mosquée de Paris ». Cette nomination n'avait été proposée par aucune instance représentative des musulmans, de Paris ou de France. Il s'agissait d'une intervention inouïe de l'État dans un domaine spirituel, dépassant très largement même les initiatives religieuses de Napoléon Ier qui dut négocier durement avec le Saint-Siège les nominations aux sièges épiscopaux et n'obtint pas toujours l'accord sur ses propositions. D'ailleurs les motifs qui justifient l'arrêté « agréant » la nomination de Si Hamza Boubakeur (mais qui l'avait proposée ou décidée ?) montrent à la fois la complexité de la situation juridique de la Mosquée de Paris et l'embarras des autorités pour justifier une nomination extraordinaire :

« Attendu qu'il n'existe pas de statut particulier ni de règlement de l'Institut musulman ;

« Attendu que le président fondateur de la Société des Habous et Lieux saints de l'islam[1] exerçait également, en vertu des dispositions de l'acte susvisé du 24 décembre 1921, les fonctions de directeur de la Mosquée et de l'Institut musulman de Paris ;

« Attendu que le président fondateur Si Abdelkader Ben Ghabrit est décédé le 23 juin 1954 ;

« Attendu qu'il n'est fait aucune mention dans les deux actes susvisés des conditions de désignation du directeur de la Mosquée et de l'Institut musulman de Paris ;

« Attendu qu'il est impossible, dans les circonstances actuelles, de réunir l'assemblée générale de la Société des Habous et Lieux saints de l'Islam ;

« Attendu que la vacance du poste de directeur de la Mosquée et de l'Institut musulman de Paris est préjudiciable à leur fonctionnement normal et qu'il y a, par conséquent, intérêt à mettre fin à cette situation. »

1. *(Sic)*. Les autorités françaises avaient même oublié le nom exact de l'association propriétaire, la Société des habous des Lieux saints de l'islam, ce qui permet de conclure qu'elle avait disparu...

La décision du gouvernement est bien liée à des considérations d'ordre public ; on est bien loin du respect du droit des associations ! Le gouvernement se substitue totalement à l'association et décide seul, pour le bien de l'Institut musulman de la Mosquée de Paris, mais aussi en fonction de ses propres intérêts, d'intervenir directement dans le fonctionnement de l'institution. Jusque-là sa gestion relevait du ministère des Affaires étrangères ; désormais, pour des raisons d'ordre public, elle relève du ministère de l'Intérieur auquel elle est rattachée administrativement, le 24 septembre 1957, avec pour mission de redresser une situation financière préoccupante, avec un déficit de 3 500 000 F. Le lien avec les anciennes colonies devenues États indépendants est ainsi officiellement rompu, la gestion de l'islam en métropole devient une affaire intérieure, comme c'est le cas pour les autres cultes qui relèvent tous du ministère de l'Intérieur.

Si Hamza Boubakeur réunit, le 25 janvier 1958, une assemblée générale de membres donateurs et de sympathisants de la Mosquée triés sur le volet, et en particulier fidèles à sa formule, mais non pas des membres fondateurs comme il était prévu dans les statuts de l'association initiale. Elle confirma la nomination de M. Boubakeur comme président et « recteur » (et non plus directeur, pour donner une coloration religieuse, empruntée au catholicisme) de l'Institut musulman et modifia ses statuts, en précisant que l'association était propriétaire de toutes les œuvres créées par elle, notamment l'Institut musulman et ses annexes. Pour asseoir la solidité juridique de l'association, M. Boubakeur, en qualité de directeur de l'Institut musulman, donc de président de l'association, dépose de nouveaux statuts à la préfecture d'Alger, le 15 septembre 1958, faisant de la Société des habous une association de la loi de 1901, avec des buts très larges (cultuels, mais aussi culturels, sociaux, médicaux, judiciaires et diplomatiques...), et pour spécificité la responsabilité de l'exercice du culte islamique à Paris.

Les prétentions de M. Boubakeur et celles de la nouvelle Société des habous et Lieux saints de l'islam sont aussitôt contestées. Le 5 mars 1958, Si Ahmed Ben Ghabrit introduisit un recours devant le tribunal administratif de Paris tendant à faire prononcer l'annulation de la décision portant agrément de M. Boubakeur en qualité de directeur de l'Institut musulman. Cette décision est effectivement annulée le 12 février 1963 par le tribunal administratif de Paris, au motif que « le président du Conseil n'avait pas compétence pour s'immiscer dans le fonctionnement de la Société des habous ». Le ministre de l'Intérieur fait appel de ce jugement, le 5 avril 1963, mais il est confirmé par le Conseil d'État, le 8 novembre 1963. C'est donc sans titre juridique, sauf celui de président de la société qu'il a lui-même créée, que M. Boubakeur continue à diriger la Mosquée de Paris. Mais comme le Maroc, dès 1957, puis l'Algérie, dès son accession à l'indépendance, contestent la propriété de la Mosquée de Paris par la nouvelle Société des habous et sa direction par Si Hamza Boubakeur, le gouvernement français préfère conserver, sans aucune assurance juridique, la tutelle indirecte de la Mosquée de Paris, en soutenant son recteur contre ses détracteurs. La nouvelle association qui se proclame attributaire de toutes les œuvres créées par elle, « notamment l'Institut musulman de la Mosquée de Paris, l'hôtellerie de La Mecque, les imamats de province déjà existants », ne doit pas tomber dans des mains algériennes. Le 25 mars 1962, le bureau de la Société des habous décide de transférer son siège d'Alger à Paris[1] ; ce transfert est déclaré par Si Hamza Boubakeur à la préfecture d'Alger, le 10 avril 1962. Il s'agit désormais de retirer à l'Algérie, bientôt indépendante, tout droit de regard sur la Mosquée, en particulier à travers la clause de dévolution des biens en cas de dissolution, de suspension ou de cessation d'activités. Le président de l'association, désigné à vie, est de droit directeur de l'Institut musulman avec des pouvoirs très étendus, en dehors du droit et du fonctionnement habituels des associations de la loi de 1901. Si la question de la propriété de la Mosquée de Paris n'est pas

1. Exactement au 47, rue Geoffroy-Saint-Hilaire, l'adresse de la Mosquée de Paris.

réglée par les accords d'Évian, l'Algérie indépendante ne manque pas de la revendiquer aussitôt, par l'intermédiaire de son émissaire, le bachaga Boutaleb. Le général de Gaulle rejette cette prétention, en soulevant le problème des édifices culturels français placés sous séquestre par le gouvernement algérien.

Le 18 septembre 1962, un décret du gouvernement algérien met fin aux fonctions de M. Boubakeur (qui a choisi la France) mais ne désigne pas son successeur... qui aurait de toute façon eu bien du mal à prendre ses fonctions ! Le gouvernement algérien reconstitue l'ancienne Société des habous de droit musulman qui désigne M. Boutaleb pour prendre la direction de la Mosquée de Paris. Celui-ci introduit auprès du tribunal de grande instance de Paris une instance tendant à l'expulsion de M. Boubakeur de la Mosquée de Paris, mais le juge des référés se déclare incompétent, rejette la notion d'urgence, et souligne l'absence de titre à agir de M. Boutaleb.

Si le Conseil d'État avait annulé, pour excès de pouvoir, la nomination de Si Hamza Boubakeur à la tête de la Mosquée de Paris, aucun tribunal civil n'avait mis un terme à ses fonctions et à son occupation de la Mosquée de Paris, malgré de nombreuses contestations, en l'absence de prétendant plus légitime que lui, et à cause de la situation créée par l'indépendance de l'Algérie. Le gouvernement français ne pouvait admettre que la Mosquée de Paris tombe en des mains étrangères... même si elles avaient grandement contribué à sa réalisation : ce symbole des liens entre la France et l'islam, auquel étaient particulièrement attachés les Français musulmans, devait rester français.

Dans le mouvement de décolonisation, l'indépendance des anciennes colonies musulmanes, et la guerre d'Algérie elle-même, le facteur religieux n'a joué qu'un rôle secondaire, ce qui ne veut pas dire qu'il ait été négligeable. La Révolution nationale a été menée en partie au nom de l'islam, mais d'abord au nom du droit des peuples à disposer d'eux-mêmes, donc d'une idéologie nationale moderne issue de la Révolution française, et avec la revendication des droits politiques que la puissance coloniale avait longtemps refusés à ses ressortissants, sous prétexte de préservation du statut personnel et du droit musulman. Ce ne sont pas les autorités religieuses, ni même les courants fondamentalistes musulmans ou les confréries qui mènent le combat contre la puissance coloniale, mais des élites issues des classes moyennes, ayant bénéficié d'une éducation moderne et souvent teintées d'une idéologie marxisante, qui n'avaient pas de perspective d'accéder au pouvoir économique ou politique, dans une situation de dépendance coloniale.

Après la décolonisation, la France perd une grande partie de ses responsabilités vis-à-vis des peuples musulmans ; certains pensent même qu'elle doit tourner le dos à l'islam dont elle se voulait auparavant un des représentants dans le monde. A côté des partisans d'une politique arabe active et d'une présence renforcée de la France dans le Bassin méditerranéen, du Maghreb au Proche-Orient, ce sont les promoteurs de la construction européenne et de la réconciliation franco-allemande qui l'emportaient, ce qui éloignait pour un temps la France de ses prétentions de puissance musulmane.

La France gardait cependant des responsabilités vis-à-vis de l'islam, mais uniquement pour ses propres citoyens. Elle va longtemps, surtout sur le plan intérieur, concentrer ses intérêts sur les « Français musulmans », ces rapatriés d'origine nord-africaine qui avaient choisi la France en combattant pour elle en Algérie, dans des troupes supplétives, comme les harkis, contraints de choisir l'installation en métropole, comme les colons ont dû fuir l'Algérie au moment de l'indépendance. Il s'agit d'abord d'un problème social et d'un problème d'intégration : au milieu des drames et des difficultés que connurent les rapatriés, les Français musulmans ont vécu le plus profond traumatisme, avec une rupture radicale avec leur milieu d'origine, l'installation dans des camps, dans des conditions très précaires, avec des travaux pénibles, en étant souvent rejetés par leur milieu d'origine et très mal accueillis en métropole. Alors que la religion n'avait joué aucun rôle dans leur choix et dans leur situation, elle devint assez vite, en particulier pour leurs responsables, comme le bachaga Boualem, et leurs porte-parole, un facteur d'identité et la raison de leurs revendications spécifiques. C'est dans ce milieu, marqué par une histoire dramatique, que s'expriment, après des revendications matérielles appuyées sur les droits acquis au service de la France et par leur sacrifice, les premières demandes d'islam en métropole, avec des lieux de prière, des imams, des carrés musulmans dans les cimetières... La Mosquée de Paris qui avait fait, comme eux, le choix de la France, parvenait alors à répondre à ces besoins, en étendant ses réseaux en province, complétés par les propres dirigeants des communautés de Français musulmans.

Pendant ce temps, les autorités françaises se déchargeaient très largement sur les pays d'origine du soin d'encadrer, sur le plan religieux, les ressortissants étrangers résidant sur le territoire français, et de satisfaire leurs besoins religieux, d'ailleurs encore mal exprimés et peu visibles, à condition qu'ils soient garants de la paix publique et qu'ils respectent la non-intervention dans les affaires intérieures du pays. La France ne souhaitait pas prendre en charge l'aspect religieux de la vie des populations immigrées qu'elle faisait venir sur son sol, n'en voyant pas l'intérêt et ne souhaitant pas modifier un équilibre fragile du paysage religieux difficilement acquis depuis la loi de séparation des Églises et de l'État.

CHAPITRE II

L'islam en France, conséquence directe de l'histoire de l'immigration et de la décolonisation

L'implantation de l'islam en France au cours du XXe siècle est liée au phénomène de l'immigration et à l'installation de communautés immigrées de confession musulmanes en métropole, même si de nombreux Français d'origine ont été amenés à découvrir l'islam par suite d'une démarche personnelle et à se convertir à l'islam par conviction. C'est le cas en particulier de musulmans célèbres, de Béjart à Garaudy, et de tout le groupe de disciples de Massignon, les « Guénoniens », qui ont découvert l'islam mystique, le soufisme.

Ce lien avec l'immigration a longtemps pesé sur l'image de l'islam dans la population française et l'a fait considérer comme une religion étrangère à ses traditions, comme une religion « importée », difficile à intégrer dans le paysage religieux français encore très marqué, malgré la séparation de 1905, par le régime des anciens cultes reconnus et par les combats entre cléricaux et anticléricaux, liés aux prétentions de l'Église catholique à régir tous les pouvoirs.

Bien sûr, on peut considérer que toutes les religions en France ont, tour à tour, bénéficié des apports des courants migratoires puisque toute la population française en a été constamment enrichie. Le christianisme lui-même s'est implanté en Gaule à la suite de voyages missionnaires et les premiers saints furent des étrangers, depuis les Saintes-Maries-de-la-Mer, les saints martyrs de Lyon, jusqu'au plus populaire des saints du haut Moyen Age, saint Martin, soldat originaire de Panonie, dans la Hongrie actuelle. Mais l'ancienneté de la christianisation de la Gaule, puis des tribus germaniques qui s'y sont installées avec l'épisode du baptême de Clovis certes important, mais ensuite très utilisé par la propagande monarchique, appuyée par l'Église, au point d'en faire un mythe, ont fait de la religion catholique un aspect fondamental de la culture, de la religion et de l'identité française. Certes, l'édit de Nantes a pu faire, un moment une place aux protestants ; la France, malgré cette « coexistence dans l'intolérance », restait fondamentalement une puissance catholique, « la fille aînée de l'Église ». La Révolution française a largement contribué à décléricaliser cette identité et à intégrer, dans un pluralisme permis par le retrait de l'État de la sphère religieuse et l'absence d'une religion d'État, les protestants et les juifs, même si la propagande royaliste a longtemps continué à les présenter comme des étrangers à la tradition française. L'ancienneté de la présence des protestants en France depuis la Réforme et des juifs depuis l'Antiquité (malgré leur expulsion au XIVe siècle et leur quasi-disparition du royaume, jusqu'à l'accueil des « nouveaux chrétiens », des marranes, réfugiés d'Espagne et du Portugal, au XVIe siècle) ne permettait pas de les exclure, sinon pour des motifs purement religieux, de la communauté nationale.

UNE PAGE RÉCENTE DE L'HISTOIRE DE L'IMMIGRATION EN FRANCE

Si les phénomènes migratoires récents ont eu un impact sur chacune des communautés religieuses, ils déterminent totalement l'histoire des musulmans en France. Certes la France a une vieille tradition d'immigration : à cause de sa situation géographique à l'ouest du continent, à cause de l'importance de son territoire et de ses richesses qui lui ont permis longtemps de nourrir une population nombreuse (rappelons qu'elle fut, jusqu'au XIXe siècle, le pays le plus peuplé de toute l'Europe, Russie exceptée) sans être obligée, sauf peut-être au Moyen Age avec les croisades, d'envoyer des enfants qu'elle n'aurait pu nourrir dans des expéditions hasardeuses et lointaines et de la faiblesse de l'émigration, et surtout à cause d'une natalité et d'une croissance naturelle plus faibles au XIXe siècle que celles de ses voisins, la France a été très largement une terre d'accueil. Les immigrés qui parfois furent des conquérants, comme les Romains puis les tribus germaniques (Francs, Wisigoths, Burgondes, Alamans...), mais aussi les Normands, les Huns, les Maures au sud, des réfugiés victimes des persécutions de l'Inquisition comme les Marranes, des mercenaires allemands ou suisses recrutés par les rois de France, des individus victimes de l'intolérance ou de l'injustice, des patriotes libéraux et républicains, victimes de l'oppression dans leur pays, au XIXe siècle, mais aussi des travailleurs à la recherche d'emploi et de mieux être, ont puissamment contribué à la culture française et au développement du pays. La France ayant, plus tôt que ses voisins, atteint la phase de la maturité démographique où la fécondité rejoint dans sa chute rapide la mortalité en baisse, a dû faire appel à des travailleurs étrangers car elle manquait de bras, en particulier pour les travaux les plus pénibles et les moins rétribués, dans les mines, dans l'industrie naissante et dans les services.

La France a une longue tradition d'intégration des étrangers. Déjà sous l'Ancien Régime les « régnicoles », par simple droit de résidence, bénéficiaient de protections qui les faisaient assimiler à des sujets du roi. La Révolution française va développer l'accueil d'étrangers pour des raisons idéologiques, afin de les protéger, dans la tradition du droit d'asile, mais aussi en vue d'en faire des propagandistes des idées et des intérêts de la France. Surtout la Révolution française va développer une conception ouverte, contractuelle, de la nation, à laquelle il est loisible de s'agréger, si l'on accepte ses valeurs et ses buts, dans la perspective de créer une communauté de destin. Cette intégration est rendue possible par une présence suffisamment longue sur le territoire français et par l'imprégnation des modes de vie et de la culture qui, traduisant une assimilation au peuple français, permettent une naturalisation par acquisition individuelle relativement facile. Plus encore, la naissance sur le sol français qui concerne donc les enfants d'immigrés (deuxième génération) entraîne, par le *jus soli,* l'acquisition généreuse et quasi automatique de la nationalité française.

Il n'est pas question ici de retracer l'histoire de l'immigration en France[1], mais de souligner simplement les caractéristiques spécifiques de l'immigration des populations musulmanes. La France a bien sûr connu des vagues d'immigrations diverses et l'accueil des immigrés n'a pas toujours été empreint de cordialité. Rappelons le massacre d'Italiens à Aigues-Mortes et la chasse qui leur fut donnée à Lyon, après l'assassinat du président Sadi Carnot par l'anarchiste Caserio, à la fin du XIXe siècle, ou la montée de l'antisémitisme dans la France de l'entre-deux-guerres, où l'accueil des victimes du nazisme ou de l'antisémitisme en URSS ou en Pologne, voire des républicains espagnols, ne fut guère généreux, dans un pays qui affrontait la crise économique de 1929.

Cependant, jusqu'à la Seconde Guerre mondiale, la France a connu une immigration d'origine européenne, très majoritairement catholique, qu'il s'agisse des Polonais, et surtout des voisins latins, italiens et espagnols. L'attitude à l'égard de ces populations, liée aux tensions qui secouaient l'Europe, dépendait de la situation internationale. Les Allemands avaient été les étrangers les plus nombreux en France au milieu du XIXe siècle ; dès la déclaration de guerre à la Prusse par Napoléon III, la plupart d'entre eux furent considérés comme indésirables, expulsés ou placés en résidence surveillée. Les Italiens, nombreux depuis la

1. Nous nous contenterons de renvoyer à l'ouvrage de Gérard Noiriel, *Histoire de l'immigration en France*, *op. cit.*

fin du XIXe siècle, furent divisés sur l'attitude à avoir face à Mussolini qui n'hésitait pas à frapper ses opposants en France (massacre des frères Rosselli). On se méfia très vite des républicains espagnols refluant aux frontières pyrénéennes à la suite de la victoire franquiste et c'est pour ces réfugiés que furent d'abord ouverts les camps qui, comme à Rivesaltes, serviront pour regrouper d'autres populations persécutées au cours de la guerre. Ces vagues d'immigrations présentaient aussi des caractères différents par les origines nationales, par les motivations, par les lieux d'implantation et les activités, des réfugiés politiques comme les Russes blancs dans les services à Paris aux mineurs polonais du Nord et de Lorraine, en passant par les travailleurs agricoles espagnols ou les villageois italiens transplantés avec leur curé dans le Sud-Ouest. La différence culturelle qui nous semble aujourd'hui mineure était à l'époque très vivement ressentie : des juifs français assimilés de vieille date ne se sentaient guère de points communs avec les juifs polonais de stricte observance, attachés à un judaïsme, très orthodoxes, au mode de vie et aux habitudes vestimentaires très différents et n'étaient pas toujours prêts à les accueillir avec chaleur[1].

Après la Seconde Guerre mondiale cependant, l'immigration change de nature et d'importance. Le recours aux travailleurs immigrés est d'abord une nécessité, ressentie à la fois par les milieux économiques et les pouvoirs publics. Pour assurer la reconstruction, pour permettre la croissance, la France manque de bras : on peut certes soutenir, par une politique nataliste, les données favorables du *baby boom,* mais en attendant on a besoin d'adultes. On profite au début de l'apport des voisins européens et des nombreuses personnes déplacées en Europe en quête d'un nouveau foyer et désireuses de s'intégrer, mais on pense très vite, comme on l'avait fait pour recruter des soldats pendant les deux

1. Cf. Michaël R. Marrus, *Les juifs de France à l'époque de l'affaire Dreyfus*, Paris, Calmann-Lévy, coll. « Diaspora », 1972, 348 p. Cette hostilité, à l'égard des juifs de France, à la veille de la Seconde Guerre mondiale, est rappelée par Simon Schwarzfuchs dans *Aux prises avec Vichy. Histoire politique des juifs de France (1940-1944)*, Paris, Calmann-Lévy, 1998, 444 p.

guerres mondiales, au réservoir des colonies. Et les pouvoirs publics créent toute une série d'institutions pour faciliter la venue en France de jeunes adultes répondant aux besoins d'une production industrielle de masse exigeant une force de travail robuste et peu formée, pour fournir des manœuvres et des OS, aux salaires très bas, avec des contrats de travail à durée déterminée. Mais les flux ainsi amorcés, créèrent des habitudes, et les immigrés eurent tendance à se regrouper et à rester, en renouvelant leurs contrats ou en trouvant d'autres emplois plus rémunérateurs, en période de plein emploi.

Certes, l'immigration d'origine européenne se poursuivait, mais les flux se tarissaient les uns après les autres, à la suite de la reconstruction et du développement économique des pays d'origine, Italie dès la libération et Pologne dès l'arrivée du nouveau pouvoir, l'Espagne et plus tard le Portugal. C'est à partir des années 1950[1], donc pour accompagner l'expansion des « Trente Glorieuses » que l'on eut recours à l'immigration maghrébine pour répondre aux besoins de l'industrialisation, en période de plein emploi, pour occuper les postes de travail les moins qualifiés auxquels les Français répugnaient de plus en plus et parfois avec la volonté consciente du patronat de peser sur le marché de l'emploi et d'éviter la surchauffe et une trop forte pression sur les salaires, en créant un volant de chômage « frictionnel ».

On a souvent retenu alors l'origine culturelle, voire ethnique de cette immigration. On parlait globalement des Arabes, sans faire le plus souvent de différences entre leurs différents pays d'origine, surtout du Maghreb, et sans distinguer Arabes et Berbères. Si pendant la guerre d'Algérie, la revendication du FLN et de l'ALN était bien la création d'une Algérie musulmane indépendante, cet aspect religieux n'était guère sensible en métro-

1. Le plan Monnet prévoyait de faire venir 200 000 travailleurs coloniaux en quatre ans. Les circulaires du ministère du Travail des 14 février et 19 mai 1947 organisent l'arrivée d'un important contingent de manœuvres algériens, cf. Marianne Amar et Pierre Milza. *L'immigration en France au XXe siècle*, Paris, Armand Colin, 1990, cité *in* Soheib Bencheikh, *Marianne et le Prophète, l'islam dans la France laïque*, Paris, Grasset, 1998, 282 p., p. 85.

pole, quand il n'était pas volontairement gommé. Et l'indépendance ne constitue pas véritablement une rupture dans les flux migratoires : par suite des accords d'Évian, puis des accords avec l'Algérie indépendante, la France pouvait avoir recours à une main-d'œuvre essentiellement masculine et jeune qui n'était pas destinée à rester sur le territoire, mais qui devait travailler le plus possible pour envoyer de l'argent au pays, pour subvenir aux besoins de la famille souvent déjà constituée, qui ne songeait pas à s'installer en métropole mais qui rêvait d'amasser un petit pécule pour échapper à la pauvreté. Encadrés politiquement et syndicalement par les associations de travailleurs algériens, tunisiens ou marocains, ces travailleurs qui observaient, par fidélité sociologique plus que par conviction, les principaux rites du ramadan et de la prière et respectaient les interdits alimentaires sur la viande de porc et la consommation d'alcool, ne se livrèrent à aucune pratique ostentatoire et ne manifestèrent aucun prosélytisme. Leur discrétion laissait à penser qu'ils n'avaient pas de véritable revendication religieuse et qu'ils faisaient passer au second plan leur appartenance à l'islam par rapport à leur origine nationale.

LA REVENDICATION DES FRANÇAIS MUSULMANS APRÈS L'INDÉPENDANCE DE L'ALGÉRIE

C'est, chez les Français musulmans, de façon apparemment paradoxale, mais au fond bien compréhensible, que la revendication musulmane était alors la plus manifeste, relevant d'un phénomène d'affirmation identitaire qui gagnera par la suite d'autres groupes musulmans, eux aussi installés en métropole.

En effet, le « retour » des Français musulmans en métropole est une des conséquences dramatiques de la guerre d'Algérie. Les anciens combattants qui avaient choisi la France contre leurs coreligionnaires indépendantistes apparaissaient comme des traîtres à l'Algérie. Leur existence et celle de leur famille, se trouvaient même bien plus directement menacées, pour des raisons politiques, que celle des « Français d'Algérie ». Ils ne pouvaient que magnifier leur attachement à la France et revendiquer, au nom des sacrifices consentis, la reconnaissance de leur pays. Il n'y avait pas pour eux de retour possible, pas de réconciliation envisageable, dans l'immédiat, avec leurs frères musulmans algériens. Mais leur installation en France ne fut pas facile. D'abord parce qu'au milieu des difficultés globales rencontrées par les rapatriés arrivés en masse en 1962, leur spécificité ne fut pas reconnue et que l'on s'occupa d'abord des Français d'Algérie. En métropole, les anciens harkis étaient souvent assimilés aux Algériens et beaucoup de Français souhaitaient tourner la page de la guerre, tandis que les Français d'Algérie, marqués par la mentalité coloniale, considéraient souvent avec condescendance ces concitoyens musulmans comme d'anciens fellahs et des citoyens de seconde zone. Il s'y ajouta un phénomène social et culturel : ces rapatriés d'origine nord-africaine venaient souvent de zones rurales ; ils étaient d'anciens agriculteurs, ou des éleveurs semi-nomades dans le Sud ; ils n'avaient souvent qu'une connaissance très superficielle du français et beaucoup étaient illettrés. Ils n'avaient pas été préparés à une transplantation brutale dans une société moderne industrielle et urbaine. Beaucoup furent d'ailleurs regroupés, au début, dans des camps à proximité de petites villes de la France profonde. Le problème d'emploi fut très difficile : beaucoup se virent offrir des emplois d'ouvriers forestiers dans les organismes publics, comme l'ONF, alors que l'industrie préférait faire appel, sur des contrats à durée déterminée, à des immigrés de nationalité algérienne qui n'avaient pas charge de famille. Les rapatriés d'origine nord-africaine ressentaient douloureusement cette différence de situation et la considéraient comme une injustice et une ingratitude de la France, tandis que leur habitat comme leurs emplois ne facilitaient pas les contacts avec l'ensemble de la population française, ce qui retardait leur intégration.

Devant ces difficultés, beaucoup cherchèrent à valoriser leur spécificité et à réclamer des droits particuliers pour les musulmans. Le marqueur identitaire qui leur permettait de présenter des revendications vis-à-vis des autorités françaises était bien leur origine musulmane. A travers leurs associations de défense, les Français musulmans présentèrent donc des revendications appuyées sur leur nationalité française et sur leur confession musulmane ; à côté de la demande d'aides et de dispositifs favorisant leur insertion sociale et professionnelle, apparaissent très vite des revendications spécifiquement musulmanes concernant les cimetières (carrés musulmans) puisque ces populations devaient se faire inhumer en France car l'Algérie leur était fermée, la construction de mosquées, les aumôniers, le respect des obligations alimentaires, la viande halal, le jeûne du ramadan et la participation au pèlerinage de La Mecque. Les pouvoirs publics ne pouvaient méconnaître ces revendications de citoyens français ; ils devaient accorder un certain intérêt à une demande religieuse nouvelle que rien ne permettait de rejeter, l'État étant garant du respect du libre exercice des cultes, de tous les cultes, sur un plan d'égalité, selon la loi de 1905, conformément aux grands principes constitutionnels et aux engagements internationaux de la France. D'autant plus que les suffrages des Français musulmans étaient sollicités par des candidats, surtout lors d'élections locales, qui se faisaient fort de satisfaire leurs revendications et de résoudre leurs problèmes. Mais la revendication religieuse restait limitée à ce milieu et les autorités françaises ne purent pas apporter de réponses durables à leurs demandes : pour les mosquées, on se contenta de solutions provisoires, en s'appuyant sur les réseaux créés par la Mosquée de Paris qui, fidèle à la France et en butte à l'Algérie, apparaissait bien comme le point de ralliement des Français musulmans de toutes origines. On créa de nombreuses commissions qui firent des propositions mais qui longtemps restèrent sans suite. Il fallut attendre 1978 pour qu'une circulaire permette la création de carrés musulmans dans les cimetières et précise les modalités de leur réalisation, mais cette possibilité était théoriquement réservée aux Français musulmans, tandis qu'un décret signé par le Premier ministre, Raymond Barre, créait solennellement une Commission consultative des Français musulmans dont le but dépassait le règlement des seuls problèmes religieux. C'était bien peu face à l'ampleur des questions soulevées. Il est vrai que souvent on avait trouvé des solutions pratiques et ponctuelles. Par exemple l'hôpital Avicenne à Bobigny, propriété de l'Assistance publique de Paris, s'était spécialisé, depuis les lendemains de la Première Guerre mondiale, dans le traitement des patients musulmans. Il était entouré d'un cimetière musulman, comprenant une petite mosquée qui servait à l'inhumation des Français musulmans de la région parisienne. D'ailleurs le personnel chargé de l'entretien du cimetière, et plus encore l'imam chargé de la mosquée étaient pris en charge par le budget de l'Assistance publique, ce qui était assez largement dérogatoire par rapport aux principes posés par l'article 2 de la loi de 1905...

L'ISLAM ISSU DE L'IMMIGRATION ET DE LA DÉCOLONISATION DANS LES ANNÉES 1960

Au cours des années 1960 jusqu'au milieu des années 1970, après les grands chocs de la décolonisation et surtout les contrecoups de la guerre d'Algérie, la situation de l'islam en France s'est stabilisée, sans se normaliser, car elle reste fondamentalement marginale.

L'islam est alors, par le nombre des pratiquants, la religion de travailleurs immigrés, essentiellement originaires du Maghreb. Mais ces immigrés ont alors un emploi à durée déterminée et ne sont pas destinés à s'implanter durablement sur le territoire national. Leurs connaissances de l'islam sont souvent rudimentaires, leur adhésion religieuse relève plus du conformisme sociologique. L'islam n'est pas leur préoccupation majeure et leur encadrement spirituel est très faible. D'ailleurs les autorités françaises ne s'en occupent pas et en laissent le soin éventuel à leurs autorités nationales, par le biais des réseaux consulaires et des associations de travailleurs, très étroitement contrôlées par le pouvoir en place. Ce sont cependant ces travailleurs que les Français côtoient de plus en plus et qui les mettent en relation avec des musulmans, les amenant souvent à assimiler islam, monde arabe, Maghreb, en des raccourcis fort réducteurs. Ils découvrent l'islam à travers les pratiques des travailleurs immigrés.

La dimension religieuse dans cette rencontre reste toujours seconde, à l'arrière-plan, comme une donnée culturelle, plutôt que comme un problème spécifique à traiter. D'ailleurs, à la fois en nombre et en flux, l'immigration musulmane n'est pas alors la plus importante. A l'époque c'est la communauté portugaise qui devient la communauté la plus importante dépassant les communautés plus anciennement installées d'Espagnols et d'Italiens. Ces derniers par exemple voient leur importance décroître et leur structure par âge vieillir, par les effets conjugués des naturalisations, du tarissement du flux migratoire et même de retours, à la suite du développement économique de leur pays bénéficiant de son intégration dans le Marché commun. Ce n'est que peu à peu que le flux des immigrés musulmans va devenir le plus important et dépasser le flux portugais. Les pouvoirs publics veillent alors à réguler les flux migratoires et à adapter les entrées aux besoins de l'économie, à travers l'Office des migrations internationales (OMI). On commence bien sûr à distinguer selon les origines, immigration européenne et immigration arabe, on crée les foyers d'accueil pour les jeunes travailleurs célibataires, avec des sociétés publiques comme la SONACOTRA. Le Fonds d'action sociale (FAS) est créé dans le but d'améliorer les conditions d'accueil d'hébergement et de suivi social ; il recueille les versements des entreprises au titre des prestations sociales dont ces travailleurs ne peuvent bénéficier. C'est d'abord dans ses aspects sociaux, conditions de travail, rémunérations, possibilités d'hébergement, que l'immigration est abordée. Elle apparaît comme un besoin de notre économie, comme une donnée, alors que la pression à nos frontières est encore assez faible, sauf dans les périodes de crise politique. On cherche à améliorer les conditions de cette immigration, voire à lutter contre la surexploitation par les trafiquants de main-d'œuvre comme par les marchands de sommeil. Dans tout ceci, la religion n'est guère présente.

Sur le plan religieux, le rôle de la Mosquée de Paris reste central, malgré la fragilité juridique de ses statuts et sa légitimité contestée quant à la propriété de la Société des Habous et aux conditions de nomination de son recteur, Si Hamza Boubakeur : en effet, son autorité n'est guère remise en cause sur le plan religieux. La Mosquée de Paris est toujours en butte à l'hostilité ouverte de l'Algérie qui tente de récupérer « son bien » par tous les moyens, par des actions en justice qui n'aboutissent pas, faute de candidat ayant vraiment intérêt à agir ou des titres à faire valoir, par des pressions sur la France, avec laquelle la question de la propriété de la Mosquée est régulièrement évoquée, en soutenant des associations de fidèles hostiles à la famille Boubakeur, voire en plaçant des espoirs dans son entourage. L'Algérie, en ayant placé sous séquestre les biens de la famille Boubakeur, conserve des moyens de pression. Si le Sénégal, tout en regrettant la situation, se montrait assez indifférent et ne revendiquait pas le contrôle de la Mosquée, la Tunisie et le Maroc entretenaient une sourde méfiance et désapprouvaient une situation qui méconnaissait leurs droits de cofondateurs de l'Institution.

La Mosquée de Paris développait son rôle d'encadrement des Français musulmans, grâce à l'appui des autorités françaises. D'abord, sur le plan politique, puisque la France, rejetant les prétentions des États maghrébins considérait que la Mosquée, située en territoire français, était française et devait le rester. Mais aussi par son aide financière : en effet, l'Institut de la Mosquée de Paris recevait, après d'âpres discussions, des subventions du ministère de l'Intérieur et de la Ville de Paris, « en reconnaissance » des services rendus, sur les plans culturels et cultuels. Ces subventions qui sortent des cadres stricts prévus par la loi de 1905, montrent bien la place privilégiée dévolue à la Mosquée pour représenter l'islam en France, mais également pour compenser les handicaps dont souffrent, sur le plan cultuel, les musulmans français. Les fonds sont versés à la Société des habous dont les statuts de la loi de 1901 présentent des particularités qui la rapprocheraient plutôt d'une association cultuelle diocésaine, à partir du moment où l'on assimilerait le recteur de la Mosquée de Paris, président de l'association, à un évêque. Mais quelle autorité avait investi le recteur de la Mosquée de Paris d'un tel pouvoir ? Aucune autorité religieuse, puisqu'il n'en existe pas en islam, rien en tout cas de comparable au pape, successeur de Pierre, premier des évêques, même si le recteur pouvait entretenir des relations avec des autorités religieuses du monde musulman, par exemple avec l'Université d'El Azhar. Son « pouvoir » avait été officiellement reconnu par l'arrêté de Guy Mollet, ce qui rappelait la double nomination des ministres des cultes concordataires d'Alsace et de Moselle, et en particulier des évêques de Strasbourg et de Metz. Mais d'une part, il ne s'agissait pas d'un régime concordataire puisqu'il n'y avait pas de partenaire, ou que les éventuels partenaires étatiques étaient récusés ; d'autre part, l'arrêté avait été cassé par le Conseil d'État, la politique suivie par le général de Gaulle vis-à-vis de l'Algérie ayant très largement changé depuis Guy Mollet, avec l'indépendance de l'Algérie, approuvée par le référendum de 1962. Alors on avait à faire à une association de la loi 1901, très particulière, *sui generis*, que les autorités acceptaient faute de mieux, mais qu'elles contrôlaient étroitement dans la mesure où elles lui accordaient des subventions publiques. De nombreuses réunions eurent lieu au sujet de la Mosquée au ministère de l'Intérieur, autorité de tutelle, auxquelles étaient associés plusieurs autres ministères, en particulier les Affaires étrangères qui défendaient les intérêts de la France face aux prétentions des États étrangers. Si Hamza Boubakeur protestait énergiquement à la fois contre l'insuffisance des crédits qui lui étaient alloués, et contre les contrôles tatillons que devait subir la Mosquée, sur l'ensemble de ses activités et sur les recrutements de ses personnels. Pourtant, Si Hamza était bien alors considéré comme le représentant de l'islam français. Reçu chaque année lors de la cérémonie des vœux à l'Élysée, il présidait à de nombreuses manifestations patriotiques à la Mosquée, en présence des autorités civiles et militaires, rappelant le sacrifice des musulmans morts pour la France, en particulier le 14 juillet, le 11 novembre et le 8 mai, qui comprenaient toujours un dépôt de gerbe sur la tombe de son « prédécesseur », Si Kaddour Ben Ghabrit. La Mosquée de Paris était aussi la référence reconnue par tous les ministères, lorsqu'il s'agissait de vérifier la qualité des imams, d'agréer des sacrificateurs, de désigner des aumôniers. La Mosquée était bien française et elle regroupait, malgré quelques contestations, la plupart des Français musulmans, les immigrés musulmans étant, eux, confiés à la responsabilité de leur pays d'origine.

CHAPITRE III

L'arrêt de l'immigration et son impact sur l'islam en France dans les années 1970

Les transformations globales des conditions et des politiques de l'immigration, au cours des années 1970, vont avoir des répercussions très importantes sur les communautés musulmanes issues de l'immigration et sur la place de l'islam en France.

LA TRANSFORMATION DES FLUX MIGRATOIRES

Alors que, dans les années 1960, les flux migratoires actifs liés aux besoins de l'économie entraînaient une rotation rapide des populations immigrées et parmi elles des populations musulmanes, l'arrêt de l'immigration ou plus exactement la suppression des visas d'entrée sur le territoire national liés à des demandes d'emploi (sauf autorisations très spécifiques et limitées, répondant à des besoins avérés des entreprises), va rigidifier les échanges de population et pérenniser la présence sur le sol métropolitain des immigrés déjà installés, en particulier des immigrés musulmans car, contrairement à ce qui se passait pour les pays européens voisins, les possibilités de retour dans les pays arabes apparaissaient fort limitées, à cause des difficultés politiques et surtout économiques.

La guerre de Kippour ou du Ramadan, avec le boycott des livraisons de pétrole par les pays producteurs regroupés dans l'OPEP, amena la prise de conscience brutale par l'opinion publique de la puissance arabe. Au lieu de l'image traditionnelle des fellahs miséreux, assez bien relayée par celle de l'immigré, OS, soumis à des conditions très dures et déshumanisantes du travail parcellaire à la chaîne, exploité pour un faible salaire, on vit se répandre le stéréotype opposé des émirs arabes, milliardaires aux caprices insensés, mais dont la puissance menaçait l'Occident, dépendant du pétrole. Désormais on savait que le monde arabe avait en mains des atouts majeurs, et en particulier les fabuleuses réserves de pétrole de la péninsule arabique, qui lui permettaient d'imposer sa loi à un Occident, très gros consommateur d'énergies non renouvelables.

En tout cas, l'utilisation politique de l'arme du pétrole s'est alors conjuguée avec l'intérêt des pays producteurs pour faire augmenter de façon très importante le prix du baril de brut. Les économies occidentales, surtout européennes, subirent avec beaucoup de difficultés le choc pétrolier : l'augmentation de la facture pétrolière entraîna le déficit des balances commerciales et une hémorragie de devises. Le dollar, qui avait dû abandonner la parité or, resta la devise pivot tandis que les autres monnaies connurent des fluctuations erratiques. Le taux de croissance annuel, qui était parfois à deux chiffres dans les années 1960, se rapprocha du taux zéro que les experts du club de Rome avaient recommandé (mais d'une manière volontaire, dans un environnement bien différent), pour éviter la surchauffe et les inconvénients de la croissance. La croissance zéro était en effet subie, avec une forte inflation, le déficit des comptes de la nation et un développement rapide du chômage qu'accéléraient les efforts de productivité et les « dégraissages » accomplis pour rétablir les profits des entreprises.

Certains pays producteurs de pétrole essayèrent de profiter de la nouvelle manne pour accélérer leur développement industriel : ils multiplièrent les investissements et les acquisitions d'usines clés en main, souvent de façon désordonnée, et contribuèrent ainsi à accroître les capacités de production que la consommation mondiale n'arrivait pas à absorber. Cette surproduction par rapport à la demande solvable contribua souvent à faire baisser les prix réels des produits manufacturés. A part les pays du Golfe et de la Péninsule arabique, relativement peu peuplés, qui purent accumuler des capitaux et voir leur PIB par habitant s'envoler, beaucoup de pays du Sud furent directement victimes de la crise, surtout ceux qui ne produisaient ni pétrole ni gaz naturel : la valeur de leurs exportations diminua souvent, au moment où l'explosion démographique qu'ils connaissaient les rendait plus dépendants des importations de produits de base et de produits manufacturés. Le gonflement de la dette extérieure les amena souvent, sous le contrôle du FMI, à réduire leurs budgets sociaux et à augmenter le prix des produits de première nécessité et d'abord des produits alimentaires de base, entraînant de nombreuses protestations. Surtout l'arrivée sur le marché du travail de classes d'âge très nombreuses n'était pas absorbée par des créations d'emplois en nombre suffisant. Le chômage des plus défavorisés, illettrés ou sans formation se développa, ce qui poussait à un développement de l'émigration, et en tout cas ne facilitait pas le retour des immigrés, dont ceux-ci, éventuellement, avaient rêvé, mais dont ils devaient remettre sans cesse l'échéance face aux dures réalités du moment.

LA CONSTITUTION DES COMMUNAUTÉS MUSULMANES

C'est à ce moment que la plupart des pays européens, et en particulier la France, décidèrent de mettre fin à l'immigration pour répondre à la montée du chômage, espérant que leurs citoyens accepteraient d'occuper les emplois laissés vacants par les immigrés incités à rentrer dans leur pays d'origine avec un pécule et toute une série de mesures d'aides au retour. En réalité, l'arrêt de l'immigration eut un effet inverse : par crainte de ne pouvoir revenir en France, beaucoup d'immigrés préférèrent y rester. Les dispositifs d'aide au retour n'eurent qu'un effet marginal pour ceux qui avaient déjà décidé de rentrer et qui avaient un projet de réinsertion au pays, alors que la plupart des bénéficiaires potentiels, faute de possibilité d'emplois au pays, préférèrent conserver la situation qu'ils avaient acquise péniblement en Europe. Il y eut donc une « viscosité » croissante du phénomène migratoire qui amena la stabilisation et la pérennisation du séjour des immigrés déjà installés, en particulier des immigrés originaires du Maghreb, rejoints, dès cette époque, par les immigrés d'origine turque qui s'établirent d'abord dans l'est de la France, après avoir souvent fait une première étape en Allemagne où ils conservaient de nombreux liens familiaux.

L'immigration changea de nature à la suite de la mise en œuvre de la politique du regroupement familial, pour des raisons sociales et humanitaires, et sur la recommandation d'organisations internationales comme l'ONU ou le Conseil de l'Europe, prônant le droit de tout individu à une vie familiale normale. Dans l'espoir de conditions de vie meilleures, avec l'aide des prestations familiales et de l'encadrement médical et social, avec des possibilités de formation initiale et professionnelle bien supérieures à ce qu'elles connaissaient dans les pays d'origine, pour mener une vie de famille plus équilibrée, mais aussi par crainte de voir cesser brutalement un tel dispositif par une fermeture brutale des frontières, le nombre des familles rejoignantes augmenta très rapidement.

Avec la stabilisation des populations immigrées déjà présentes et le regroupement familial, les structures de l'immigration, en particulier musulmane, changèrent radicalement. Désormais s'installent en France des familles constituées, regroupant plusieurs générations, au moins les parents et les enfants, ayant le projet plus ou moins conscient de vivre en France, voire de s'y intégrer. Cette mutation sociologique et démographique s'accompagne de changements profonds dans les conditions de logement et les zones de résidence. Alors que les jeunes immigrés adultes de la croissance étaient souvent hébergés dans des foyers ou des logements anciens souvent insalubres des centres-villes, ou à proximité des lieux de travail, dans des zones industrielles, les familles nombreuses issues de l'immigration se trouvèrent concentrées dans l'habitat social récent de l'après-guerre, relativement neuf, mais de faible qualité, ce qui explique sa dégradation rapide. Cet habitat social, les logements HLM des grands ensembles se sont trouvés souvent délaissés par les Français d'origine, dès qu'ils le pouvaient, par suite de leur ascension sociale ou d'une simple augmentation de leur niveau de vie, par l'accession à la propriété ou l'acquisition de résidences individuelles pavillonnaires ou par le retour au centre-ville dans des logements anciens réhabilités et plus personnalisés. La banlieue des villes nouvelles et des ZUP, décriée pour son anonymat, son absence de vie sociale propre, son éloignement des centres-villes et des lieux de travail, ses conditions de vie sources d'ennuis, stigmatisées par des slogans comme « métro, boulot, dodo » et l'analyse de maladies psychologiques spécifiques comme la « sarcellite », devient le lieu d'accueil des familles immigrées et de leur regroupement plus ou moins volontaire. Les logements souvent mal insonorisés et mal isolés avaient été conçus pour la famille française type du « baby boom », famille nucléaire avec trois enfants en moyenne. Ils étaient mal adaptés aux familles larges regroupant souvent la parentèle, les grands-parents, les oncles et tantes, et comprenant un nombre important d'enfants. Ils n'avaient pas non plus été conçus pour des familles ignorant tout de la vie urbaine et souvent illettrées, ne sachant pas profiter du confort et de l'hygiène modernes et préférant faire revivre les solidarités et les coutumes villageoises, en réalisant un nombre important de travaux, en particulier ménagers (cuisine, couture, lessive...) en commun. Les familles immigrées concentrées dans quelques zones de résidence, à la périphérie urbaine ou dans certains quartiers dégradés des centres-villes étaient particulièrement nombreuses dans certaines régions, le Midi méditerranéen, pour des raisons de proximité géographique et d'attrait climatique, mais surtout les zones d'emplois industriels occupant une main-d'œuvre importante d'OS et de travailleurs peu qualifiés, sidérurgie, automobile, industries mécaniques... Au contraire, les zones rurales, et d'une façon plus générale l'ouest d'une ligne Le Havre - Perpignan, accueillaient peu d'immigrés, sauf pour certains travaux agricoles saisonniers, pour lesquels on continuait à avoir recours à des Espagnols ou à des Portugais.

Pour des familles constituées, les problèmes liés à l'accueil deviennent plus complexes : les enfants, de plus en plus fréquemment nés en France, doivent aller à l'école, ce qui facilite leur socialisation, mais crée aussi une coupure culturelle avec leurs parents qui souvent maîtrisent mal le français. Cette seconde génération (qui est de plus en plus souvent, actuellement la troisième) peut acquérir de façon quasi automatique la nationalité française par le double droit du sol, si elle est née en France de parents français. De toute façon, elle est immergée dans la vie et la culture françaises et désire s'intégrer rapidement, en rejetant parfois les modes de vie traditionnels des parents et des grands-parents. Elle est amenée à rompre avec la tradition du respect dû aux anciens, tout en essayant de sauver les apparences de la piété filiale.

Face au désir de nombreux immigrés musulmans de s'établir durablement sinon définitivement en France, les autorités comprennent qu'elles doivent mettre en œuvre des politiques d'intégration qui s'opposent, sinon dans leur principe, du moins dans leurs objectifs et leurs modalités d'application, aux incitations au retour des immigrés dans leur pays d'origine. L'intégration des populations immigrées a été régulièrement prônée par la France depuis la Révolution ; elle apparaît plus difficile à réaliser en période de crise économique, de montée du chômage, mais aussi quand elle doit concerner des populations aux coutumes très différentes des modes de vie de la société urbaine moderne, avec un niveau socioculturel faible.

Cette intégration est d'autre part freinée par des dispositions issues des accords d'Évian ou des accords liés à l'indépendance des pays du Maghreb. Tous les jeunes nés avant l'indépendance pouvaient être considérés comme citoyens français puisque nés sur le sol français. Cependant ils gardaient le choix d'accomplir leur service militaire soit en France, soit en Algérie. D'une façon générale, on constatait que les lieux d'intégration que constituaient l'école et l'armée ne fonctionnaient plus aussi efficacement qu'ils l'avaient fait sous la IIIe République avec les « hussards noirs de la République » de Péguy, et la très large obligation d'un service militaire long pour les citoyens soldats de l'armée républicaine avant 1914. Les droits personnels et le statut matrimonial, lié à la pratique largement répandue de la polygamie, constituent des dispositions particulières et des freins à l'intégration.

Avec des familles constituées, la question religieuse prend de l'importance car se posent en termes nouveaux la pratique du culte dans des lieux de culte pérennes, l'accompagnement et l'encadrement de la vie du fidèle, mais surtout l'éducation et la transmission des connaissances et des valeurs religieuses aux enfants et aux jeunes, dans un contexte social et culturel totalement différent de celui qu'avaient connu leurs parents. Il n'est pas possible de copier des modèles valables dans les pays d'origine, avec une culture musulmane très majoritaire, voire exclusive, avec un encadrement religieux traditionnel et un contrôle sociologique fort qui amène tout naturellement à respecter les rites et les coutumes, sans se poser de questions sur leurs fondements et leur degré de légitimité par rapport au Coran ou aux hadiths. Désormais, il faut s'adapter à une situation radicalement différente, il faut inventer des expressions nouvelles alors que les parents se trouvent souvent désarmés intellectuellement et religieusement pour répondre aux questions que leurs enfants ramènent naturellement de la fréquentation de l'école publique et des contacts avec leurs camarades. C'est au moment même où il faudrait trouver des réponses nouvelles et adaptées à de nombreux cas précis, dus en particulier à la situation nouvelle d'un islam minoritaire dans une société laïque marquée par une longue tradition chrétienne et plus spécifiquement catholique, que les communautés musulmanes se trouvent confrontées à un sous-encadrement religieux. Lorsqu'elles ont la chance de bénéficier d'imams, ceux-ci connaissent souvent mal la situation de leurs fidèles ; ils n'ont pas été formés à l'école française et ils ont souvent des difficultés à se situer dans un monde nouveau, étranger, qu'ils ont souvent tendance à considérer comme hostile, porteur des tendances amorales d'un Occident matérialiste et largement antireligieux. De plus ces imams ont souvent à affronter des difficultés matérielles (sauf lorsqu'ils sont rétribués par les gouvernements de leur pays d'origine, et qu'ils font partie de ce qu'on a parfois appelé les « imams d'ambassade »), voire des problèmes de régularisation de leurs titres de séjour, ce qui induit un sentiment d'insécurité face à la régularité de leur entrée en France et de leur résidence.

L'installation de familles musulmanes ayant le projet de résider durablement en France entraînait une inscription de l'islam dans le paysage religieux français et créait naturellement une demande d'islam qui soulevait de nombreux problèmes pour le respect des rites, des prières obligatoires, du jeûne du ramadan et des prescriptions alimentaires. Elle nécessitait d'établir des édifices du culte, de créer des carrés musulmans. Elle posait le problème de la formation, de la connaissance et de la prise en charge financière du personnel religieux pour l'éducation, l'encadrement religieux, la conduite de la prière et les aumôneries.

La prolongation de l'établissement en France peut créer des conflits de générations autour de la problématique de l'intégration ou du repli sur les valeurs identitaires et sur des comportements communautaires. Elle entraîna progressivement un éloignement du pays d'origine, malgré des liens nombreux, avec des retours fréquents dans la famille restée au pays lors des vacances et, sur un plan symbolique fort, avec l'inhumation des parents, selon les rites, au pays. Ces liens s'espacent de plus en plus, le retour au pays n'est pas toujours facile, les tensions peuvent s'exaspérer entre les enfants élevés en France et les anciens, gardiens des traditions, restés au pays. On peut rêver du retour au pays idéalisé et connaître des difficultés réelles de réadaptation. Bref, le projet de vie réel s'inscrit de plus en plus, et surtout pour les jeunes, dans un cadre français.

L'ENSEIGNEMENT DES LANGUES ET CULTURES D'ORIGINE

C'est paradoxalement à cette époque que furent signés la plupart des accords d'État à État concernant les programmes d'enseignement de langue et culture d'origine (ELCO) permettant de faire bénéficier les élèves d'origine étrangère d'un enseignement dans leur langue maternelle (à raison, en général, de trois heures par semaine) dans les locaux scolaires et dans le cadre des horaires de l'enseignement obligatoire, assuré par des enseignants étrangers rémunérés et mis à disposition par le pays concerné. Cette politique répondait bien sûr aux recommandations internationales concernant le droit à l'accueil et à l'éducation de l'enfant dans sa langue maternelle, ainsi qu'à la reconnaissance et à la valorisation des cultures d'origine dans le cadre d'une reconnaissance de la réalité pluriculturelle du pays. Ce mouvement allait de pair avec la promotion des langues régionales, amorcée par la loi Deixonne de 1952, mais développée à la suite des mouvements régionalistes culturalistes et de la revendication du droit à la différence issus de 1968. Cependant ce dispositif semblait se conjuguer avec les aides au retour, pour faciliter la réinsertion des familles immigrées dans le pays d'origine, en maintenant chez les enfants des liens culturels et une connaissance du pays qui devaient leur servir pour leur réinsertion. Mais le retour volontaire ou contraint économiquement n'entrait pas dans le projet de la plupart des familles immigrées. Les programmes d'ELCO, pris sur le temps scolaire obligatoire en français et mettant les enfants immigrés à l'écart du groupe classe, en risquant d'accroître leurs difficultés scolaires, semblaient aller à l'encontre de la politique d'intégration que l'on proclamait officiellement. Le décalage entre l'objectif d'intégration et de diminution des handicaps culturels et scolaires et le fonctionnement des ELCO en marge du système scolaire devient de plus en plus flagrant dans les années 1980. Pourtant, malgré quelques tentatives, les pouvoirs publics renoncent à revenir sur ce dispositif relevant d'accords internationaux que les pays d'origine avaient de plus en plus tendance à considérer comme un droit acquis et à soutenir pour maintenir des liens avec leurs ressortissants, en particulier les jeunes générations, voire pour les contrôler. Au lieu de renégocier les accords sur les ELCO, on s'est contenté de les aménager, voire de contrôler la qualité des intervenants. En effet, certains enseignants n'avaient à leur arrivée aucune connaissance de la France, ce qui les empêchait de faire partie de l'équipe enseignante de l'école et les amenait parfois à critiquer l'action de leurs collègues français. Les enseignants étrangers, fonctionnaires de leur pays d'origine, étaient souvent appelés à défendre ses intérêts et ses buts politiques, ce qui pouvait relever plus d'une action de renseignement et de contrôle policier que de formation. Enfin, dans les années 1980, avec les mouvements de réislamisation, les enseignants servirent parfois de cadres religieux, donnant, dans le cadre de l'école laïque, un enseignement contraire aux traditions de la République laïque et tolérante. Au fur et à mesure de la montée des mouvements islamistes dans les pays d'origine, ces enseignements de langues et de culture risquaient de devenir des moyens de propagande et des outils de réislamisation, totalement contraires aux objectifs d'intégration des jeunes d'origine étrangère que se fixaient les pouvoirs publics, conscients que la plupart d'entre eux resteraient en France, et que ce n'était pas l'absence de connaissances linguistiques qui freinait leur retour, alors qu'une bonne maîtrise de la langue française était une condition indispensable à une bonne réussite scolaire. Le système n'était plus adapté aux objectifs qui avaient initialement justifié sa mise en place ; les autorités décidèrent de l'encadrer. Le contrôle était possible à travers la délivrance des titres de séjour : alors qu'au début on avait accueilli tous les enseignants proposés par leur pays d'origine, on veilla à ce qu'ils fassent la preuve, avant leur départ, d'une connaissance suffisante de la langue française, des conditions de vie dans notre pays, et des institutions de la France, autour des notions de démocratie, de pluralisme, de respect des droits de l'enfant. Ce contrôle ne pouvait toutefois pleinement fonctionner qu'avec l'appui des gouvernements des pays d'origine ; il devenait plus délicat lorsque le ministère de l'Éducation du pays concerné souhaitait envoyer en France de véritables « missionnaires ». Le contrôle pédagogique à l'intérieur des établissements était plus difficile, car les enseignants étrangers échappaient aux inspections sur le contenu et les manuels utilisés ; elles se limitaient à mettre un terme aux cas les plus flagrants de méthodes coercitives (punitions corporelles, pressions psychologiques...). L'effort principal de l'Éducation nationale devant compter avec l'opinion hostile de nombreux enseignants français et de leurs syndicats à une éducation séparée pour les étrangers, consista à accompagner et à aménager ce dispositif. Les enseignants étrangers furent invités à participer à l'équipe pédagogique et à construire des parcours et des projets communs ; une action d'accueil fut menée auprès des parents étrangers pour leur faire connaître l'école et lever leurs appréhensions, voire leurs préjugés ; la coupure entre enseignement général et ELCO fut, autant que possible, atténuée. Il n'en reste pas moins que ce dispositif largement dérogatoire par rapport aux principes de l'école publique et suivi de très près par les ambassades et les consulats des pays d'origine, continue à poser certains problèmes qui nécessiteraient une remise à plat du dossier et une orientation vers l'intégration de l'enseignement de la langue d'origine dans un enseignement de langue étrangère, offert à tous les élèves et valorisé dans le parcours scolaire[1].

La présence de familles immigrées souhaitant rester en France posa assez vite le problème de la « deuxième génération », souvent née en France, ou y ayant longtemps vécu, après avoir fréquenté l'école où elle rencontre souvent des difficultés, avec une formation insuffisante pour accéder à un marché du

1. Pour tout ceci, on se rapportera aux actes de la rencontre régionale organisée, le 4 juin 1997, à l'ENA de Strasbourg par l'Observatoire régional de l'intégration et de la ville d'Alsace : Quelle place pour les langues et cultures d'origine des enfants issus de l'immigration, *Cahier de l'Observatoire,* n° 24, Strasbourg, septembre 1997.

travail de plus en plus restreint et sélectif en faveur des emplois qualifiés, et devant surmonter des discriminations à l'embauche, parfois ouvertes mais le plus souvent indirectes. Cette deuxième génération, tiraillée entre deux cultures, entre des modes de vie et des systèmes de valeurs très différents, sinon contradictoires, déchirée entre un passé mythique mais illusoire et un avenir incertain et souvent inaccessible, avait du mal à se définir par manque, ou par multiplicité, de référents et de modèles. Elle parvenait difficilement à faire sa place dans une société, vite accusée de tous les maux de l'Occident, en particulier de racisme, et d'être la seule responsable de leurs propres difficultés. Ces problèmes vécus d'abord de façon individuelle, apparurent à la fin des années 1970 et surtout dans les années 1980, sous une forme collective, à la fois à travers l'explosion des banlieues et des mouvements revendicatifs. Le problème des banlieues, avec le mal-vivre, la montée de la petite délinquance liée au chômage, le recours à des trafics divers, de drogue en particulier, s'affirme soudain dans les années 1980 et finit par exploser sous forme de violences urbaines, d'abord aux Minguettes, dans la banlieue lyonnaise, pour s'étendre aux zones urbaines périphériques les plus dégradées, autour de Paris, de Lyon, de Marseille, de Toulouse... Ces violences urbaines fortement médiatisées font prendre conscience de l'ampleur de la fracture sociale et des difficultés de l'intégration de certaines populations immigrées. Pour répondre à ce problème, les autorités engagèrent la politique de la ville, c'est-à-dire une politique interministérielle, coordonnée et vite contractualisée avec les collectivités locales, s'appuyant sur le partenariat associatif, dans des quartiers bien définis par des zonages définissant des modalités d'intervention et d'aides par des subventions, puis par des exonérations fiscales au nom de la discrimination positive. Devant les difficultés d'intégration qu'elle rencontre, la deuxième génération crée des mouvements qui revendiquent l'égalité des droits, dénoncent le racisme et la montée du Front national, appellent à la solidarité autour de slogans comme « touche pas à mon pote », insistent sur les bienfaits du mélange des populations, des relations interculturelles et du métissage, avec le soutien d'organisations de gauche, comme SOS Racisme, France Plus... qui prennent le relais d'organisations plus traditionnelles et plus classiques de lutte contre les injustices, les discriminations et le racisme, comme la Ligue des droits de l'homme, le MRAP ou la Licra. Ce sont alors les « marches pour l'égalité » qui traversent la France, portant les revendications des « beurs » en faveur de l'égalité des droits et de l'intégration des immigrés. Mais dans tout ceci l'aspect religieux reste secondaire : les beurs, les immigrés luttent avec tous les Français pour leurs droits, sans que mention soit faite de leur appartenance religieuse. Elle n'est pas leur motivation première, et n'apparaît que lorsque l'islam est déformé, critiqué, et qu'il devient un facteur supplémentaire d'exclusion. Cependant, pour l'opinion, le phénomène religieux se confond très vite avec la crainte politique d'un islamisme conquérant, fondamentalement anti-occidental et antidémocratique, en particulier après la Révolution iranienne et l'affaire des otages américains. L'opinion publique sent confusément que la religion musulmane peut être utilisée à des fins politiques dans des buts contraires à nos intérêts et à nos valeurs, ce qui amène une plus grande attention à la dimension religieuse et surtout la crainte que l'islam politique n'en vienne, à travers les immigrés, à déstabiliser la France et à subvertir nos valeurs. Crainte très largement infondée, car les jeunes issus de l'immigration souhaitent positiver leur combat sur ce terrain, même si certains se réjouissent secrètement de la modification des rapports de force qui permet aux musulmans de se faire respecter, voire de se faire craindre, sentiments qui ne sont guère propices à l'instauration de relations de confiance paisibles, et de solidarités indispensables à l'intégration.

C'est la modification des structures de l'immigration musulmane en France et la constitution de familles musulmanes désireuses de s'établir en France qui amenèrent une demande d'islam, plus exactement d'un islam collectif et non plus familial ou individuel, et d'un islam public au lieu d'un islam privé très confidentiel. Cette demande fut d'abord ressentie dans les cités et les banlieues où se créaient des communautés qui souhaitaient se regrouper pour la prière dans des lieux de culte. Ce sont les paroisses chrétiennes de ces banlieues, autour de prêtres habitués au travail social, qui sentirent les premières ce besoin de regroupement religieux, alors qu'il n'était pas encore clairement exprimé. Par sens de la solidarité et de l'hospitalité, ces paroisses prêtèrent des salles et parfois des lieux de culte chrétiens relativement peu fréquentés, sans être juridiquement désaffectés. Cette hospitalité était alors encouragée par les instances officielles des Églises, la Conférence épiscopale et en particulier sa Commission pour les migrants, ou des organismes comme la CIMADE et le Secours catholique. Cependant peu à peu les associations musulmanes essayèrent d'échapper à cette cohabitation souvent difficile, en créant leurs propres lieux de culte (souvent de simples appartements, des bureaux ou des entrepôts sommairement aménagés), tandis que, dans les années 1980, en particulier à la suite de la montée des mouvements islamistes souvent antichrétiens, l'épiscopat, sous l'impulsion du cardinal Jean-Marie Lustiger, devint beaucoup plus restrictif sur ces expériences d'accueil et préféra rester à l'écart des querelles entre associations musulmanes en ne confiant plus qu'exceptionnellement des lieux affectés au culte à des associations musulmanes[1].

1. On trouvera une carte très intéressante du « soutien de l'Église catholique à l'exercice du culte islamique en France de 1961 à 1995 » dans *Présence musulmane en France*, Dossiers du SRI n° 2, 1997. Cette carte est tirée de la thèse soutenue à l'IEP de Paris, en 1995 par C. de Galembert, *L'attitude de l'Église catholique à l'égard des musulmans*

Bientôt cette demande encore discrète va se faire plus revendicative, sous l'influence, des mouvements de réveil qui parcourent l'islam dans le monde, à la suite parfois de visites des missionnaires du Tabligh (Foi et Pratique) dont les racines sont au Pakistan, mais à la suite surtout des transformations internes des communautés musulmanes en France qui ne sont plus seulement de passage, plus tout à fait étrangères, mais qui cherchent à s'enraciner. Assez paradoxalement, la première revendication concertée va se développer dans les foyers Sonacotra, donc parmi des jeunes célibataires. C'est que précisément ces travailleurs songent de moins en moins à rentrer dans leur pays et désirent désormais habiter pleinement leurs lieux de vie et se l'approprier. La grève porte d'abord sur un refus d'augmentation des loyers : signe que la contrainte qui commençait à peser sur les salaires avec les menaces sur l'emploi ne rendait plus possible une augmentation des loyers indexée sur l'indice du coût de la construction et l'inflation. D'autant plus que les foyers conçus dans les années 1960 commençaient à se dégrader. Les comités de résidents lancèrent donc un mouvement de grève des loyers, en réclamant leur stabilisation et une amélioration des conditions de vie dans les foyers. Mais, parmi les conditions de vie, ce n'était plus tant des lieux de convivialité, ou des simples salles de réunion que l'on revendiquait, mais des salles de prière. Alors que les responsables des foyers avaient senti depuis quelques années cette demande du terrain et avaient parfois accepté d'affecter temporairement des locaux communs à la prière, les dirigeants de la Sonacotra furent assez surpris. Ils cédèrent cependant assez facilement sur ce point qui ne remettait pas en cause l'équilibre financier de

en France et en Allemagne. Cette carte indique quatre situations différentes d'appui de l'Église catholique au culte musulman : « don, vente, prêt provisoire ou prolongé d'une chapelle ou d'une église » ; « don, vente, prêt provisoire ou prolongé d'un local paroissial sans fonction cultuelle » ; « prise de position de la hiérarchie en faveur de la construction d'un lieu de culte islamique » ; « prise de position de paroisses ou de catholiques en faveur de la construction d'un lieu de culte islamique ».

l'établissement mais qui soulevait bien des questions de principe. La laïcité de l'établissement était réaffirmée, les foyers étaient ouverts à tous les travailleurs célibataires, et en priorité aux immigrés, sans distinction d'origine ethnique ou confessionnelle. Cependant les foyers abritaient désormais des lieux de culte, les résidents pouvant souvent accueillir des amis extérieurs pour la prière. Le lieu de culte privé (où l'on pénètre sur invitation) avait de plus en plus tendance à devenir public. Le mouvement fit tache d'huile et gagna des foyers de travailleurs dépendant d'autres organismes publics. Par la suite, le vieillissement progressif de la population des foyers en fit des lieux d'hébergement prolongé et le phénomène des salles de prière se pérennisa.

La revendication musulmane apparut ensuite dans le monde du travail. La présence de plus en plus importante de musulmans parmi les manœuvres et les ouvriers qualifiés les amena à poser collectivement la question du respect des rites religieux. Le problème apparut d'abord dans le domaine de l'alimentation collective dans les restaurants d'entreprise (avant que l'on s'en préoccupe, pour leurs enfants, dans la restauration scolaire et universitaire) avec l'abstinence du vin et l'interdit sur le porc (ce qui amena parfois à prévoir deux menus, et incita au développement de la restauration self-service). La revendication porta ensuite sur l'organisation même du travail avec les droits au congé pour les principales fêtes, les difficultés posées par le jeûne du ramadan, avec un risque accru d'accidents dus à la fatigue et à la moindre résistance physique, surtout pour des travaux pénibles, dans la chaleur. La demande porta surtout sur l'obligation des prières quotidiennes qui paraissait difficilement compatible avec la continuité imposée par le travail à la chaîne. Si l'on était parvenu localement à divers accommodements, c'est à l'occasion des grandes grèves des OS de Renault et de Talbot que le problème fut clairement posé et que l'opinion publique en prit conscience, surprise de voir des revendications religieuses portées par des syndicats ouvriers, soucieux de ne pas se couper de leur base. En effet, ces OS étaient en majorité originaires du Maghreb, surtout du Maroc, et de zones d'islam traditionnel, encore peu ouvertes aux influences du monde moderne ; beaucoup étaient syndiqués et avaient été recrutés par la CGT, ce qui leur permettait d'échapper au contrôle des organisations mises en place par le gouvernement marocain. Ces travailleurs souhaitaient tout naturellement poursuivre le rythme de vie qui leur était habituel dans un monde tout différent. Les syndicats, surpris au début par des revendications étrangères à une société laïque[1], finirent par les reprendre dans le cadre plus général de l'amélioration des conditions de travail, de l'aménagement du temps de travail, et de remise en cause générale du travail à la chaîne déshumanisant (cf. *L'Homme unidimensionnel* de Marcuse, sans remonter aux *Temps modernes* de Chaplin) dénonçant taylorisme et fordisme. Les dirigeants de Renault, et d'une façon plus générale les responsables patronaux, acceptèrent assez vite de discuter ces points qui étaient relativement marginaux par rapport aux préoccupations centrales des chefs d'entreprise. Plutôt que de céder sur les revendications salariales, les dirigeants des grandes entreprises, et d'abord de l'automobile, préfèrent créer des salles réservées au repos et à la prière et aménager le temps de travail en fonction des obligations religieuses des musulmans. Peut-être certains n'étaient-ils pas mécontents de rompre l'unité syndicale et de profiter des divisions dans le monde du travail. Mais en même temps, alors que l'on s'était efforcé d'écarter la politique de l'entreprise en rejoignant les préoccupations du mouvement syndical français tel qu'il s'était exprimé sous l'influence de l'anarcho-syndicalisme dans la charte d'Amiens, on laissait entrer la religion à l'usine. La revendication islamique n'était pas non plus exempte de considérations politiques. Le Maroc en particulier suivait de très près ces évolutions et espérait, en prenant la tête

1. Même si elle est en fait, pour reprendre la formule de Bruno Étienne, « catho-laïque », mais on n'avait pas alors vraiment conscience de cette imprégnation de la religion dominante dans nos institutions et dans notre mode de vie.

du mouvement, conserver le contrôle de ses nationaux en leur évitant d'être enrôlés par la CGT et les communistes. Le mouvement une fois lancé devait cependant vite échapper à ceux qui l'avaient initié, car il s'agissait plus d'une revendication d'intégration dans la société française et dans le mouvement ouvrier, mais sans passer par l'assimilation et en négociant des modalités spécifiques pour les musulmans.

DEUXIÈME PARTIE

Le paysage islamique en France et sa constitution dans les années 1980

Si l'évolution des communautés musulmanes en France est largement due aux transformations des conditions générales entourant l'immigration en France, dans les années 1970, à la suite de la crise économique mondiale, de l'arrêt officiel de l'immigration et de la politique du regroupement familial, amenant l'installation définitive de familles musulmanes constituées, élaborant un projet individuel et collectif d'intégration en France, tout en gardant des caractères spécifiques, c'est dans les années 1980 que se sont constituées les lignes de force du paysage islamique en France. L'opinion publique prit alors conscience de l'existence d'un « problème musulman » en France qui nécessitait une réponse adaptée des autorités, et qui impliquait une remise en cause ou une relecture des valeurs de notre démocratie et des grands principes comme ceux de la laïcité, de l'intégration ou du droit à la différence, donnant naissance, avec la montée des régionalismes et des communautarismes, à une revendication culturaliste.

CHAPITRE I

L'affirmation de l'islam et la prise de conscience d'un « problème musulman »

Plusieurs facteurs ont pu concourir à cette prise de conscience d'un problème musulman. D'abord des phénomènes extérieurs qui mirent en avant des données géopolitiques d'un islamisme divers mais souvent révolutionnaire et conquérant face à l'Occident, au moment où s'essoufflaient les idéologies marxistes et où s'effritait le rayonnement du modèle soviétique, avant même la chute du mur de Berlin, en 1989.

L'opinion française avait été profondément marquée par les conditions de la décolonisation et en particulier par la guerre d'Algérie avec des opérations de maintien de l'ordre qui avaient profondément divisé l'armée sur les méthodes à employer et sur les buts politiques à poursuivre et qui avaient mobilisé le contingent, confronté à des problèmes de conscience comme l'usage de la torture face aux dures réalités d'une guerre civile particulièrement violente, avec de nombreux massacres de populations « innocentes ». Mais, grâce au général de Gaulle, le choc de la défaite militaire avait finalement été transformé en victoire politique : en accordant l'indépendance à l'Algérie comme à toutes ses anciennes colonies, la France retrouvait sa liberté d'action dans le monde et pouvait lancer une grande politique arabe, tandis qu'elle se donnait les moyens d'une diplomatie indépendante en se dotant de l'arme atomique, en développant la stratégie de la dissuasion nucléaire du « faible au fort », puis en sortant du dispositif militaire intégré de l'Alliance atlantique, tout en reconnaissant officiellement la République populaire de Chine, en soutenant les voies propres du Tiers Monde (par le discours de Phnom Penh), ou en posant sur le sol américain le problème de l'avenir du Québec. La croissance économique, le plein-emploi, la puissance retrouvée, la construction européenne permirent vite d'oublier la grandeur perdue et les heures glorieuses de l'Empire français. Cependant, avec l'Algérie, se maintenaient des liens privilégiés qui ne manquaient pas d'être ambigus : autant pour la gauche, l'Algérie indépendante était l'objet de toutes les faveurs, tandis que ses dirigeants et son parti unique, le FNL, bénéficiaient de toutes les mansuétudes et de toutes les indulgences, autant les pouvoirs publics multipliaient les accords spéciaux et s'intéressaient aux livraisons de pétrole et de gaz naturel (dans un lien que l'on hésitait à qualifier de néocolonial), autant de larges parties de la droite, en particulier les rapatriés, conservaient un mélange de rancœurs et de mépris vis-à-vis des Algériens ; tout en souhaitant ne plus avoir de lien avec eux, ils devaient supporter leur présence en métropole, mais dans une situation sociale inférieure, en qualité de travailleurs immigrés. C'est ainsi que l'image de l'Arabe continuait souvent à être négative, celle d'un mauvais travailleur fainéant et inculte devant être mené durement, image qui reprenait celle des fellahs en Algérie avant l'indépendance.

L'IMPACT DES ÉVOLUTIONS INTERNATIONALES

Cette situation va être bouleversée avec le réveil du monde arabe autour de la guerre du ramadan (de kippour). Désormais les pays arabes apparaissent comme des pays riches, capables, par leur pétrole, d'asphyxier l'Occident, et l'on ne manque pas d'envier les riches émirs, capables de bâtir d'immenses fortunes et de mener une vie luxueuse dans des « palaces de rêve ». On sent alors un tel décalage avec les conditions de vie des immigrés que l'on côtoie chaque jour qu'il apparaît un mal-développement : malgré leurs richesses, les États pétroliers arabes que l'on courtise comme clients apparaissent incapables de conduire un développement équilibré, fondé sur des investissements productifs et un marché intérieur porteur, et d'assurer un partage moins inégalitaire de leurs richesses nationales. On prend également conscience peu à peu des inégalités de développement dans le monde arabe, du handicap des pays sans sources d'énergie naturelles, du fossé croissant entre le nord et le sud de la Méditerranée et de la démographie « galopante » du Sud que n'arrive pas à suivre la croissance économique.

Toutefois l'unité religieuse du monde arabe restait encore peu visible. On analysait l'opposition des pays arabes à l'État d'Israël, et leur dénonciation du sionisme comme un racisme, dans les enceintes internationales, comme un problème national, rejoignant en cela l'approche laïque de la plupart des organisations palestiniennes bientôt regroupées dans l'OLP. Certes le terrorisme aveugle faisait peur, mais il était interprété comme la revendication nationale d'un peuple opprimé, privé de sa terre, contre un État dont on n'hésitait pas à critiquer le caractère « théocratique ». Les pays du Maghreb apparaissaient comme des États « laïcs », même s'ils se proclamaient musulmans ou islamiques dans leur titre ou dans leur constitution, et s'ils étaient dirigés par des autorités religieuses, comme le Maroc. On s'intéressait plus à leur développement économique, à leurs expériences sociales, à leurs proclamations révolutionnaires, et tout en espérant une évolution vers la démocratie, on fermait les yeux sur les régimes autoritaires et la dictature d'un parti unique, comme en Algérie, où la gauche française gardait des liens privilégiés avec le FLN qu'elle avait finalement soutenu dans son combat pour l'indépendance. Certes l'Arabie Saoudite et les Émirats arabes unis apparaissaient comme les grands bénéficiaires de la hausse des cours du pétrole, mais on s'intéressait peu à leur situation « interne » et à l'islam rigoriste issu du wahhabisme que la monarchie et les familles princières maintenaient pour asseoir leur pouvoir, avec l'aura que leur conférait leur rôle de gardiens des Lieux saints de l'islam.

Ce sont les ébranlements du monde musulman qui vont faire prendre conscience du rôle politique de l'islam et amener à craindre un péril islamique menaçant l'Occident d'une subversion dirigée contre le « grand Satan ». Le principal ébranlement ne vint pas du monde arabe mais de l'Iran que le shah avait conduit d'une main de fer vers un développement forcé à l'occidentale, aggravant les tensions sociales. Face à l'occidentalisation à outrance et à la dictature monarchique, l'islam des ayatollahs apparut vite comme une force de protestation sociale. C'est un véritable programme révolutionnaire, fort éloigné du marxisme athée, que Khomeiny et ses disciples développèrent, regroupant autour d'eux les forces conservatrices mais surtout les laissés-pour-compte de la croissance. La chute du shah fut interprétée comme la défaite de tous ses alliés occidentaux qui avaient profité de ses fabuleux marchés, de ses fêtes comme celles de Persépolis, et qui avaient aidé à surarmer le pays. Les nouveaux dirigeants s'en prirent aux intérêts occidentaux, en s'emparant des avoirs étrangers et en foulant aux pieds les habitudes internationales (otages de l'ambassade américaine), en détruisant les symboles de l'ancien régime, et en paraissant chercher à exporter leur révolution dans le monde entier. Beaucoup de mouvements révolutionnaires trouvèrent en Iran un modèle et un appui. Pourtant les succès de l'Iran à l'étranger restèrent limités car l'Iran chiite n'arriva guère à pénétrer dans les pays arabes et dans le monde sunnite. Certes beaucoup de mouvements islamistes remportèrent des succès éphémères qui inquiétèrent beaucoup les autorités en place ; l'Iran put même agir au cœur de l'Arabie Saoudite en lançant l'attaque de ses partisans sur La Mecque, mais, avec l'aide de ses alliés, l'Arabie put vite rétablir la situation. L'implantation durable de mouvements pro-iraniens contrôlant une partie importante de la population ne réussit que dans la situation très particulière du Liban déchiré, ébranlé par l'implantation des réfugiés palestiniens et les attaques « défensives » ou « préventives » de l'armée israélienne : le régime des ayatollahs trouva des émules parmi l'importante minorité chiite défavorisée et jusque-là écartée du pouvoir. Mais même en Irak (où le chiisme est majoritaire) la révolution khomeiniste ne parvint pas à s'implanter face à une dictature baasite, c'est-à-dire à la fois moderne, « laïque », socialiste et nationaliste. D'ailleurs l'Irak, bénéficiant de l'aide occidentale et en particulier de l'alliance avec la France, avec des ressources pétrolières très importantes, devint rapidement le rempart contre l'expansion de la Révolution iranienne, en soutenant une guerre très longue, très meurtrière, contre son voisin, qui aboutit finalement à un équilibre des forces dans la région et au *statu quo ante*.

Désormais l'on fut beaucoup plus attentif au caractère religieux de nombreux mouvements révolutionnaires et des actions terroristes de groupes divers, souvent soutenus par des États comme la Syrie, le Liban ou la Libye. Mais on fait souvent, sous couvert d'islamisme radical, l'amalgame entre des mouvements très divers, les uns révolutionnaires voulant imposer un régime musulman strict, appliquant la *charia* à la lettre, et cherchant à rétablir l'ordre idyllique de l'époque du Prophète, en utilisant au besoin des moyens très modernes pour renverser les régimes corrompus dépendant de l'Occident, et des mouvements fondamentalistes traditionnels ou conservateurs sur lesquels s'appuient les dirigeants de certains pays, comme l'Arabie Saoudite, pour conserver leur pouvoir et ne rien changer à l'ordre interne voulu par les descendants du Prophète.

Ces tensions internes entre pays musulmans fondamentalistes et mouvements révolutionnaires sont souvent brouillées par les liens épisodiques que les États peuvent entretenir avec les islamistes et par les alliances que l'Occident a conclues, pour des raisons économiques ou politiques, avec ces mêmes États. En fonction de leurs intérêts, les États ont pu soutenir des mouvements qu'ils se sont révélés par la suite incapables de contrôler. L'Arabie Saoudite a été le grand bailleur de fonds, ce qui l'a amenée à intervenir bien au-delà de sa zone d'influence de puissance régionale, dans l'ensemble du monde musulman, à travers différents organismes tels que la Ligue islamique mondiale, organisation non gouvernementale, et la Conférence islamique qui regroupe les États musulmans et constitue donc une instance internationale. Si l'inspiration de ces institutions était souvent commune, l'action, dans ses moyens comme dans ses objectifs, était souvent différente, parfois même contradictoire. L'Arabie Saoudite a pu soutenir, contre des États trop « laïcs », des mouvements religieux, prônant la réislamisation de la société et canalisant le malaise économique et social, mais ils lui ont vite échappé, au point de choisir, dans les conflits qui ont traversé le monde arabe, le camp ennemi. Le cas le plus célèbre est le soutien accordé, à ses débuts, par l'Arabie Saoudite au FIS algérien contre le FNL, jugé trop marxisant et proche de l'URSS, mais le FIS soutint l'Irak dans la guerre du Golfe contre l'Arabie Saoudite, son principal bailleur de fonds...

D'une façon générale, les États-Unis ont considéré le Moyen-Orient comme leur domaine réservé à cause de leurs intérêts pétroliers et stratégiques. Ils n'ont pas hésité à s'appuyer sur les régimes conservateurs et les monarchies les plus traditionalistes pour damer le pion à l'URSS s'appuyant sur les États progressistes « modernes » et laïcs développant avec leurs dictatures un discours révolutionnaire anti-impérialiste, malgré toutes leurs divisions, et constituant face à Israël « le front du refus » (Irak, Syrie, et, dans une large mesure, Libye). L'approche américaine est d'abord politique : le fondamentalisme musulman n'est pas dangereux en soi, à partir du moment où l'État qui le proclame est conservateur et préserve les intérêts américains. Pour la France au contraire, le fondamentalisme musulman, même politiquement et socialement conservateur, constitue un danger potentiel, car il s'oppose à l'intégration des musulmans résidant en France et à leur ouverture au monde moderne. Les États-Unis acceptent plus aisément la diversité religieuse et la présence de groupes dissidents, ne participant pas à la démocratie et à la vie politique, à condition qu'ils l'acceptent et ne s'opposent pas à son fonctionnement. La France au contraire ne peut admettre la constitution de minorités refusant les valeurs de la République, le pluralisme et la laïcité.

L'invasion de l'Afghanistan par l'URSS a amené les États-Unis à soutenir tous les pays voisins hostiles à cette poussée soviétique vers le sud et les mouvements de guérilla de toutes tendances, en particulier religieux, voire fondamentalistes. De nombreux combattants musulmans sont venus à l'aide de l'Afghanistan musulman contre le communisme athée, et beaucoup de militants islamistes révolutionnaires y ont acquis les bases de leurs convictions idéologiques et de leur formation militaire, au point de revendiquer leur surnom d'« afghans » comme un titre de gloire, conférant l'auréole du sacrifice et du martyre. Des pays musulmans comme l'Iran, des peuples opprimés comme les Afghans, paraissaient désormais capables de s'opposer à l'Occident et à des régimes athées. Peu à peu le monde musulman, malgré ses divisions et ses déchirements, prenait conscience de sa force.

Au moment où l'idéologie communiste, sous le drapeau de l'URSS, perdait de ses attraits et où le monde soviétique se lézardait, jusqu'à l'effondrement symbolisé par la chute du mur de Berlin, l'islam reprenait le drapeau de la protestation des opprimés contre les puissants, dénonçant le nouvel impérialisme de l'Occident et de ses alliés. Cet islam révolutionnaire trouvait à la fois ses modèles, ses martyrs et ses soutiens étatiques qui en faisaient une donnée nouvelle des équilibres internationaux. Les soubresauts déjà bien connus du monde arabe, à travers le terrorisme des États comme des mouvements révolutionnaires, en particulier autour du problème national palestinien, étaient relayés par les problèmes religieux.

LA REVENDICATION MUSULMANE EN FRANCE

Pour les immigrés d'origine musulmane en France, ceux en particulier de la deuxième génération ayant des difficultés d'intégration, les actions des terroristes islamistes, même si elles ne leur apparaissent pas comme des voies à suivre, pouvaient servir de moyens d'affirmation et de valorisation : la peur que l'islamisme suscitait dans l'opinion publique ouvrait des possibilités de revendication sur la place des musulmans en France, et de lutte pour obtenir un traitement de l'islam sur un pied d'égalité avec les autres religions. Sans qu'il s'appuie toujours sur une forte conviction religieuse, l'islam apparaît alors comme un des moyens de négocier une place nouvelle dans la société française, de se valoriser et de se présenter comme médiateur entre la société française et les communautés immigrées. L'islam est ainsi instrumentalisé sur le plan politique et social. D'où la création de très nombreuses associations, avec de nombreuses concurrences entre leurs leaders : en fait, pour que le phénomène apparaisse bien collectif, personne n'avait vraiment intérêt à offrir aux autorités une représentation unique de l'islam. Les divisions des communautés, l'incapacité à se structurer, étaient le meilleur moyen de poser le problème de l'islam en France (dont la situation n'était pas acquise) et de se faire entendre des autorités.

Une légitime revendication d'égalité apparaissait collectivement parmi les immigrés de la seconde génération, qui rencontrent des difficultés d'intégration et les amènent à se regrouper dans des associations pluriculturelles, antiracistes, insistant sur l'intégration (SOS Racisme, France Plus) autour d'actions globales sans connotation religieuse (ex. « la marche des beurs pour l'égalité », « touche pas à mon pote »...).

Au contraire, beaucoup de jeunes immigrés, plongés dans la culture française par l'école, les loisirs et la vie quotidienne, gardent la nostalgie de leur passé, de valeurs qui ne leur ont pas été transmises, du pays de leurs ancêtres, et sont à la recherche d'une identité individuelle et communautaire. Pour beaucoup de jeunes Maghrébins, à cause des difficultés internes que connaît leur pays d'origine, des échecs des tentatives d'union comme celles de l'Union du Maghreb arabe, des divisions entre les États et les peuples du monde arabe, l'identité musulmane, avec le réveil politique de l'islam et son caractère unifiant, et par les liens qu'elle permet avec d'autres immigrations (en particulier turque), apparaît bientôt comme plus porteuse. L'islam devient ainsi un élément important, volontairement choisi, de l'identité communautaire qui permet de transcender les frontières des pays d'origine et de poser, plus globalement, le problème de la place de tous les musulmans dans la société française et de mener avec celle-ci une négociation sur ses propres valeurs, la laïcité, la liberté religieuse, l'égalité entre toutes les religions...

LES RÉACTIONS DE L'OPINION ET LES DÉBATS SUR LA LAÏCITÉ ET L'ISLAM

La société française doit tenir compte de la présence de nombreux musulmans sur son sol, citoyens français ou résidents désireux de rester en France. Elle doit donc faire une place à l'islam, et les musulmans la somment d'apporter rapidement une réponse à cette question et de traiter avec égalité, dans les faits, et non plus seulement juridiquement, une des religions de la France. Il convient donc, pour les pouvoirs publics, d'établir des relations avec l'islam ; mais avec quel islam ? et concrètement avec quelles autorités musulmanes ?, au moment où certains prétendent que l'islam est incompatible avec la laïcité et les lois républicaines. La question de la compatibilité de l'islam dans la laïcité française soulève une série d'autres questions qui partent d'abord de celles-ci : de quel islam parle-t-on, et de quelle laïcité ?

Il est certain que l'on part souvent d'images caricaturales de l'islam, en l'abordant de façon figée, fondamentaliste, comme un tout unique, tel qu'il s'est exprimé en ses origines, sans faire la part de ce qui dépend de conditions historiques, géographiques et sociales particulières. Des prescriptions liées à une civilisation nomade, dans la péninsule Arabique, dans un milieu de caravaniers, de commerçants dans des villes d'étapes et des oasis de taille moyenne au temps de l'hégire (VIe siècle après Jésus-Christ) apparaissent très éloignées d'un monde occidental, moderne, laïcisé, sécularisé, où l'argent est la valeur fondamentale d'une économie libérale de marché dont les lois d'airain sont à peine corrigées par des mécanismes de solidarité, de répartition obligatoire des systèmes sociaux, pris en charge par l'État et la collectivité, et, pour les plus riches, d'assurance volontaire. Mais si l'on regardait comment fonctionnait la société occidentale à l'époque mérovingienne dans un espace qui n'était pas encore la France et qui était à peine christianisé (sauf dans ses élites, après le baptême de Clovis), les différences seraient sans doute moins grandes qu'on ne le suppose aujourd'hui et le respect de ses ennemis, le statut de la femme, la tolérance envers les hérétiques, la place des religions du Livre... montreraient sans doute, sur bien des points, le caractère progressiste du régime établi par Mahomet et ses successeurs. En tout cas, l'islam représenta un progrès par rapport à l'anarchie, aux guerres tribales, à l'idolâtrie, à l'esclavage et à la polygamie sans limitation que connaissait l'Arabie préislamique.

Très curieusement on adresse à l'islam des reproches contradictoires, sans même les relativiser, par rapport aux réalités actuelles de l'Occident et aux évolutions qu'a connues le christianisme. L'islam serait tout à la fois très divisé et monolithique, radicalement étranger à nos traditions. Les divisions théologiques de l'islam entre chiites et sunnites remontent à l'époque du califat ; l'existence de quatre écoles juridiques à l'intérieur de l'islam sunnite pourrait relever de la richesse des interprétations et donc d'une ouverture qui contredirait le prétendu littéralisme de l'islam et la fermeture des clés de l'ijtihad. Les différentes tendances qui se sont fait jour depuis le wahhabisme, ou le modernisme de Ben Badis, n'ont pas remis en cause les fondements de l'islam mais les conclusions qui en sont tirées dans l'organisation de la société et dans la vie quotidienne. On oublie trop souvent les divisions au moins aussi profondes du christianisme depuis les premiers conciles œcuméniques et l'ampleur qu'ont connues, dans le monde chrétien, les guerres de religion qui ont conduit les Latins en croisade à s'emparer de Byzance, et l'Europe occidentale à se déchirer depuis la Réforme. L'affaiblissement des querelles religieuses est un acquis récent en Occident, lié aux Lumières, au progrès de la tolérance, à la création de sociétés laïques et pluralistes avec la Révolution française et les principes posés par la Déclaration des droits de l'homme. Cet apaisement des conflits religieux (qui bien sûr ont d'autres causes, sociales, économiques, nationales...) et l'œcuménisme n'empêchent pas les déchirements de l'Irlande, en pleine Union européenne. Malgré les principes, l'Occident moderne n'a pas échappé à des crises d'intolérance, de xénophobie et d'antisémitisme qui culminèrent avec les crimes du nazisme : même si le régime nazi était un régime antichrétien, à la mythologie païenne, les racines de l'antisémitisme d'État et son acceptation par de larges couches de la population s'expliquent par la puissance de l'antijudaïsme chrétien, lié aux prétentions du « Verus Israël », étudié par Marcel Simon, théorisé au Moyen Age sous l'influence des croisades et qui a imprégné ce long « enseignement du mépris » si bien analysé par Jules Isaac. Si la « dhimmitude », étudiée par Bat Yeor, imposait aux chrétiens et aux juifs un statut d'infériorité en pays d'islam, il n'y eut guère de massacres systématiques des fidèles des peuples du Livre, au moins jusqu'à l'époque moderne, pour des raisons surtout nationales (massacres des Maronites libanais par les Druses en 1860, entraînant l'expédition d'Orient pour rétablir la paix au Levant par Napoléon III).

Certes l'islam n'a pas connu, comme le monde chrétien, la séparation des deux règnes, la distinction entre clerc et laïc, l'opposition entre le pouvoir spirituel et le pouvoir temporel qui remonte au moins à la querelle des investigations. Mais si l'islam n'a pas de véritable clergé, et ne connaît pas d'ordination ni d'investiture canonique, il ne faudrait pas en conclure que l'islam ignore toute autorité spirituelle. Au contraire, cette autorité est à la base du califat, le calife exerçant en plus une autorité temporelle, le commandement des croyants. La véritable autorité est le dernier prophète, Muhammad ; ses descendants et ses successeurs continuèrent son œuvre d'expansion de l'islam, mais ce sont d'abord des problèmes de succession dynastique qui aboutirent à la division de l'islam (avec le meurtre d'Ali et la vénération de l'imam caché dans le chiisme). Cependant, malgré des avatars, malgré les dominations successives de Bagdad, de Damas, de Cordoue, jusqu'à la victoire des Ottomans, le califat, sous une forme certes contestée et souvent abâtardie, au point que se levaient régulièrement d'autres autorités religieuses et d'autres commandeurs des croyants dans un empire immense qui n'arrivait pas à maintenir son unité, resta la référence de base. La fin du califat, après la Première Guerre mondiale, avec la révolution des Jeunes Turcs et l'instauration d'une Turquie nationale et laïque par Kemal Ataturk, marqua une rupture fondamentale qui explique que l'islam, confronté au monde moderne se retrouve aujourd'hui sans autorité spirituelle et sans unité politique. La laïcité à la française que l'on oppose souvent à l'islam est une donnée récente, acquise à la suite de nombreux combats entre l'Église catholique et l'État depuis la Révolution, à travers des étapes comme le Concordat et les Articles organiques de Napoléon, le long combat de l'Église contre la République depuis la condamnation de la Constitution civile du clergé, la Restauration, en passant par le soutien aux partis de l'ordre et à l'Ordre moral, par le boulangisme jusqu'à l'affaire Dreyfus. Et cette laïcité radicale avec la séparation de la loi 1905 connaît de nombreuses exceptions en France même, en Alsace-Moselle, en Guyane, et dans les territoires d'outre-mer. Surtout elle n'a pas fait disparaître les avantages dont bénéficient les anciens cultes reconnus : l'État reconnaît tous les cultes, mais les pouvoirs publics doivent bien tenir compte des réalités sociologiques. Par son calendrier officiel, par ses paysages, par la place qu'elle accorde aux autorités catholiques, la France est bien un pays

« catho-laïque ». Le monde musulman n'a pas connu les mêmes évolutions historiques que l'Occident chrétien ; certains États musulmans sont restés des monarchies théocratiques, beaucoup d'États affichent leur caractère musulman ou islamique dans leur titre ou leur constitution, et l'islam constitue, malgré une liberté religieuse proclamée, une religion d'État. Il faut voir que, dans beaucoup de pays musulmans, l'islam est la religion unique (parfois la seule admise, dans son exercice public, comme en Arabie Saoudite) ou la religion de la très grande majorité de la population. Les chrétientés orientales, comme les Coptes en Égypte, les Syriaques en Syrie, les Chaldéens en Irak, bénéficient certes de garanties ; elles constituent des communautés « reconnues », mais avec un statut de minorité ; sous la pression des islamistes, leurs membres sont de plus en plus exclus des fonctions dirigeantes, dans la vie politique comme dans la vie économique. D'ailleurs l'islam n'est pas seulement une religion, un ensemble de croyances et de pratiques, c'est toute une culture, un mode d'organisation de la société et une législation, la sharia, dont les intégristes réclament une application littérale.

L'islam peut-il devenir laïc ? Pour certains auteurs, la réponse est résolument négative. Pourtant la question se pose depuis que l'islam a été confronté à la modernité, depuis au moins l'occupation de l'Égypte par Napoléon Bonaparte. Ce qui a peut-être freiné cette évolution, c'est la colonisation qui, soit a nié ou rejeté l'islam comme une survivance du passé, soit l'a enserré dans un rôle muséal et conservateur, servant de recours à des sociétés profondément déstabilisées et privées de leurs élites qui souvent avaient fait cause commune avec le colonisateur, parfois jusqu'à l'assimilation. L'islam, pour des raisons historiques, n'a guère été en mesure de trouver de façon interne, par ses penseurs et ses théologiens, ses voies propres vers la modernité. Pourtant dans l'histoire, l'islam a, à de nombreuses reprises, montré ses capacités d'adaptation. L'islam de Muhammad et des quatre califes élus par la communauté des croyants apparaissait incompatible avec les monarchies héréditaires et les sociétés complexes et hiérarchisées des Empires byzantin et sassanide.

Pourtant, dans la réalité, l'islam a très vite intégré ces modèles et sa civilisation s'est développée dans des sociétés très diversifiées, souvent plus ouvertes et plus tolérantes que celles de leurs adversaires chrétiens d'Orient et d'Occident, avec des pratiques très éloignées de dogmes liés à des situations très différentes des origines à La Mecque et Médine. Et les succès de l'islam s'expliquent justement par ses capacités d'adaptation, d'inculturation dans des milieux très divers, en Asie centrale (chez les Turco-Mongols), au Pakistan ou en Indonésie, comme en Afrique noire. Il a su même adapter la pratique religieuse obligatoire de l'arabe (le Coran ne doit pas théoriquement être traduit) à d'autres sphères linguistiques, au point qu'aujourd'hui les Arabes (qui sont loin d'être tous musulmans) ne représentent guère plus du quart des musulmans dans le monde. Donc, si dogmatiquement l'islam traditionnel n'est pas compatible avec la laïcité, il est capable d'évolutions historiques qui lui permettent de se développer dans un monde laïc. On pourrait reprendre en ce domaine la distinction opérée par la théologie catholique sur ses rapports avec le monde moderne et le libéralisme, entre la thèse (le dogme) et l'hypothèse, c'est-à-dire l'action politique tenant compte des réalités. Si, du point de vue du dogme littéral, l'islam ne peut être laïc (mais on tirerait des conclusions semblables d'une lecture littéraliste, fondamentaliste, de la Bible) et ne peut accepter, en tant que système de principes immuables, valables pour l'éternité, d'autres vérités que la sienne, il peut se laïciser du point de vue historique. Lorsque les ayatollahs ont pris le pouvoir en Iran, ils n'ont pas restauré le califat qui existe pourtant dans le chiisme, mais ils ont instauré une république qui, si l'on regarde bien sa Constitution, s'inspire de l'Europe moderne et en particulier de la constitution française de la Ve République. Historiquement, c'est la Turquie de Mustafa Kemal qui est allée le plus loin dans la laïcité, avec l'abolition du califat en 1922. Même les partisans de l'unité italienne n'ont jamais songé à supprimer la papauté ; ils se sont contentés de s'emparer des États pontificaux, de séparer l'Italie du Vatican, ils ont parfois lutté contre le pouvoir politique de l'Église dans le nouvel État, mais ils ont admis le pouvoir spirituel du pape en Italie et dans l'ensemble du monde catholique. Ce n'est pas la révolte des républiques musulmanes qui a entraîné, comme certains le prophétisaient, la chute de l'URSS, mais bien des contestations internes, nées en Russie même et relayées par des mouvements d'origine chrétienne, en particulier dans les Pays baltes, en Ukraine ou dans le Caucase. Et les républiques d'Asie centrale, qui ont gagné leur indépendance à la faveur de cet effondrement, n'ont pas tourné le dos à des formes de modernité, voire de laïcité, acquises avec le socialisme marxiste. L'islam moderne est confronté au problème du pluralisme, des relations entre l'État et le culte. Cependant, si l'islam a apporté beaucoup de réponses diverses et de modalités d'adaptation aux évolutions du monde, il reste que ces évolutions se sont faites souvent avec retard et qu'elles ont souvent été concédées plus qu'admises positivement et pensées religieusement par les théologiens musulmans contemporains. Et il manque pour réaliser ce travail d'un centre religieux et d'autorité, capable de lui faire accomplir un aggiornamento semblable à celui que le monde catholique a connu grâce au concile Vatican II.

Un autre élément qui revient souvent pour dénier aux musulmans la possibilité de s'intégrer est le statut de la femme dans l'islam. On oublie bien sûr que l'égalité entre hommes et femmes est un acquis très récent dans le monde occidental sur le plan juridique, et qui doit être souvent relativisé sur le plan des réalités économiques, sociales et politiques, et que le machisme est une caractéristique de nombreuses civilisations, en particulier méditerranéennes. On trouverait dans la Bible beaucoup de citations prouvant un rôle second de la femme, lui imposant un statut de soumission et d'obéissance à « son maître ». Pourtant, c'est au nom de l'égalité entre les hommes et les femmes, de la non-discrimination et des droits de l'homme, que beaucoup d'organisations refusent de faire une place égale à l'islam dans le paysage religieux français et dénoncent, par principe, toutes ses manifestations comme ostentatoires et contraires aux principes de notre société. Il est certain que dans beaucoup d'États qui se proclament musulmans, à commencer par l'Arabie Saoudite, le statut de la femme n'est pas enviable, et en tout cas fort différent de celui qu'il est en Occident ; de plus l'inégalité juridique, la polygamie, le voile, l'exclusion de la vie civile et politique sont officiellement justifiés par des arguments théologiques, tirés d'une lecture littérale du Coran et des hadiths. Mais on oublie d'examiner cette situation comme la traduction des conditions sociales et économiques de pays qui n'ont pas connu les évolutions récentes de l'Occident. C'est aussi une façon de se valoriser et de se justifier, en oubliant les progrès qui restent encore à accomplir, dans les pays occidentaux, pour que les femmes puissent vraiment avoir accès, avec une égalité de chances, aux fonctions de responsabilité dans la vie politique ou économique et puissent concilier leur carrière professionnelle avec les tâches qu'elles continuent à assumer en priorité dans le ménage et dans la vie familiale. Et l'on prend souvent comme référence la situation la plus difficile, voire la plus scandaleuse des femmes dans les pays musulmans pour évoquer le statut de la femme dans l'islam, sans prendre en compte les énormes différences historiques et géographiques en ce domaine.

Les mêmes contradictions apparaissent lorsqu'il s'agit de présenter le problème de l'autorité dans l'islam. On dénonce pêle-mêle le pouvoir des pères de famille, les méthodes d'enseignement autoritaires et traditionnelles donnant la primauté à l'apprentissage par cœur et à la récitation plutôt qu'à la découverte, à l'autonomie, à l'expérience, le caractère non démocratique de nombreux régimes, les multiples contraintes sociales. Mais, en même temps, on regrette l'absence d'autorité morale et spirituelle et de référence qui s'imposerait autour d'un dogme unique, d'un droit canon, d'une structure hiérarchique, comme on en trouve dans le catholicisme romain avec le rôle des évêques, la primauté de Pierre et le dogme de l'infaillibilité pontificale (en oubliant que cette organisation ecclésiale n'est valable que pour une partie du monde chrétien... et que l'unité catholique n'est pas monolithisme et n'empêche pas une variété de rites).

Le débat souvent repris sur la compatibilité de l'islam avec la laïcité et les lois républicaines est le type du débat « théologique » qui passe à côté des réalités. Il est certain que les musulmans, qu'ils soient citoyens français ou simples résidents, doivent respecter les lois françaises et l'ordre républicain. Toute tentative de déstabilisation du pays par la violence et la menace terroriste, même si elle se pare de justifications religieuses, doit être poursuivie avec rigueur. Pour les citoyens français, le Code civil s'impose, et il ne peut être question de le modifier pour permettre par exemple la naturalisation de musulmans polygames. En même temps, il faut accepter que des étrangers résidents en France soient régis, sur le plan matrimonial mais aussi dans d'autres domaines, par des dispositions différentes, relevant de leur pays d'origine.

Il y a des valeurs fondamentales de la société française, largement partagées d'ailleurs avec les pays voisins, membres de l'Union européenne, qui ne sont pas négociables : la démocratie représentative, le pluralisme, la liberté et l'égalité. C'est grâce aux principes de laïcité, de libre exercice des cultes et d'égalité entre les cultes que l'islam trouvera naturellement sa place dans le paysage religieux français qui connaît de nombreuses évolutions, liées à celles de la société (passage à une attitude de consommation du religieux, recul du religieux dans la sphère publique, retour d'une demande de religieux, dans une quête générale de sens, développement de nouveaux mouvements religieux, voire de sectes, enracinement de religions longtemps considérées comme étrangères, en particulier le bouddhisme et l'islam...).

Il est certain que la confrontation de l'islam avec une société majoritairement chrétienne mais pluraliste, et avec la laïcité à la française où l'État volontairement se dégage de toute responsabilité et de tout contrôle dans la vie religieuse et le fonctionnement des institutions cultuelles, est une donnée nouvelle. Très souvent les musulmans, à cause de situations bien connues dans leur pays d'origine mais aussi d'habitudes héritées de la pratique coloniale et dont les pouvoirs publics ont aussi du mal à se défaire, sont tentés de se tourner vers l'État pour régler leurs problèmes internes, sinon leurs querelles, pour aider financièrement l'organisation du culte, ou pour obtenir des signes de reconnaissance, des marques de représentativité, voire de simples avantages matériels. Il faut tout un apprentissage pour comprendre que l'État en France est seulement le garant de l'ordre public, du libre exercice des cultes et du bon fonctionnement des associations cultuelles... ce qui est déjà beaucoup, mais qu'il n'a pas la responsabilité des moyens matériels permettant l'exercice de chaque culte.

La question de la laïcité a amené déjà de nombreuses réflexions de la part de penseurs musulmans de Mohamed Arkoun à Guellouz, en passant par Sadek Sellam... Ces penseurs sont d'ailleurs conduits à juger la France sur la mise en œuvre pratique de ses principes et à dénoncer certaines déviations qui pourraient apparaître comme des faveurs accordées au culte majoritaire, celui de la grande majorité des Français. Le 11 mai 1998, un groupe d'intellectuels musulmans[1] a adressé une déclaration publique au président de la République et au Premier ministre, estimant « qu'il est temps d'en appeler au gouvernement, en tant que tel, afin qu'il s'engage envers la communauté musulmane, en marquant sa volonté politique d'ouvrir une nouvelle page dans l'approche de la question islamique en France », en « mettant fin aux blocages actuels » pour « redonner confiance à la communauté musulmane en tant que partie intégrante de la collectivité nationale ». La déclaration précise : « Refuser aujourd'hui aux musulmans, après des décennies d'attente, les moyens d'établir avec l'État des relations analogues à celles qui sont reconnues au catholicisme, au protestantisme et au judaïsme, ce serait l'aveu d'une volonté d'exclusion et de marginalisation de tout un pan de la collectivité nationale. » Cette place est méritée par l'enracinement plus que séculaire de l'islam de France et par la partici-

1. Toudil Benadj, Hassen Benghabrit, Harris Charnine, Sultana Cheura, Ali Alain Eliti, Éric Geoffroy, Azzedine Guellouz, Abdelhaq Guiderdoni, Ali Merad, Michel Renard, Olivier Zehar.

pation significative de notre génération « à la dynamique économique et culturelle, aussi bien qu'au rayonnement de la maison France ». Il est nécessaire de faciliter l'émergence d'une institution représentative de l'islam et « d'aider les musulmans à se doter d'un établissement de statut universitaire offrant à la communauté musulmane de ce pays les moyens d'une expression culturelle religieuse, sous le signe de la modernité ». Il s'agit donc de créer rapidement « un institut répondant à leurs besoins de formation, d'expression intellectuelle et de recherche modernes et qui ne saurait être assuré et administré que par des intellectuels musulmans dont la haute compétence et l'autorité soient légitimes et indéniables ». Il est très caractéristique que Soheib Bencheikh El Hocine, grand mufti de Marseille, ait consacré une thèse à l'École pratique des hautes études à « Islam et laïcité en France ». De même que la laïcité s'est imposée à l'Église catholique, qui l'a vivement rejetée tout au long du XIXe siècle, pour ne l'accepter qu'au milieu du XXe siècle, et la revendiquer à l'issue du concile Vatican II, l'islam devra faire un cheminement pour en voir tous les mérites qui correspondent d'ailleurs à de nombreux principes du Coran, à commencer par le fameux précepte « point de contrainte en religion ». Il importe que des théologiens pensent la laïcité comme un apport positif pour l'islam et l'intègrent dans leur vision du monde pour favoriser la tolérance, le dialogue interreligieux, en vue de construire un monde de paix et de fraternité.

C'est dans la Charte du culte musulman, présentée officiellement à M. Charles Pasqua, ministre d'État, ministre de l'Intérieur et de l'Aménagement du territoire, le 10 janvier 1995, qu'apparaît le plus nettement l'affirmation d'un islam serein et modéré, d'un islam du juste milieu qui accepte les valeurs de la France républicaine et qui revendique avec fierté la place de l'islam[1] : « La communauté musulmane est partie intégrante de la

1. *Charte du culte musulman en France*, présentation et commentaires du Dr Dalil Boubakeur, la Mosquée de Paris, Paris, Éditions du Rocher, 1995, 158 p., p. 103 : « L'Islam et la République ».

société française, à l'instar des autres familles spirituelles du pays. Elle fonde sa légitimité et son histoire en cultivant la mémoire, axe fondamental de sa présence et de sa dignité sur le sol de France. »

« Dans le cadre de la laïcité, elle affirme son identité et son aspiration légitime à s'organiser, à défendre ses valeurs, sa culture, à établir des rapports sereins avec toutes les composantes de la société et les institutions nationales auxquelles elle est fermement attachée. » C'est en fait le commentaire de l'article 32 : « Les musulmans de France, en communion avec les autres croyants, entendent œuvrer au développement d'une expression de la laïcité qui instaurerait entre les religions et l'État une situation de concorde. »[1] Cette évolution de la séparation des Églises et de l'État s'est déjà produite grâce à une interprétation libérale de la loi par la pratique administrative, appuyée sur la jurisprudence du Conseil d'État, au point que l'on parle maintenant de « séparation bien tempérée » et même de « concorde sans concordat ». Mais dans cette concorde obtenue, après de longs combats idéologiques et politiques entre cléricalisme et laïcité, les musulmans réclament leur place, en s'appuyant sur les lois pour défendre leur identité et en assurer le respect : Art. 29 : « La communauté musulmane, à l'instar des autres familles spirituelles du pays, entend affirmer son identité et assurer la défense de ses valeurs dans le cadre des lois républicaines »[2] ; Art. 30 : « Prenant acte que la laïcité implique la neutralité religieuse de l'État, les musulmans de France, fidèles à la tradition musulmane la plus authentique, se démarquent de tout extrémisme et témoignent de leur attachement à l'État qui, conformément à la loi, assure la liberté de conscience, garantit le libre exercice des cultes et traite tous les cultes de façon équitable (art. 1 de la loi de 1905). »

Les musulmans modérés ont bien compris les garanties que la laïcité et l'ordre républicain apportaient à l'exercice du culte musulman et s'appuient justement sur ces principes pour reven-

1. *Ibid.*, p. 57.
1. *Ibid.*, p. 55.

diquer tous leurs droits et une juste place à côté des anciens cultes reconnus, y compris dans les cérémonies officielles, comme la présentation des vœux au président de la République. Pourtant l'article 2 de la loi de 1905 : « La République ne reconnaît, ne salarie, ni ne subventionne aucun culte », n'est pas directement analysé : le culte musulman aurait encore besoin de soutiens publics directs. C'est d'ailleurs ce que demande assez explicitement l'article 31 de la charte : « Dans l'esprit des règles d'équité entre toutes les confessions dont la société et l'État français s'honorent, les musulmans attendent qu'une conception compréhensive des *modalités d'application de la loi*[1] permette à leur culte de s'y intégrer harmonieusement à son tour, comme tous les autres cultes. Cela appelle notamment de la part des pouvoirs publics des mesures facilitant, là où cela s'avère nécessaire :

— la construction de lieux de culte ;
— la création d'aumôneries dans les écoles, les armées, les hôpitaux et les prisons ;
— de carrés musulmans dans les cimetières ;
— d'écoles privées sous contrat d'association. »

Sous une forme modérée, c'est la revendication d'une « discrimination positive » en faveur de l'islam, pour que celui-ci, au-delà d'une égalité de droit, ne subisse pas, dans divers domaines dont les plus importants sont ici mentionnés et sur lesquels nous aurons l'occasion de revenir, des inégalités de fait, dues à l'absence de patrimoine cultuel, en métropole, avant 1905, et à son installation relativement récente à partir de communautés d'immigrés venant vendre leur force de travail et n'ayant guère de ressources à consacrer au développement du culte musulman qui, hormis le cas glorieux, symbolique et exceptionnel de la Mosquée de Paris, n'est apparu qu'après 1975, avec la crise économique, le regroupement familial, et la constitution durable de communautés musulmanes importantes et en voie d'intégration sur le sol de France.

1. *Ibid.*, p. 56 : souligné par moi-même.

Ce problème du rapport à la laïcité et aux valeurs de la République est de plus en plus souvent repris par les organisations musulmanes. Ainsi le thème de la XIVe Rencontre annuelle de l'Union des organisations islamiques de France (UOIF), pourtant considérée comme très orthodoxe, voire fondamentaliste, et proche de l'Arabie Saoudite, qui s'est tenue au Bourget du 27 au 29 décembre 1991, a été « l'islam dans la République ». Il s'agissait d'interroger « d'une part la République sur sa vision et sa relation avec la deuxième religion de France, sur la place qu'elle entend lui donner, son statut et ses rapports avec l'État », et d'autre part « l'islam sur sa capacité intrinsèque d'adaptation dans une société laïque et les réponses qu'il peut donner aux différentes problématiques posées aux musulmans de France ». Le communiqué final insiste sur la capacité d'adaptation de l'islam aux circonstances, et sur son acceptation de la laïcité : « Loin de chercher à porter atteinte aux principes de la République, les musulmans de France veillent à s'y conformer. » Mais, en même temps, il revendique pour l'islam un statut d'égalité, avec un droit à la différence : « Aujourd'hui plus que jamais, il est indispensable que les pouvoirs publics, la presse et les hommes de loi fassent tout ce qui est en leur pouvoir pour que les musulmans de France aient, non seulement sur le plan juridique, mais dans la vie courante, les mêmes possibilités que les autres croyants pour vivre leur foi, l'exprimer et, par là même, apporter leur contribution à l'harmonie de la société. » Cette revendication débouche sur une défense des jeunes filles musulmanes, « victimes de harcèlements dans les écoles de la République » qui, selon l'UOIF, remettent en cause ses fondements de tolérance et d'ouverture en refusant le port du voile.

CHAPITRE II

Une visibilité croissante de l'islam dans le champ social

Si la plupart des musulmans en France souhaitent rendre leur culte compatible avec les lois de la République et prônent un islam serein, dont la « Charte du culte musulman en France » est la traduction sur le plan conceptuel et politique au meilleur sens du terme, il y a à la fois une demande d'islam fondée sur un besoin religieux mal satisfait, à travers des cadres qui ne correspondent parfaitement ni aux habitudes ni aux attentes des fidèles et une revendication de visibilité sociale. Les immigrés récents ont la hantise de la clandestinité, ils cherchent, dès lors qu'ils ont assuré leur situation juridique personnelle, à obtenir un statut reconnu pour leur religion, pour cet ensemble de croyances, de prescriptions et de conduites sociales qui cimentent les communautés et constituent leur identité. Et c'est en se tournant vers les pouvoirs publics qu'ils espèrent trouver cette reconnaissance si ardemment recherchée ; ils oublient que, dans la laïcité, à la suite de la loi de séparation de 1905, l'État ne peut accorder de reconnaissance juridique à un culte, et que les pouvoirs publics peuvent seulement constater son existence et enregistrer les structures institutionnelles dont il s'est doté, ainsi que les autorités religieuses dont il est seul à même de déterminer la représentativité. Contrairement en effet à l'attente de beaucoup de musulmans, la représentativité d'une instance religieuse ne se décrète pas (c'est pourtant ce qu'avait tenté Guy Mollet en « agréant » Si Hamza Boubakeur en qualité de directeur de l'Institut musulman de la Mosquée de Paris, et l'on se souvient que le Conseil d'État avait annulé cette décision au motif de l'excès de pouvoir), elle se constate, et c'est aux fidèles musulmans eux-mêmes de se prendre en charge et d'en apporter librement la preuve.

Cependant si les musulmans ont soif de reconnaissance et de respectabilité sociale, il est incontestable que l'islam n'a cessé de gagner en visibilité au cours de ces vingt dernières années ; même si aux yeux des musulmans, cette visibilité marque encore trop peu le paysage français et si beaucoup de signes que côtoie habituellement un fidèle dans un pays musulman, à commencer par l'ombre des minarets, l'appel du muezzin à la prière et le rythme quotidien des temps sacrés et des fêtes annuelles, restent largement ignorés en France, ce surgissement de la présence de l'islam n'a pas manqué de surprendre bien des Français de souche qui ont peur de perdre leurs repères. La prise de conscience de la visibilité de l'islam s'est moins faite à travers ses édifices que par l'altérité du vêtement, en particulier à travers le « foulard » islamique, terme générique recouvrant de très nombreuses variétés de coiffures féminines, à la fois par leur taille, par l'ampleur de la couverture du visage, par la couleur, mais aussi par les motivations de celles qui le portent, allant bien audelà du tchador popularisé par la révolution chiite iranienne. C'est ce signe identitaire, objet de revendication politique et sociale, en particulier dans la sphère publique, et dans ces hauts lieux de la laïcité que constituent les écoles publiques, qui a le plus surpris, suscitant un véritable débat public sur la compatibilité de principe entre le port du voile et la poursuite d'une scolarité dans un cadre laïc.

La visibilité croissante de l'islam dans le champ social se manifeste par de nombreux autres signes. D'abord il est de plus en plus pris en compte dans la restauration collective, et pas seulement sous la responsabilité des collectivités locales : on prévoit des repas sans porc et sans vin qui répondent de façon minimale aux principales prescriptions alimentaires des musulmans. On est de plus en plus attentif aux principales fêtes musulmanes : les médias, mais aussi les autorités religieuses et souvent politiques, saluent le début et la fin du ramadan[1] et rappellent le sens du sacrifice de l'Aïd el Kébir, au moins depuis la fin des années 1980 : c'est bien la manifestation de la place sociale que l'islam occupe désormais. Les visites de ministres dans les grandes mosquées, et bien sûr, dans la plus prodigieuse d'entre elles, la Mosquée de Paris, se sont largement multipliées ces dernières

1. C'est pourquoi l'on est de plus en plus attentif aux décisions des communautés musulmanes concernant la fixation de la date du début du jeûne du ramadan, avec tout son aspect social et collectif qui constitue un moment de solidarité et de cohésion communautaire, abolissant les différences sociales et les distances géographiques autour des mêmes rites et des mêmes festivités. En théorie, le début du mois est déterminé par l'observation du croissant de la nouvelle lune, la veille de son commencement, et la fin par l'achèvement des trente jours du mois précédent *(chaabene)*. Mais, en pratique, l'observation n'est pas toujours possible et n'a pas lieu au même moment dans tous les pays musulmans. Il y a eu de longues discussions théologiques pour savoir si l'observation du nouveau croissant de lune dans un pays musulman entraînait l'obligation pour tous les autres de se conformer à cette date. Dans le rite malékite, l'obligation s'impose, à condition que les endroits où se lève la lune convergent, en raison de leur proximité géographique ; sinon chaque pays a sa propre vision et détermine la date du début du jeûne. En France, de grandes controverses se sont développées pour savoir s'il convenait de suivre la date retenue en Arabie Saoudite ou dans les pays d'origine, ce qui entraîne en général une différence d'un jour. Les discussions sur ce point au sein du CORIF avaient amené à privilégier la datation à partir des données en France (fournies par l'Observatoire de Paris, avec possibilité de consultation par Minitel), afin que la fixation du début du jeûne ne devienne pas un enjeu entre les différentes tendances qui se partagent l'islam en France et ne serve pas à déterminer leur influence respective. Depuis 1993, un accord avait enfin pu être trouvé, mais à cause de nouvelles tensions, les divisions sont réapparues, en 1996, pour des raisons qui n'ont que peu à voir avec des considérations religieuses.

années. Rappelons par exemple que la mosquée de Lyon a été inaugurée en présence de M. Charles Pasqua, ministre d'État, ministre de l'Intérieur et de l'Aménagement du territoire et que M. Éric Raoult, ministre de l'Intégration, a rendu une visite officielle à la mosquée d'Évry. Pendant longtemps, les musulmans ont effectué leurs prières chez eux, dans des caves ou des arrière-boutiques, mais essentiellement dans un cadre privé et souvent familial, même s'il s'agissait d'une famille élargie, qui pouvait, lors du passage d'un imam (ou lors de fêtes religieuses ou familiales), l'ouvrir à la parentèle, au clan, voire aux membres de la tribu. Cet espace restreint correspondait aux besoins cultuels, dans le cadre d'une installation temporaire. Le besoin de salles de prières est apparu avec la sédentarisation des familles dès le milieu des années 1970. Mais on faisait encore dans le provisoire, en aménageant sommairement des salles en sous-sol, prévues pour un tout autre usage, ou en utilisant des lieux de culte chrétiens peu utilisés, sans être juridiquement désaffectés, les Églises pratiquant alors très largement, en particulier dans les vieilles cités ouvrières ou dans les banlieues, une hospitalité très large, officiellement prônée par la pastorale des migrants ou par des associations comme la CIMADE. Bientôt ces solutions de fortune de l'islam des catacombes ne vont plus répondre aux besoins de prière collective, à l'enracinement des communautés et au souhait de visibilité. On a assisté, dans les années 1980, à une multiplication des salles de prière de la part d'immigrés, mariés et pères de famille, dont les enfants nés en France sont citoyens français ou au moins fréquentent l'école publique. Les chefs de famille originaires d'un même pays ou d'une même région qui ont créé des relations de voisinage, dans un même ensemble de résidence ou une même commune de banlieue, se réunissent et demandent à leur logeur (souvent une société ou un office public d'HLM) de mettre à leur disposition un local de 60 à 100 m² (F3 ou F4). Si certaines salles de prière fonctionnent de façon informelle sous la responsabilité d'un locataire, la plupart sont gérées par une association de la loi du 9 octobre 1901, ce qui a été favorisé par l'explosion d'un phénomène associatif musulman, après 1981, avec la suppression des dispositions spécifiques concernant les associations dites étrangères. Le groupe de pratiquants ou les dirigeants de l'association assument la responsabilité financière du loyer, des charges courantes et de l'aménagement cultuel. Les charges sont réparties entre tous les intéressés, malgré leurs revenus souvent modestes, selon le mécanisme très efficace de la zakat[1]. La constitution de ces salles de prière consacre l'autonomie de groupes musulmans par rapport aux autorités françaises (qui n'ont en rien favorisé ce mouvement, mais l'ont enregistré dans une stricte neutralité), mais aussi par rapport aux institutions étatiques et associatives des pays d'origine. Elles ne sont souvent intervenues que par la suite pour assurer un financement complémentaire, fournir un imam (ou des formateurs en langue arabe pour assurer l'éducation des enfants), voire arbitrer des conflits internes, en fonction de leurs propres intérêts.

A côté de la multiplication des salles de prière[2] de taille modeste qui correspondent aux besoins et aux possibilités financières de petites communautés locales de quartiers ou de villes moyennes, dont les membres se recrutent surtout dans la classe ouvrière, on a assisté au développement de projets de lieux de culte musulmans spécifiques, de dimensions plus importantes, sans que l'on puisse à proprement parler de mosquée au sens classique, avec minaret et muezzin chargé d'appeler à la prière cinq fois par jour. Ces lieux de culte spécifiques vont être réclamés par des musulmans déjà bien installés dans la société française[3], souvent citoyens français, souhaitant donner à l'islam une visibilité nouvelle et des lieux symboliques, à l'échelle d'une ville impor-

1. L'aumône légale, troisième pilier de l'islam.

2. En 1990, on a pu en évaluer le nombre, à travers le dénombrement des associations musulmanes (ou islamiques) qui les gèrent, à un millier, chiffre sans doute inférieur à la réalité, à cause de nombreuses salles, sans structure légale, et de la constitution de tels lieux de réunions jusque dans de petites bourgades de la France profonde.

3. Par exemple à l'origine du projet de grande mosquée à Lyon, soutenu par le maire de l'époque, Michel Noir, on trouvait à la fois le colonel Chabaga, adjoint au maire de Villeurbanne, et le Pr Lahnèche, attaché au Centre international anticancéreux de Lyon.

tante, à l'instar de la cathédrale, de la grande synagogue ou du grand temple protestant. Ils vont être préconisés par des mouvements religieux internationaux et soutenus financièrement par de généreux donateurs étrangers et par des États musulmans comme l'Arabie Saoudite. Un mouvement comme le « Tabligh i. Jamàat », plus connu en France sous le nom de « Foi et Pratique » a contribué, par sa prédication de réveil piétiste[1] et de réislamisation, à susciter de tels projets. Il ne s'agit plus seulement de faire sortir la pratique islamique de la sphère privée et de la discrétion, il s'agit de promouvoir au grand jour l'affirmation collective de l'identité islamique et d'installer la pratique communautaire au cœur de la cité. Ce mouvement fondé en Inde en 1927 par Mawlana Muhammad Iliyas prône six principes : « La profession de foi, la prière, l'acquisition de la connaissance de Dieu et sa remémoration, le respect de chaque croyant, la sincérité. » Il a établi officiellement une section française à Paris en 1972, qui a, depuis, créé différentes sous-sections en province. Le Tabligh dirige directement quelques mosquées, mais il se fait surtout connaître à travers l'envoi de « missionnaires » pour prêcher dans les différentes salles de prière, en particulier lors des fêtes et du ramadan. On distingue les « petites sorties » qui visent à sensibiliser et à gagner de nouveaux adeptes, pour une réislamisation dans les quartiers où résident un certain nombre de musulmans, des « grandes sorties » qui sont de véritables tournées missionnaires en France, et même à travers toute l'Europe. C'est la mise en pratique du principe du mouvement, la « dévolution de son temps pour la prédication » qui a contribué à réveiller l'islam en dehors du « Dar al Islam »[2], dans ces terres de prédication (Dar al Dawa)

1. Le Tabligh a pu être comparé par certains chercheurs au mouvement hassidique « Loubavitch » prônant un judaïsme intégral (cf. Cesari Jocelyne, *Être musulman en France aujourd'hui*, Paris, Hachette, 1997, *op. cit.*, p. 71). Les dévôts, qui s'adressent aux jeunes des banlieues, provoquent une rupture avec les valeurs dominantes de la société française, mais aussi avec les traditions cultuelles des parents, considérées comme trop éloignées du vrai visage de l'islam.

2. « Dar al islam » ou « maison de l'islam », terme qui désigne d'après un hadith du Prophète, l'ensemble des territoires « musulmans » où s'applique la loi révélée par opposition au « Dar al Harb » ou « maison de la guerre », c'est-à-dire les territoires où ne s'applique pas la loi islamique et où l'islam est rejeté, voire persécuté par les autorités.

que sont la France et les pays d'Europe libérale où l'essentiel n'est pas, pour l'instant, l'application des règles du statut personnel, mais de maintenir fidèles les nouvelles générations musulmanes coupées de leur environnement traditionnel, et menacées par les tentations d'une civilisation non religieuse, voire antireligieuse, dans la « voie droite » d'un islam communautaire et populaire, vécu et vivant[1].

Si dans un pays musulman, tout lieu est « consacré », et peut servir à la prière, à condition que le croyant soit orienté vers La Mecque, centre du monde, la mosquée prend, hors du « Dar al Islam », une valeur symbolique qui dépasse largement sa fonction strictement religieuse et cultuelle. Elle permet au croyant d'échapper au monde profane et de créer, en se tournant vers La Mecque, un temps et un espace sacrés, définis par rapport à la Ka'ba. Elle permet de sortir de la marginalité et de la précarité que rencontrent les individus dans un monde non musulman et de restructurer la communauté menacée par le monde environnant, souvent diabolisé et présenté négativement en termes de dépravation des mœurs, de laxisme, d'impureté, de matérialisme, d'appât du gain, par opposition à la voie droite, exigeante, de la pureté et du salut éternel, présenté en termes eschatologiques. L'office redonne à l'individu musulman, en quête d'identité et en mal d'intégration sociale, la dignité de l'appartenance communautaire et la fierté de repères et de systèmes de valeurs tournés vers l'espoir dans le monde futur.

La mosquée, ou même la salle de prière, est beaucoup plus qu'un espace cultuel réservé à la prière. C'est d'abord un centre communautaire, une maison de l'islam, hors de l'espace et du temps profanes, où se reconstituent les réseaux de solidarité et les grandes étapes de la vie familiale (naissance, circoncision, mariage), qui étaient auparavant vécues sur un mode individuel. C'est d'abord un lieu de solidarité et d'entraide grâce aux ressources de la « zakat »[2]. C'est là que peut être organisée la toilette

1. Césari Jocelyne, *Être musulman en France aujourd'hui*, *op. cit.*, p. 164 et 1665.
2. Zakat : aumône légale.

mortuaire et que les frais d'obsèques et de rapatriement des corps sont pris en charge, avant même qu'aient pu être réunies auprès des autorités municipales les conditions favorables à la création d'un carré musulman dans le cadre de la « laïcité » du cimetière public. Le rapatriement des corps a un coût financier élevé (souvent 20 000 F) qui nécessite l'aide des associations islamiques ou des prestations offertes par les pays d'origine moyennant une cotisation. Il doit accepter les contraintes imposées par la convention de Berlin de 1987 et un accord du Conseil de l'Europe de 1973, qui rendent obligatoire la fermeture hermétique du cercueil en cas de transport international, contraire au rituel funéraire islamique[1]. Le rapatriement s'accompagne d'une déritualisation du décès, en particulier quand il s'agit d'un décès à l'hôpital, rendant difficile la veillée mortuaire à domicile. Il manifeste cependant la volonté de retour au pays et le désir de renouer symboliquement le fil des générations, malgré la distance et la rupture provoquées par l'émigration[2].

Autour de la mosquée peut se reconstituer une vie communautaire à l'échelle d'une ville ou d'un quartier, même si la fréquentation reste faible en semaine. La mosquée peut devenir lieu de rassemblement lors des fêtes. Elle est également un lieu d'éducation et de formation qui permet d'assurer aux enfants la transmission du savoir et le lien avec les pays d'origine, alors que les parents sont souvent démunis devant les tentations du monde extérieur et la nécessité d'expliquer les raisons de leurs comportements. Il y a souvent, à côté de la salle de prière proprement dite, des locaux réservés à des cours, à la fois école coranique et initiation à la langue arabe (ou turque). Très souvent les associations musulmanes ont insisté sur cet aspect éducatif pour obtenir

1. Dans l'islam traditionnel, la dépouille, après lavage et suppression de toute trace d'impureté, doit être placée directement dans le tombeau, sans cercueil, enveloppée d'un simple linceul de calicot blanc (qui a pu être le vêtement de purification qui a servi au défunt lors de son pèlerinage à La Mecque), couchée sur le côté droit, poitrine face à La Mecque, et entourée de briques de terre battue.

2. Tout ceci a été étudié avec beaucoup de précision et de finesse par Yasmine Chaïb, *L'islam et la mort en France*, *op. cit.*, et repris par Jocelyne Césari, *Être musulman en France aujourd'hui*, *op. cit.*, p. 106-107.

des facilités, voire des subventions publiques. « Ouvrir une mosquée, c'est fermer une prison », déclarait Cheikh Abbas, alors recteur de la Mosquée de Paris, en 1986[1].

Longtemps, surtout pour la première génération, les salles de prière sont restées très discrètes, sans signe distinctif, simples logements ou arrières-boutiques n'ayant pas vraiment pignon sur rue. Au contraire, avec le développement et l'enracinement des communautés musulmanes, ces salles sont devenues trop exiguës (obligeant les croyants, le vendredi, lors de la prière, à déborder dans la rue), tandis que les activités sociales et culturelles communautaires se sont multipliées et élargies aux activités sportives, artistiques et de loisirs.

Devant le besoin constaté par les responsables d'associations et reconnu par les municipalités, dans un souci de visibilité et d'enracinement permettant de sortir de la clandestinité des « catacombes » aux conditions parfois insalubres, va se poser le problème de la construction de mosquées. Les « véritables » mosquées vont se distinguer du tissu bâti existant avec des attributs spécifiques, comme le minaret. On en rencontre actuellement une dizaine de ce type, en plus de la Mosquée de Paris, dont celles de Roubaix, de Mantes-la-Jolie, de Lille, d'Évry et de Lyon. Ces deux dernières ayant donné lieu à des « inaugurations officielles »). Des projets se font jour à Marseille, autour de Soheib Bencheikh, et rue de Tanger, à Paris, dans le XIXe arrondissement, autour de Larbi Kechat.

La symbolique musulmane ne passe pas inaperçue dans un pays de vieille catholicité, où le clocher de l'église marquait l'espace conjoint et souvent confondu du civil et du religieux, séparé seulement après de longues luttes entre la paroisse et la commune qui s'est peu à peu émancipée autour de sa mairie, les beffrois des hôtels de ville apparaissant rythmer le temps civil en concurrence avec le temps religieux marqué par les sonneries des flèches des cathédrales. Un projet de mosquée devient vite l'objet de polémiques et suscite bien des fantasmes. Le droit des

1. Cité *in* Césari Jocelyne, *Être musulman en France aujourd'hui*, *op. cit.*, p. 169.

sols fixé par le POS, est utilisé pour limiter la hauteur du minaret, comme à Lyon où pourtant ses 25 m ne peuvent porter ombrage ni à la cathédrale Saint-Jean, ni aux flèches des églises gothiques et encore moins aux tours de la basilique Notre-Dame-de-Fourvière ! Et encore est-il bien convenu que le minaret ne puisse servir au muezzin pour appeler à la prière « afin de ne pas déranger le voisinage ». Dans ces grandes mosquées, souvent appelées à tort « cathédrales », la partie cultuelle est séparée des bâtiments culturels et des salles de réunion réservées aux activités communautaires. Si l'intérieur, souvent organisé autour d'un patio, favorise la convivialité et la vie communautaire, avec des influences architecturales hispano-mauresques ou arabo-musulmanes (les éléments ottomans étant encore très peu présents, même dans les édifices turcs), l'extérieur fait souvent l'objet de compromis, au point que le projet parisien de la rue de Tanger ne comporte pas de minaret : peut être n'est-on pas encore prêt à accepter les « hardiesses architecturales » que la solidité de l'Empire colonial avait permis pour la Mosquée de Paris qui se distingue nettement par son style dans l'environnement du quartier latin.

Les salles de prière ont moins posé de problèmes lors de leur création, à cause de leur discrétion. Les problèmes sont apparus parfois, par la suite, au niveau de leur gestion, de la salubrité des lieux, des conditions de sécurité avec l'affluence des fidèles. Les projets de construction de mosquées ont, au contraire presque partout, suscité des oppositions et des craintes du voisinage, plus ou moins bien gérées par les municipalités concernées. De nombreux projets ont été rejetés lors de la demande du permis de construire, en s'appuyant sur les prescriptions des documents d'urbanisme. Il a fallu que le ministre de l'Intérieur rappelle à l'époque que le droit de l'urbanisme ne devait pas servir de prétexte pour vider le contenu de la liberté religieuse et du libre exercice du culte. Parfois le refus des mosquées est allé plus loin : en 1989, à Charvieu-Chavagneux, municipalité communiste, une pelleteuse a défoncé le lieu de culte, propriété de l'Association culturelle islamique déclarée conformément aux dispositions de la loi de 1901. En avril 1991, pour s'opposer à un projet d'extension de la mosquée de la ville, la municipalité de Libercourt organisa un référendum qui lui donna l'appui de 83,5 % des votants ; le ministre de l'Intérieur de l'époque déclara, dans un communiqué, ce référendum illégal et sans valeur, car il ne pouvait remettre en cause un principe constitutionnel, le libre exercice des cultes.

Les projets se succèdent dans une série de villes et sont souvent rejetés pour des raisons officielles de sécurité et d'urbanisme grâce au droit de préemption et au refus de permis de construire. A Lyon, c'est le recours d'une association de défense de riverains qui retarda le projet de mosquée et imposa sa modification, mais la municipalité maintint ses engagements, malgré de nombreux retards et de profondes discussions entre les promoteurs. A Marseille, le maire Robert Vigouroux avait donné, en 1989, son accord de principe pour la construction d'une mosquée alors que son successeur, Jean-Claude Gaudin, élu en 1995, a déclaré que le projet n'était plus à l'ordre du jour. Beaucoup de projets n'avancent guère à Toulouse, à Strasbourg, à Maubeuge, à Massy, à Aix-en-Provence... pourtant les pouvoirs publics se félicitent des contacts qu'ils peuvent avoir avec les responsables des nouvelles mosquées, à Lyon (inaugurée par M. Charles Pasqua en septembre 1994), à Évry (visitée par M. Éric Raoult, ministre délégué à la Ville et à l'Intégration, à la fin du ramadan de 1996) ou à Lille. Beaucoup se rendent compte que l'islam concerne de nouvelles générations françaises et font le pari de la reconnaissance contre la clandestinité pour lutter contre l'intégrisme et les tentations terroristes engendrées par la marginalisation, qui expliquent l'itinéraire très minoritaire mais symptomatique suivi par Khaled Kelkal.

Les projets de mosquées posent aussi le problème de leur financement. Les associations essaient bien sûr de faire d'abord appel à la générosité de leurs membres et des musulmans de France. Malgré les sacrifices importants consentis dans le cadre de la « zakat », la structure sociale des communautés musulmanes issues de l'immigration limite leurs capacités financières. Aussi beaucoup de projets n'ont-ils pu voir le jour que grâce à l'aide d'États étrangers, les pays maghrébins d'origine, mais surtout l'Arabie Saoudite pour les projets les plus prestigieux, comme la mosquée de Lyon. Le soutien financier n'implique pas nécessairement une tutelle étrangère si les dirigeants de l'association savent rester suffisamment indépendants, vigilants et intègres, et s'ils parviennent à diversifier au maximum l'origine des donateurs. Les associations sollicitent aussi directement les pouvoirs publics, l'État quand il s'agit de grandes institutions comme la Mosquée de Paris qui souhaiterait bénéficier de subventions directes de la France pour prendre le relais des financements algériens, ou des prélèvements liés au monopole de la viande halal que les pouvoirs publics (par arrêté conjoint du ministre de l'Intérieur et du ministre de l'Agriculture) accorderaient à ses sacrificateurs, ou les municipalités. La loi de 1905 ne permet pas de subvention directe aux cultes ; les municipalités ont souvent aidé à la construction de locaux à vocation éducative et culturelle attenant à des édifices cultuels. Le rapport Marchand avait, en son temps, préconisé une levée des dispositions de la loi de 1905 concernant la construction d'édifices du culte, afin de compenser l'inégalité de fait dont souffre le culte musulman qui ne dispose pas d'un patrimoine culturel d'avant 1905, devenu propriété des communes (ou de l'État) et entretenu gratuitement par ces dernières. Des évolutions ont eu lieu depuis 1905 qui devraient permettre de trouver des solutions. La nécessité de construire des églises dans des zones d'urbanisation nouvelles a conduit à admettre la mise à disposition du terrain d'assiette par la commune par le bail emphytéotique pour les Chantiers du cardinal et à favoriser des projets mixtes (mairie-église de Sophia Antipolis ou cathédrale-musée d'art sacré d'Évry) qui peuvent obtenir des subventions publiques. Le 19 février 1996, la municipalité de Créteil accordait des crédits pour construire des locaux d'animation devant faire partie de la future mosquée, en décidant d'exiger de l'association un loyer pour l'usage cultuel de ces locaux dont elle resterait propriétaire. En fait, le principal problème est posé à la société française elle-même : est-elle prête à accepter, comme conforme aux principes républicains et en particulier à la liberté religieuse et au libre exercice des cultes, la construction de mosquées dont la demande est forte, le besoin largement ressenti pour des motifs d'ordre public, afin de faire sortir l'islam d'une clandestinité dangereuse ? Les municipalités pourraient alors accompagner les projets, sans avoir à utiliser, pour les bloquer, des subterfuges tirés d'interprétations contestables du droit de l'urbanisme, sous la pression de l'opinion publique. C'est une affaire d'éducation politique et de sensibilisation de tous les courants de pensée, en particulier des différents cultes installés, et des Églises chrétiennes notamment, dans un dialogue interreligieux ouvert et fraternel. Ensuite les modalités de financement pourront être aisément réglées, comme cela a été réalisé pour les autres cultes, sans avoir à supprimer la loi de 1905 ni même à la modifier ou à en restreindre provisoirement l'application, mais en l'appliquant dans une interprétation libérale, favorisée par la jurisprudence constante du Conseil d'État. Le financement sera, d'autre part, facilité par les possibilités financières croissantes des communautés musulmanes dues à leur intégration, à leur diversification sociale et à la réussite d'un certain nombre de leurs membres.

L'EXPLOSION DU PHÉNOMÈNE ASSOCIATIF MUSULMAN

Cette visibilité de l'islam s'est accompagnée d'une explosion du phénomène associatif depuis les années 1980. C'est à travers le phénomène associatif que les musulmans ont su négocier leur place dans la société française et ont pu obtenir certaines formes de reconnaissance publique. Les associations se sont révélées comme la forme la plus souple et la plus efficace pour organiser toutes sortes d'activités communautaires. Même lorsque leur idéologie était opposée aux valeurs de l'Occident libéral et bourgeois, les associations musulmanes ont constitué une excellente propédeutique et un moyen d'adaptation aux principes mêmes de la démocratie. Le phénomène a été favorisé et accéléré par la loi du 9 octobre 1981 qui a supprimé toutes les dispositions réglementaires limitatives imposées jusqu'alors aux associations « étrangères », désormais soumises au droit commun. Souvent sous la pression des autorités municipales soucieuses d'avoir des interlocuteurs légaux pour gérer les lieux de culte, sur les conseils d'organismes sociaux et d'établissements comme le FAS, avec l'aide juridique de nombreuses associations travaillant auprès des populations immigrées, mais aussi par leur désir de se doter d'un cadre légal et de profiter pleinement d'une liberté nouvelle qui donnait aux dirigeants une représentativité et un certain pouvoir démocratique, apparurent de très nombreuses associations musulmanes ou islamiques aux objets et aux activités très variés, aux ressorts géographiques également variables, depuis la petite association locale jusqu'à la grande association nationale. Cependant la quête de légitimité et la lutte pour la représentativité amena peu à peu une restructuration des associations locales avec la création de groupements régionaux et de fédérations ou d'unions nationales d'associations. Le nombre d'associations musulmanes est difficile à déterminer avec précision puisque l'on a travaillé seulement à partir de leur dénomination officielle. En 1990, on recensait déjà plus d'un millier d'associations se réclamant officiellement de l'islam en France. On a pu considérer qu'il s'en créait au moins une centaine par an. L'étude de Mustapha Diop sur les associations musulmanes en région parisienne réalisée à la demande du ministère des Affaires sociales (DPM : Direction des populations et migrations), en 1992, montre que l'on ne cerne qu'une partie de la réalité associative musulmane, car il existe beaucoup d'associations de fait, à travers les réseaux des confréries et les pratiques de solidarité tribale ou islamique, en particulier dans l'islam négro-africain. C'est en tout cas un remarquable exemple réussi d'adoption d'un moule culturel et juridique, très différent de celui que connaissait l'islam traditionnel, dans lequel l'islam de

France a su se couler sans grande difficulté, et dans lequel la liberté mais aussi la solidarité collective ont été appréciées, même si les principes démocratiques de la libre délibération, de l'égalité des membres, et de l'élection majoritaire sont assez éloignés de la conception du chef traditionnel.

Dans le mouvement associatif musulman, le culte a été presque entièrement organisé sous la forme et la responsabilité d'associations de la loi de 1901[1]. Ce choix correspondrait-il à une caractéristique propre à l'islam qui l'éloignerait de l'association cultuelle de la loi de 1905 ? Il est certain que l'islam a encore du mal à opérer une séparation stricte entre le cultuel et toute une série d'autres activités sociales, économiques ou culturelles qui pour lui font partie intégrante des obligations légales de l'islam. L'islam est un mode de vie qui comprend l'éducation à l'école coranique, la solidarité et l'aumône (la zakat), le pèlerinage, ou le respect des règles alimentaires et la nourriture halal. Mais ce choix répond plutôt à une situation historique particulière liée aux limites juridiques et aux avantages fiscaux qui caractérisent les associations cultuelles de la loi de 1905. Les musulmans, pour développer des activités qui, pour eux, relèvent pleinement de la sphère religieuse, auront besoin de subventions publiques des municipalités, des collectivités locales et d'organismes comme le FAS. Créer une association de la loi de 1905, signifiait se priver de financements bienvenus dans des communautés aux moyens limités, avec de gros besoins. Il n'était pas facile d'autre part de faire le départ entre des activités à but exclusivement cultuel et d'autres qui leur étaient seulement liées. Surtout les musulmans ne pouvaient bénéficier des avantages fiscaux attachés aux associations de la loi de 1905. Par la structure sociale de leurs membres, les associations musulmanes ne pouvaient escompter des dons et legs importants, tandis que la déductibilité fiscale, liée à la loi sur le mécénat pour les donateurs de dons manuels, n'était guère intéressante pour ceux qui

1. Alors que le bouddhisme en France a largement utilisé la formule des congrégations, légalement reconnues.

ne sont pas soumis à l'impôt sur le revenu (IRPP) ou à l'impôt sur les sociétés (IS). Même le régime de Sécurité sociale et de retraite (CAMAC et CAMAVIC) créé pour les ministres des cultes et les membres des congrégations par la loi de 1978 apparaissait à beaucoup, vu la structure par âge du corps des imams et des personnels religieux des mosquées, comme trop onéreux[1], tandis que la conception non sacerdotale, non sacrée de l'imam, simple conducteur de la prière, faisait préférer l'application du droit du travail et l'affiliation au régime général de la Sécurité sociale, comme l'ont fait les pasteurs protestants.

Les associations musulmanes ont répondu à un besoin d'organisation et de visibilité dans la cité, et ont constitué un moyen d'obtenir des subventions publiques, des collectivités locales et du FAS, pour toute une série d'activités liées à l'islam. Cependant l'utilisation très largement majoritaire des associations de la loi de 1901, si elle a permis à l'islam de multiplier ses activités, de s'inscrire dans la légalité, et de se donner un visage public, ne correspond pas à la spécificité d'un culte et ne permet pas à l'islam de revendiquer le statut d'une religion de plein exercice. Certes, il avait été admis, dès 1905, que des cultes, en particulier les anciens cultes non reconnus qui refusaient les subventions et la tutelle de l'État, puissent s'organiser selon les dispositions de la loi de 1901. Si de nombreux groupes de la mouvance évangélique en ont fait usage, si la Fédération protestante de France elle-même est une association de la loi de 1901, regroupant des associations cultuelles de la loi de 1905, des mouvements et des œuvres, il apparaît bien que l'intention du législateur était que les cultes « véritables », distingués des « sectes » soient organisés selon les cultuelles de 1905. Et l'on voit plus souvent des mouvements religieux ou philosophiques se prétendre association cultuelle, en espérant bénéficier des avantages de la « grande capacité juridique », que l'inverse. L'administration veille à l'application restrictive de la notion d'association cultuelle qui,

1. Seule une minorité d'imams, relevant en quasi-totalité de la Mosquée de Paris, sont actuellement affiliés à la CAMAC et à la CAMAVIC.

par les avantages qu'elle procure, suscite beaucoup de « vocations », et ceci sous le contrôle du juge administratif qui, outre les critères de moralité et d'ordre public, utilise le plus souvent un faisceau d'indices permettant de définir une religion « véritable », l'ancienneté, l'universalité, et le caractère non lucratif, avec l'objet strictement cultuel imposé par la loi aux associations de la loi de 1905.

Ainsi l'islam s'est fait connaître d'abord aux pouvoirs publics à travers des associations. Bien souvent, ce sont leurs interlocuteurs directs, en particulier les maires, dès lors qu'il s'agissait de salles de prière ou d'activités éducatives et culturelles, qui les ont incité à une telle organisation. Cependant le caractère très libéral de la loi de 1901, s'il a facilité la création des associations musulmanes, n'a pas favorisé leur structuration. Chaque association s' « autoproclame » musulmane et est alors totalement indépendante. Si l'on ressent le besoin d'un rapprochement entre associations, si des fédérations se créent, elles n'ont guère de moyens de contrainte ni de persuasion, en particulier envers les associations qui ont acquis leur indépendance financière. C'est pourquoi les unions et fédérations se sont souvent créées à partir de pressions extérieures, soit des États financeurs, soit de grands courants internationaux, avant de répondre à un besoin de plus en plus ressenti par les fidèles de base. Les pouvoirs publics n'ont pu que recommander ce regroupement pour avoir des interlocuteurs, si possible représentatifs, mais ils ont souvent été amenés à choisir des partenaires parmi les dirigeants des principales associations, sans parvenir à créer une structure largement reconnue.

LES AUTRES SIGNES DE LA PRATIQUE MUSULMANE : LES FÊTES, LA VIANDE HALAL, LE PÈLERINAGE...

La visibilité croissante de l'islam s'est manifestée par toute une série de signes ou de symboles qui ont frappé l'opinion française, prenant brusquement conscience d'un changement du paysage religieux auquel elle était habituée.

Nous avons d'abord le phénomène des mosquées, en nombre insuffisant, souvent trop petites, ce qui a amené, en particulier pour la prière du vendredi, des réunions dans la rue, posant des problèmes de circulation et d'ordre public. Le plus souvent on a laissé faire, à cause de l'impossibilité d'offrir les édifices cultuels adaptés aux besoins ; on n'a pas cherché à appliquer la réglementation et l'abondante jurisprudence concernant l'organisation des processions religieuses (pas plus que l'on ne songe à utiliser la jurisprudence sur les sonneries de cloches, avec les pouvoirs respectifs du maire et du clergé affectataire, pour réglementer une intervention encore très problématique, du muezzin). Les salles de prière, qui se transforment en mosquées dans les grandes villes, ont une fonction cultuelle, mais aussi communautaire, très forte ; elles acquièrent une valeur symbolique forte en dehors du « Dar al islam ». Elles projettent le fidèle, par leur seule orientation, vers La Mecque, ville sacrée et centre du monde. Par la relation qu'elles établissent avec la Ka'aba, elles restaurent l'identité musulmane et offrent une revanche sur la marginalité et l'exclusion que connaissent beaucoup de musulmans, et sur les préjugés et le mépris qui entourent souvent l'islam. En valorisant le capital spirituel de l'islam, elles permettent de dépasser la société séculière et le quotidien connotés négativement en termes d'impureté, de matérialisme, d'appât du gain. Elles ouvrent sur une eschatologie tendant tous les espoirs vers le monde futur. Cette valeur symbolique explique l'importance de la demande de mosquées de la part des musulmans et la nécessité pour les pouvoirs publics de répondre à ce besoin.

Si le degré de pratique religieux des musulmans est très variable et si l'on ne compte guère que 8 % environ d'entre eux qui respectent tous les interdits et les cinq piliers de l'islam, les grandes fêtes ont un caractère collectif bien plus marqué auquel la population est très sensible.

Le jeûne du mois de Ramadan, deuxième pilier de l'islam après la prière, marque le début de la mission du Prophète, commémore de grandes victoires, en particulier celle du Badr, remporté par le Prophète sur les Mecquois qui refusaient son message, la prise de La Mecque, la naissance de Husseyn, son petit-fils, la mort d'Ali, son gendre. Elle a une signification de pardon, d'élévation spirituelle et de purification, à la fois individuelle (en renforçant la piété du croyant, sa crainte de Dieu, sa maîtrise de soi) et collective, en tant que moment de solidarité et de partage, abolissant les différences sociales et géographiques et ressoudant la communauté. Malgré les difficultés pour suivre le ramadan dans un milieu non musulman à cause des rythmes de travail, son respect représente un défi face aux tentations et répond au désir de ressouder la communauté, le soir, après la rupture du jeûne, autour de repas de fête avec des plats traditionnels, la *chorba*, soupe à la menthe et à la viande ou la *zlabia*, gâteau au miel. Les associations d'entraide et de bienfaisance peuvent offrir une « chorba pour tous », tandis que se développent des activités communautaires durant la nuit jusqu'à ce que le petit jour, lorsqu'il est possible de « distinguer un fil blanc d'un fil noir », rouvre le temps du jeûne et des interdits.

La fixation de la date du début du jeûne du ramadan a fait l'objet en France de polémiques, soulignant les divisions des communautés musulmanes se mettant à l'heure de leur pays d'origine ou de l'Arabie Saoudite. Pour beaucoup de croyants, le jeûne ne peut débuter que lorsqu'un témoin digne de foi aura affirmé avoir vu la nouvelle lune, ce qui a pu sembler privilégier la fixation en référence à La Mecque, donc à l'Arabie Saoudite. Mais comme il s'agit d'abord d'une observation astronomique *in situ,* il suffirait, et ce fut l'objet d'un accord du CORIF, de consulter les observatoires en France, que l'on peut maintenant interroger par minitel. En 1993, l'accord semblait définitivement conclu sur cette base, mais en 1996 de nouvelles discussions, d'origine politique, sont apparues.

L'Aïd el Kébir est également une fête communautaire largement suivie, dont différents aspects peuvent poser des problèmes d'ordre public. Elle rappelle le « sacrifice » d'Abraham, moment fondateur commun aux trois monothéismes, décrit dans la Genèse. Seule novation dans l'islam, mais issue d'une tradition tardive, le fils qui devait être sacrifié aurait été Ismaël et non Israël. Dieu ayant éprouvé la foi d'Abraham, père des croyants, c'est un bélier qui remplaça le fils de la promesse. Instituée la deuxième année de l'hégire, le deuxième jour du mois du pèlerinage, la grande fête rappelle les fondements de l'islam, et impose à tout musulman de sacrifier un animal, mâle si possible, un mouton de préférence au Maghreb, qui est intégré quelque temps dans la famille. Le jour de la fête est celui des sacrifices dans la vallée de Minâ, pendant le pèlerinage à La Mecque, après la prière du matin et avant celle de l'après-midi, mais il est possible d'accomplir le sacrifice dans les deux jours suivants. En pays musulman bien sûr la fête est un jour chômé ; en France, il faut demander un jour de congé, sinon le sacrifice est accompli en dehors des heures licites.

La fixation de la date est toujours un problème, car elle dépend des lunaisons, ce qui ne facilite pas l'organisation de la fête y compris pour les services publics responsables de la santé publique. Le rituel implique l'égorgement de l'animal orienté vers La Mecque, en un minimum de temps, par un sacrificateur en état de purification rituelle qui doit prononcer la formule suivante qui rend la viande halal (licite) : « De par le nom de Dieu ! Dieu est très grand ! » Ce sacrifice est un acte de partage et de charité : aucun élément de l'animal ne doit être vendu, il est recommandé de partager avec les plus pauvres.

Cette fête[1] a suscité de nombreuses incompréhensions et des polémiques à partir des cas, en réalité assez rares, où des musulmans, transplantés de villages moyenâgeux dans un milieu urbain, se voyaient contraints de sacrifier dans leur baignoire. Elle montre d'abord le manque de structures adaptées du côté des pouvoirs publics pour répondre à cette demande et l'inorganisation de l'islam en France. Malgré une évolution des pratiques sous le poids des contraintes mais aussi de l'éducation et de l'intégration des populations musulmanes, étudiée en particulier par Anne-Marie Brisebarre[2], l'égorgement en public ne manque pas de susciter les protestations des associations de défense des animaux, ferme mais modérée, avec des arguments scientifiques, de la part de l'Œuvre d'assistance aux bêtes d'abattoirs, plus passionnelle et susceptible de récupérations politiques de la part de la Fondation Brigitte Bardot.

Le premier problème est celui du marché : il y a une forte demande de moutons très concentrée dans le temps, pour le marché intérieur, mais aussi pour l'exportation vers les pays musulmans. Les familles musulmanes aimeraient choisir leur mouton pour vérifier ses qualités et le garder avec elles, ce qui évidemment n'est pas possible en ville. Il y a ensuite un problème de contrôle et de réglementation vétérinaire. Il y a beaucoup d'abattages clandestins, en privé ou dans des fermes, devant lesquels l'administration impuissante a souvent dû fermer les yeux ; beaucoup de vendeurs peu scrupuleux profitent de cette demande mal contrôlée pour se débarrasser d'animaux défectueux, voire malades ; beaucoup d'abattages se font dans les fermes, la viande étant ensuite transportée en voiture, sans précaution frigorifique ou hygiénique, ce qui est interdit...

La réglementation prévoit que tout abattage doit se faire dans un abattoir. Or, pour répondre aux normes sanitaires européennes de plus en plus contraignantes, et pour augmenter la productivité, on a assisté depuis quelques décennies à une modernisa-

1. Jocelyne Césari, *Être musulman en France*, *op. cit.*, p. 125 sq.
2. Anne-Marie Brisebarre, « Le sacrifice de l'Ayd-Al-Kabîr en France (1990-1995) », *Migration Études*, mars 1996, 11 p.

tion et à une concentration des abattoirs. Beaucoup d'abattoirs ont quitté les zones de consommation (les villes ou leur proche banlieue, pour des raisons d'hygiène et de coût du foncier) pour s'installer sur les zones de production. Les musulmans ne trouvent donc pas à proximité de chez eux des abattoirs susceptibles de répondre à leurs besoins, à supposer que ces établissements soient prêts à réserver pour cet abattage spécifique trois jours d'activité (qui tombent parfois en week-end, avec des problèmes de personnel) et qu'ils puissent accueillir sur leurs parkings de nombreux clients, voire leur famille entière. Devant la demande, les pouvoirs publics et les municipalités ont accepté de rouvrir, pour la fête, d'anciens abattoirs désaffectés afin de permettre un contrôle vétérinaire minimum ; en 1995, en Ile-de-France, où l'on évalue à plus de 30 000 les animaux abattus pour la fête, les préfets ont canalisé l'abattage sur 22 sites dérogatoires mais contrôlés, vers lesquels les organisations musulmanes orientaient les fidèles.

Se pose ensuite le problème du sacrificateur. Selon la tradition, le sacrifice devrait être réalisé en public par le chef de famille. Si une telle pratique ne posait pas de problème dans une société rurale traditionnelle où chacun était appelé à tuer ses propres animaux, cela devient beaucoup plus difficile dans une société moderne, urbaine, où toutes les activités sont spécialisées ; beaucoup de chefs de famille ne souhaitent plus sacrifier eux-mêmes et font appel à des sacrificateurs ; de même beaucoup de jeunes ne tiennent plus à assister à la mort de l'animal, tout en étant très attachés au caractère convivial de la fête. Plus précisément se pose le problème réglementaire de la désignation du sacrificateur rituel, ce qui renvoie d'ailleurs à tout le problème de la viande halal et des instances religieuses. En effet l'organisation du sacrifice rituel est encadrée par un décret qui l'autorise et précise les conditions de désignation des sacrificateurs qui instaurent un partage de responsabilités entre les pouvoirs publics et les autorités religieuses. La pratique religieuse impose la consommation d'animaux sains et conscients (bovins, ovins, volailles... à l'exclusion des porcins et des équidés)[1] par des sacrificateurs religieux procédant à l'égorgement et à l'effusion du sang.

L'abattage rituel doit d'abord satisfaire aux règlements sanitaires et techniques concernant l'abattage de tous les animaux : il est interdit de procéder à un abattage en dehors d'un abattoir (art. 10 du décret du 1er octobre 1980) mais il est prévu que l'abattage puisse se faire sans l'étourdissement préalable des animaux (art. 49 du même décret). Pour la désignation du sacrificateur (décret du 18 mai 1980), le ministre de l'Agriculture habilite, sur proposition du ministre de l'Intérieur, les sacrificateurs présentés par un organisme religieux agréé, à condition qu'il existe un tel organisme. Ce sont les dispositions qui régissent l'abattage rituel israélite sous le contrôle du Consistoire central israélite de France dont le tribunal rabbinique (le Beth Din) garantit le respect des règles de la casherout, et prélève sur les produits certifiés une taxe couvrant les frais du service religieux rendu. Il y a certes eu des mouvements, à l'intérieur du judaïsme

1. Nous n'insisterons pas sur l'ensemble des interdits alimentaires selon le Coran. « Je ne trouve pas dans ce qui m'a été révélé rien d'illicite, pour celui qui en mangerait, si ce n'est la bête morte, le sang répandu, la chair de porc, car ce sont là des choses impures, ou quelque autre sacrifice destiné à un autre Dieu » (Coran 6;145). Les quatre interdits fondamentaux repris dans la sourate du Festin (Coran 5;3) portent sur la consommation de la bête morte naturellement (mais on peut tirer profit de son corps), sur le sang et le porc, les ânes, les mulets, les carnassiers, les rapaces et certains animaux à cause de leur impureté (ce qui rapproche l'islam du judaïsme), enfin sur le vin et toute boisson enivrante et alcoolisée qui fait l'objet d'une malédiction par le prophète. Ce qui nous importe plus est de savoir dans quelle mesure ces interdits sont respectés en France. Il semble bien que l'interdiction de la consommation de porc soit très largement respectée : c'est pourquoi la suppression des menus sans porc dans la restauration collective et en particulier dans les cantines scolaires publiques par certaines municipalités d'extrême droite est un sérieux handicap pour l'intégration et une atteinte aux libertés, en particulier la liberté de conscience, car rien ne peut rendre en France la consommation de porc obligatoire. En ce qui concerne l'interdit sur le vin et les boissons alcoolisées (la bière par exemple), il est respecté avec moins de scrupule car l'islam connaît des accommodements qui visent à distinguer le vin d'autres boissons fermentées et qui précisent que l'interdit ne s'applique qu'à des circonstances bien précises. « A vous qui croyez, n'approchez pas de la prière alors que vous êtes ivres avant de savoir ce que vous dites » (Coran 4;46). Surtout l'interdit qui porte aussi sur le commerce d'alcool, même avec les non-musulmans, qui est pour tous les orthodoxes un signe de piété, ne semble pas respecté par les petits commerçants musulmans dont le nombre a beaucoup augmenté ces dernières années. Il y a donc une adaptation des pratiques au milieu ambiant, et les plus suivies sont celles qui apparaissent compatibles avec les habitudes sociales.

français, qui, pour des raisons religieuses ou pour des motivations plus économiques, ont contesté le monopole du Consistoire central, pour faire habiliter leurs propres sacrificateurs et organiser un circuit concurrent de la casherout. L'administration, toujours suivie en cela par le juge administratif, a refusé l'habilitation de sacrificateurs provenant de ces organismes concurrents, nettement minoritaires.

Dans l'islam, il n'existe pas, pour l'instant, d'organisme religieux agréé ; plus exactement la Mosquée de Paris qui avait été chargée provisoirement d'organiser seule l'abattage rituel musulman sur tout le territoire et de faire la preuve de sa représentativité à la suite de la réception officielle, le 10 janvier 1995, de la Charte du culte musulman par le ministre de l'Intérieur, fut très vite contestée et s'est vu finalement retirer ce monopole, le 24 novembre 1995. Dans ce cas, les sacrificateurs sont seulement agréés individuellement par le préfet du département où se situe l'abattoir dans lequel il est appelé à exercer (art. 1er, al. 3 du décret du 18 mai 1981). L'intéressé doit déposer une demande motivée qui fera l'objet d'un examen portant sur la régularité de ses titres de séjour, sa moralité, ses compétences techniques, sa motivation religieuse et sa référence à une association ayant pour objet l'exercice du culte musulman. Un même sacrificateur peut bien sûr être agréé dans plusieurs départements. Si le nombre des sacrificateurs couvre largement la demande habituelle (plusieurs sacrificateurs ne peuvent exercer leur profession à plein-temps), il est nettement insuffisant pour la période de l'Aïd où les préfectures ont dû organiser, avec l'accord des collectivités locales, et après contact avec les associations musulmanes, des lieux d'abattage utilisés uniquement pour la fête, sous le contrôle des services vétérinaires, avec des autorisations valables pour cette seule circonstance, accordées à des sacrificateurs occasionnels. Il convient en plus de préciser que, pour l'abattage rituel, les abattoirs doivent être obligatoirement équipés d'appareils de contention (art. 2 du décret du 18 mai 1981), ce qui n'est que rarement réalisé lors de la fête de l'Aïd, même dans les abattoirs « officiels ».

A côté de l'Aïd el Khebir, l'Aïd el Fitr (ou Aïd el Seghir = petite fête), clôt le jeûne du ramadan, dans un temps de joie, de piété, de miséricorde et de pardon qui se déroule sur trois jours, le plus souvent réduits à un jour ; elle devient la fête des enfants, alors que traditionnellement on se rend sur la tombe de ses parents, ce qui, vu l'éloignement, est très difficilement réalisé en France. Si le jeûne du ramadan est respecté, au moins partiellement, par la très grande majorité des populations musulmanes, les jeûnes facultatifs (comme le jeûne d'achoura, ou les six jours du mois de chawiaw, ou les lundis et les jeudis) ne sont observés que par une infime minorité de musulmans pieux. Ceci implique que les revendications concernant les fêtes portent essentiellement sur l'Aïd el Kébir qui devrait valoir autorisation d'absence, et sur un aménagement des horaires de travail pour faciliter le jeûne du mois de ramadan.

Le pèlerinage à La Mecque est une des cinq obligations canoniques de l'islam. Chaque croyant doit l'accomplir au moins une fois dans sa vie, s'il en a la possibilité physique et financière. Même s'il n'y participe pas physiquement, il en est solidaire, au moins à travers l'Aïd el Kébir, ou par les membres de sa famille qui peuvent l'accomplir. L'origine du pèlerinage remonte à l'époque préislamique où La Mecque était un centre commercial et où la Ka'ba était un lieu sacré, centre de célébrations religieuses : Mohammed détruisit les idoles mais rattacha la Ka'ba au pur monothéisme, en en faisant la Maison de Dieu, édifiée sur ordre divin par Abraham et Ismaël. C'est la raison pour laquelle l'orientation de la prière (c'est-à-dire des mosquées, à travers le Mihrab, mais aussi des défunts, inhumés dans les cimetières), prônée jusque-là vers Jérusalem, s'est tournée vers La Mecque, devenue le lieu saint par excellence, le lieu unique du pèlerinage obligatoire, le centre du monde musulman, et le centre du monde entier pour les musulmans. Par le pèlerinage, le croyant accomplit non seulement une purification, mais s'approche le plus intensément possible d'Allah miséricordieux.

Nous ne nous attarderons pas sur le déroulement même du pèlerinage[1] qui s'organise autour de quatre rites : la préparation dans le dépouillement ou sacralisation *(ihram)*, la circumambulation en masse autour du cube qui permet d'entrer dans la communauté des croyants repentants, le va-et-vient rapide sept fois de suite entre les monticules de Safâ et Marwa, enfin la station à Arafa avec l'ascension en courant du mont de la Miséricorde. A Minâ ont lieu le jet de pierre, l'immolation d'un animal (Aïd el Khebir), la coupe de cheveux, de nouvelles circumambulations autour de la Ka'ba, le retour à La Mecque.

Le pèlerinage est un moment de joie pour toute la famille. Mais son organisation en France pose aux familles musulmanes certains problèmes. D'abord un problème de coût : si des formules de charters ont permis d'abaisser les coûts des vols Paris-La Mecque aller et retour aux alentours de 5 000 F, l'ensemble du séjour (dix jours environ) qui doit s'accompagner de dons, d'aumônes et de sacrifices, revient à plus de 20 000 F par personne. Ce coût relativement élevé explique que le « hadj » ne soit réalisé que par une minorité de musulmans français, souvent relativement aisés. La nécessité amène à poser la question, discutée dans la tradition, mais très largement pratiquée, du pèlerinage par procuration, en faveur des membres de sa famille (un mari pour son épouse, un fils pour ses parents...). Le pèlerinage étant concentré sur une période bien déterminée, les dix premiers jours du mois de dhû-hija (le dernier mois de l'année musulmane) et devant être en théorie accompli au moins une fois dans sa vie par chaque croyant, met en mouvement des foules considérables. L'Arabie Saoudite, qui tire son prestige d'être la gardienne des Lieux saints, a mis en place une organisation stricte du pèlerinage pour des raisons d'ordre public. Chaque pays dispose d'un contingent de mille pèlerins par millions d'habitants. La France, pendant longtemps, n'a pas été considérée comme un pays musulman : les pèlerins français devaient

1. En renvoyant par exemple à Jocelyne Césari, *Être musulman en France aujourd'hui*, *op. cit.*, p. 118 à 124, ou à Hamza Boubakeur, *Traité de théologie islamique*, *op. cit.*

être pris sur le contingent d'autres pays, en général leurs pays d'origine pour les Maghrébins par exemple. Ceci a longtemps posé un problème très délicat pour les « harkis », Français musulmans, qui étaient pris sur le contingent de l'Algérie. En revanche, le contingent de 50 000 pèlerins, établi par rapport à la population musulmane de toute la France, dépasse très largement les besoins réels.

UNE AFFIRMATION SOCIALE ET POLITIQUE

La visibilité de l'islam en France a été marquée aussi par des manifestations collectives ou des prises de position tapageuses, souvent très largement minoritaires parmi les musulmans de France, qui pratiquent en général un islam traditionnel, solidement ancré, mais modéré et surtout discret. Ces attitudes ont surpris beaucoup de Français, déjà alertés par les médias sur la montée de mouvements révolutionnaires islamiques et les comportements intolérants, hostiles à la modernité et aux grands principes des droits de l'homme (liberté d'opinion, égalité entre les sexes, démocratie...), parfois particulièrement violents. La revendication d'un retour à la loi islamique ou shari'a dans de nombreux pays musulmans est apparue comme une montée des intégrismes, un échec de la modernité, une menace pour l'Occident.

La Révolution iranienne a incontestablement représenté un tournant dans la perception de l'islam par l'opinion publique. Jusque-là, dans une France laïque de plus en plus sécularisée, où la religion était reléguée dans la sphère privée et volontairement cantonnée dans ses aspects publics au seul exercice du culte, l'islam apparaissait d'abord comme une donnée culturelle, la caractéristique de pays rétrogrades, alors que le socialisme marxiste, sous différentes formes autoritaires, avec des partis uniques, était conçu comme une voie d'accès à la modernité et un des moyens, dans un tiers-mondisme anti-impérialiste, pour sortir du sous-développement. L'Iran montrait l'échec d'un modèle de croissance rapide par les mécanismes de l'économie libérale et la concentration des richesses tirée du réinvestissement des plus-values pétrolières, au profit d'une minorité occidentalisée, et soulignait la puissance révolutionnaire du mouvement des ayatollahs. Le chiisme est très peu représenté parmi les musulmans de France (moins de 5 %). La Révolution iranienne après la chute du shah n'a guère eu de soutiens réels en France, même si des groupes et des réseaux pro-iraniens ont pu être découverts. Cependant c'est la force de l'exemple iranien que l'on a craint, d'autant plus que l'Iran s'est efforcé d'exporter sa révolution, d'ailleurs avec peu de succès, sauf lorsqu'il a pu s'appuyer sur des minorités chiites, et jouer sur d'autres conflits internes : ce fut le cas au Liban, déchiré entre les communautés religieuses et menacé par une guerre civile, attisée par la présence des réfugiés palestiniens, ayant rompu le fragile équilibre entre les communautés traditionnelles et entraîné la pression d'Israël et l'occupation du Sud-Liban pour assurer sa sécurité, et l'intervention de la Syrie, désireuse d'assurer le contrôle du pays, avant de pouvoir l'annexer dans une grande Syrie. Cependant des groupes musulmans minoritaires ont cherché en France à s'appuyer sur la dynamique de la Révolution iranienne pour affirmer leur identité et articuler leurs revendications. Ce sont ces déclarations qui ont été retenues et qui ont fait croire, un moment, au risque d'une contagion iranienne dans les banlieues françaises à forte population musulmane.

L'affaire Rushdie a largement contribué à majorer dans l'opinion publique le sentiment du péril iranien en France. Tout d'abord la Fatwa (décision juridique) prononcée à l'encontre de l'auteur des *Versets sataniques* par des dignitaires religieux iraniens est apparue comme l'obligation religieuse pour tous les musulmans d'assassiner l'écrivain sacrilège, n'importe où dans le monde, ne respectant bien sûr ni les libertés d'expression et de création, ni le droit international et la souveraineté des États. Il faut reconnaître que les voix musulmanes autorisées qui s'élevèrent, pour des motifs religieux, contre la Fatwa, furent assez timides, y compris en France. Les manifestations organisées par certaines associations musulmanes en France contre Rushdie contribuèrent à la confusion. De plus les manifestations qui suivirent, peu après, pour réclamer l'interdiction du film de Scorcese *La dernière tentation du Christ,* et l'attentat perpétré contre un cinéma qui l'avait programmé, amenèrent à conclure à une montée générale de l'intolérance et des intégrismes.

L'évolution du terrorisme, qui jusqu'alors avait essentiellement des motivations anti-impérialistes et s'appuyait sur des revendications nationales (en particulier le mouvement palestinien), souvent avec la complicité des États, vers un terrorisme islamiste, à motivations religieuses, ne manqua pas de faire naître l'idée d'un péril musulman et d'amener à voir dans tout musulman un terroriste en puissance, ce qui évidemment ne facilitait pas une acceptation sereine de la présence de musulmans dans la société française et ne permettait pas un dialogue en confiance.

Avec des communautés musulmanes d'installation récente, encore très liées aux pays d'origine et souvent travaillées par les menées de pays étrangers ou de missionnaires musulmans, à l'heure de l'internationalisation de l'information, de la circulation des cassettes de propagande, comme de la multiplication des antennes paraboliques, les répercussions d'événements internes à des pays musulmans ne manquent pas d'avoir des répercussions importantes. Il est certain par exemple que l'invasion soviétique en Afghanistan a amené les États-Unis et leurs alliés, Pakistan et Arabie Saoudite essentiellement, à soutenir les mouvements islamistes et à s'appuyer sur des volontaires musulmans étrangers qui y firent leurs premières armes de militants révolutionnaires et leurs premiers apprentissages du terrorisme international, pouvant ensuite rentrer chez eux avec l'aura du valeureux combattant pour la foi afghan (et beaucoup prirent le surnom d'El Afghani).

Les relations privilégiées que la France entretient dans le cadre de ses échanges économiques, de ses ventes d'armes, de ses opérations du maintien de l'ordre et de ses alliances régionales, avec des pays comme le Pakistan et l'Arabie Saoudite, expliquent certainement la mansuétude dont on a pu faire preuve à l'égard de leur propagande comme de leurs réseaux en France. On sait que le Pakistan est à l'origine du mouvement du Tabligh, favorable à une réislamisation et à un prétisme musulman très prononcé, plus connu sous le nom de Foi et Pratique. Ce mouvement entretient des liens étroits avec le mouvement Ennadah, hostile au gouvernement tunisien, et en particulier à sa conception moderniste de l'islam, favorable à la laïcité ; il prône le retour à la sharia. Les missionnaires de Foi et Pratique se déplacent de communauté en communauté et prêchent dans les mosquées et les salles de prière, en particulier lors des fêtes : ils sont très demandés, en raison du manque d'imams formés en France, surtout lors de la période du ramadan.

L'Arabie Saoudite, bénéficiant de son prestige de gardienne des Lieux saints, mais surtout de ses moyens financiers tirés de la manne pétrolière et de sa puissance régionale, a souvent été appelée à soutenir des associations musulmanes et à participer à la construction de mosquées. Pourtant elle développe un islam rigoriste et fondamentaliste, le whahabisme, né d'un réveil au XVIIIe siècle, assez éloigné du rite malékite[1] qui domine traditionnellement parmi les musulmans français originaires d'Afrique du Nord. L'Arabie Saoudite s'est constituée un réseau d'associations qu'elle essaie de contrôler à travers le BOLIM (Bureau de l'Organisation de la Ligue islamique mondiale), créé vers 1975 et qui a pu développer librement ses activités en France.

Pourtant les communautés musulmanes, attentives aux événements internationaux, et malgré de nombreuses sollicitations étrangères et les tentations de s'engager dans des combats révolutionnaires, ont très largement choisi la voie de l'abstention, voire du soutien des positions françaises, dans la mesure où elles sont

1. Le rite malékite relève d'une des quatre écoles juridiques qui se sont développées dans le monde sunnite autour de la science du droit religieux musulman, à côté des écoles hanafite, shafi'ite et hanbalite, du nom de leurs fondateurs. L'école malékite, fondée par Malik Ibn Abas (mort en 795) à Médine, fait une large place aux coutumes locales dans l'élaboration doctrinale et permet une souplesse d'adaptation, dans un cadre conservateur modéré.

respectueuses de l'islam et justes. Lors de la guerre du Golfe, malgré les appels à la guerre sainte contre l'Occident matérialiste et athée, lancés par Saddam Hussein, jusque-là leader d'un Irak s'appuyant sur le Baas, Parti socialiste laïc, et contrairement aux craintes légitimes des pouvoirs publics, les communautés musulmanes ont fait preuve d'une très grande modération, et ont même souvent soutenu la participation française à l'opération du Golfe, aux côtés des États-Unis et de l'Arabie Saoudite, destinée à rétablir la souveraineté du Koweit envahi par l'Irak. Les musulmans français ne se sont pas laissés manipuler par des considérations religieuses de circonstances et par la soudaine ferveur religieuse du dirigeant irakien...

D'autres événements dans le monde n'ont pas manqué de retenir l'attention des musulmans de France, surtout quand il apparaît des risques de déséquilibre ou d'injustice : minorités ayant souvent l'impression d'être victimes de l'exclusion et d'une situation sociale inférieure, les communautés musulmanes en France se sentent vite solidaires d'autres musulmans en difficulté dans le monde. La solidarité avec le peuple palestinien, chassé de son propre pays, réfugié sur les pourtours de l'État d'Israël, occupé à Gaza et en Judée Samarie, considéré comme victime d'Israël et des États-Unis, s'est souvent exprimée, alors que la politique étrangère de la France, plus équilibrée, a toujours été appréciée. La cause palestinienne, longtemps cause nationale, est devenue de plus en plus une cause musulmane, l'OLP ayant le soutien des musulmans laïcs et modérés, le Hamas suscitant des émules parmi les islamistes. Les événements du Liban arabe, malgré ses divisions ethniques, ont été suivis de très près, et les expéditions punitives menées par Israël, les massacres de Sabra et Chatila, l'alliance avec les maronites, l'occupation du Sud-Liban, ont été très largement condamnés.

Plus récemment, les événements qui ont suivi la chute du communisme et l'éclatement de la République fédérale de Yougoslavie ont suscité beaucoup d'intérêt ; des musulmans de France se sont engagés aux côtés des musulmans de Bosnie qui devaient affronter à la fois les Croates et les Serbes, et qui furent victimes des expulsions et des massacres menés au nom de la « purification ethnique » ; de nombreuses collectes d'aliments, de médicaments et d'argent furent organisées par les associations musulmanes, et tout particulièrement par les réseaux de solidarité proches des communautés turques, au profit des victimes musulmanes de Bosnie.

Les communautés musulmanes de France sont encore plus sensibles aux événements du Maghreb, à cause des liens historiques, des échanges économiques et plus encore des origines familiales : de nombreux musulmans originaires du Maghreb souhaitent rentrer chaque été au pays. Les évolutions dramatiques de l'Algérie ont semé beaucoup de troubles qui laissent les immigrés originaires de ce pays très divisés et impuissants pour arrêter les massacres. Après Boumediene et Chadli et la chute du régime du parti unique FLN, déconsidéré par la corruption, les compromissions et les échecs économiques, incapable d'utiliser les revenus des ressources naturelles pour conduire un développement économique équilibré et pour répondre aux besoins d'une population jeune connaissant une explosion démographique, le multipartisme semblait ouvrir les voies de la liberté et de la démocratie. C'est le FIS, qui, financé au début par l'Arabie Saoudite, bénéficiant de solides réseaux et de structures d'entraide dans les milieux populaires, proposant un programme clair de réformes économiques et d'ordre moral, fut le vainqueur des élections. L'arrêt du processus démocratique fit apparaître le FIS comme la victime de cette manipulation dont bénéficiaient les anciens dirigeants corrompus qui essayaient ainsi de récupérer par la force, avec l'appui de l'armée, un pouvoir qui semblait devoir leur échapper. Mais ce processus amenait aussi la marginalisation des leaders politique du FIS réfugiés à l'étranger, et une radicalisation des idéologues et surtout des combattants terroristes et des maquisards du GIA, se livrant à de nombreuses exactions sur les populations civiles, à de véritables massacres, sans parler des règlements de compte entre factions rivales. Contrairement à ce que l'on a souvent craint, la grande majorité des musulmans de France n'a aucune sympathie idéologique avec les islamistes extrémistes et seule une minorité, mal intégrée, peut se laisser entraîner, par admiration pour les combattants de l'ombre, à des alliances sporadiques, comme l'ont montré l'affaire Kelkal, le réseau de Roubaix, ou les actions de quelques extrémistes islamistes de nos banlieues contre le Maroc. Ce qui ne veut pas dire que les musulmans de France, et même ceux qui sont proches de la Mosquée de Paris, applaudissent sans réserve à la dure répression menée, avec l'appui tacite des autorités françaises, par le pouvoir algérien d'Amine Zerroual. Beaucoup espèrent, en vain pour le moment, une issue politique à la guerre civile ; ils ont approuvé la rencontre de Rome entre les divers partis algériens organisée par la communauté Sant'Egidio, avec l'appui discret du Saint-Siège, mais aussi de certains pays membres de l'Union européenne, et préconisant l'envoi de missions d'enquête internationales, sous l'égide de l'ONU.

La France ne peut pas rester totalement en dehors du conflit algérien. Elle bénéficie d'abord des livraisons de gaz, les contrats ayant toujours été scrupuleusement respectés, car le pouvoir algérien, appuyé par l'armée, a bien compris que c'était la condition de sa survie économique... tandis que les « terroristes » du GIA n'ont pas encore voulu vraiment tuer « la poule aux œufs d'or », pour préserver l'avenir. Si la France accueille de nombreux responsables de l'opposition légale algérienne, elle n'a pas permis l'installation sur son sol, à la différence des États-Unis ou de la RFA, des dirigeants du FIS. Cependant le FIS a longtemps préservé la France comme un sanctuaire, susceptible de constituer une base arrière, moins pour mener des opérations militaires directes que pour drainer des capitaux et des dons, levés au besoin sous la forme d'un « impôt révolutionnaire ». C'est l'action contre ces réseaux longtemps dormants du FIS et du GIA qui a fait de la France la principale cible des attaques islamistes à l'étranger. Le GIA s'en est pris d'abord aux intérêts français et aux personnes, en particulier aux religieux d'origine française installés en Algérie, avant d'organiser des opérations ponctuelles de représailles terroristes sur le territoire français. C'est dans cette perspective que le recrutement d'agents terroristes ou de sympathisants dans des milieux musulmans en métropole est particulièrement recherché. Ces milieux, en particulier les jeunes des banlieues, ayant du mal à s'insérer, peuvent être assez aisément pénétrés par la propagande islamiste. Les « coups de filets » policiers souvent opérés dans des milieux fort éloignés de ces terroristes, en particulier parmi des imams, que ce soit ceux qui ont été expulsés vers des pays d'Afrique noire, Niger ou Burkina Fasso, ou assignés à résidence de Folembray, visaient à limiter la contagion et à faciliter la séparation entre les partisans d'un fondamentalisme religieux musulman et les véritables terroristes, voire les criminels de droit commun. Cependant tous ces épisodes de la lutte contre le terrorisme qui vise essentiellement des musulmans ne manquent pas d'inquiéter beaucoup de membres de ces communautés, soumis à de multiples contrôles, et à favoriser dans l'opinion l'amalgame entre un musulman et un terroriste potentiel, ce qui développe une vision très sécuritaire d'un islam menaçant qui devrait faire l'objet de la vigilance de toute la population et d'une surveillance policière constante.

LES PROBLÈMES VESTIMENTAIRES ET LE FOULARD

La visibilité réelle de l'islam, ou ressentie comme telle par le regard de l'autre, et le jugement de la population majoritaire, au moins à travers ses réactions et les débats qu'elle suscite, se situent aussi sur le plan individuel, à travers le vêtement et l'aspect physique, à la fois marqueurs identitaires et signes d'exclusion, voire d'opprobre. Les prescriptions de l'islam concernant le vêtement, dans la vie quotidienne, sont assez limitées : elles portent essentiellement sur des recommandations de modestie, sur le refus des signes ostentatoires et des étalages de richesses, en particulier en ce qui concerne les bijoux. Le dénuement est même préconisé dans l'islam comme signe d'ascèse, de renoncement aux plaisirs du monde, et de soumission à Dieu, ce qui ne signifie pas qu'il soit toujours pratiqué ! Lors du grand pèlerinage par exemple, le fidèle porte des vêtements spéciaux qui soulignent qu'il abandonne sa condition habituelle et qu'il entre dans la communauté des croyants : la soie et les vêtements de luxe sont proscrits, les vraies valeurs sont la simplicité et la piété ; le fidèle revêt un pagne en tissu ordinaire autour du corps laissant libre le bras droit ; les hommes rajoutent une pièce d'étoffe roulée autour du corps et chaussent des sandales ; les femmes portent une tunique ou un voile ne laissant visibles que le visage et les mains. On retrouve cette même simplicité, voire ce dénuement, lors des inhumations traditionnelles : la dépouille, lavée et purifiée rituellement, est enveloppée dans un simple linceul de calicot blanc, et placée directement dans la terre sur le côté droit, poitrine face à La Mecque, avec des briques de terre cuite autour, sans cercueil ni mausolée.

Cependant des signes distinctifs ont été largement prônés par les mouvements islamistes qui permettent de s'opposer à la société occidentale, mais qui ne manquent pas de poser des problèmes en France. D'abord on trouve dans l'islam traditionnel la volonté de séparer les sexes : si la propreté et la bienséance sont recommandées pour tous, l'or et la soie sont interdits aux hommes, tout en étant permis aux femmes. Les hommes ne doivent pas porter de vêtements féminins et inversement. D'une façon générale, comme dans le judaïsme traditionnel, les vêtements unisexes sont prohibés... ce qui peut surprendre dans une société occidentale, où l'égalité des sexes tend parfois à se traduire par leur confusion.

Dans l'islam, le port de la barbe est recommandé pour les hommes, il est même obligatoire pendant le grand pèlerinage (pendant lequel il est interdit de se couper les ongles, les cheveux, la barbe et d'avoir des relations sexuelles). En dehors de ce temps particulier, les autorités religieuses musulmanes divergent sur la permission ou l'interdiction de se raser. Cependant le port de la barbe manifeste actuellement une piété, voire un militantisme islamiste, au point que l'expression « les barbus » caractérise souvent les islamistes militants. Si le vêtement moderne (costume, pantalon) n'est pas prohibé, les musulmans pratiquants préfèrent revenir au vêtement traditionnel pour la prière, en particulier lorsqu'ils doivent conduire la prière : c'est ce manteau que revêt par exemple le recteur de la Mosquée de Paris lorsqu'il exerce ses fonctions religieuses, alors qu'en temps ordinaire il porte le costume civil.

Pour la femme, la pudeur et la modestie s'imposent, en particulier face aux hommes. Il est, par exemple, interdit de se faire remarquer par des parfums enivrants, ou d'induire les hommes en tentation par des vêtements moulants ou transparents, ou de se montrer les cheveux découverts en dehors du cadre familial, devant son mari ou son père.

C'est dans le registre des simples obligations sociales *(m'uammalat)* que se situe l'obligation du port du voile, considéré comme un signe de pudeur et de distinction des sexes, alors qu'il est devenu le symbole et le drapeau de l'affirmation islamiste. Mais il y a un très grand nombre de prescriptions non coraniques et nombre de pratiques concernant le voile. Le Hijab désigne tout voile placé devant quelqu'un pour le cacher ; dans le *Coran*, ce terme est utilisé sept fois dans le sens de séparation entre Marie et les siens, entre les damnés et les élus, entre Dieu et son élu pour le protéger de la puissance des manifestations divines, enfin pour marquer la séparation des épouses du Prophète[1]. Il n'y a donc pas, à proprement parler, d'obligation coranique du port du foulard, même s'il apparaît à peu près certain que les femmes, dès le début de l'hégire, devaient protéger au moins leur chevelure, comme c'était d'ailleurs très largement le cas dans tout le Bassin méditerranéen. L'obligation reste assez discrète : « Dis à tes épouses, à tes filles et aux épouses du croyant de ramener sur elles un peu de leurs mantes » (Coran 3;59). « Dis aussi aux croyantes qu'elles ne fassent pas étalage de leurs parures, hormis celles qu'on ne peut tenir cachées. Qu'elles rabattent

1. Ce n'est que plus tard que le terme de hijab a désigné le voile porté par les femmes, à partir de la puberté.

leurs voiles sur leurs poitrines et qu'elles veillent à ne pas étaler leurs ornements sauf devant leur époux et leur père » (Coran 24;31). Le foulard n'est donc pas un signe purement musulman, il fait partie de la conduite modeste des femmes qui doivent cacher leurs charmes et leur corps pour se protéger des désirs masculins, en vue de préserver l'unité familiale, et donc l'avenir de leurs enfants. Il s'agit moins de soumission que de primauté donnée à la procréation.

Nous ne nous attarderons pas sur la très grande variété de formes que peut prendre ce foulard qui peut ne cacher que les cheveux, ou tout ou partie du visage, selon les coutumes ou les fatwas. Le succès du foulard dans les pays arabes, en particulier dans les grandes villes, vient de sa fonction protectrice qui permet à la femme de sortir de chez elle, d'exercer un métier, d'entrer dans la modernité, sans rupture ni drame familial, toujours traumatisant. Des transformations sociales profondes s'accomplissent en restant dans la tradition musulmane : en ce sens, et les Occidentaux ont du mal à le comprendre, le foulard n'est pas seulement imposé par les hommes, il est accepté, voire souhaité ou revendiqué par les femmes qui, par ce moyen, conquièrent leur liberté.

En France, on n'a vu dans le foulard que le symbole du retour de la femme à une situation inférieure, qu'un repliement sur le foyer, qu'une acceptation de la polygamie. D'où d'énormes malentendus, car il y a bien des raisons et bien des manières de porter le foulard[1]. Pour beaucoup de femmes immigrées âgées, le port du foulard n'a rien d' « ostentatoire », il est même tout à fait naturel et marque la continuité avec la tradition et le monde perdu du village, au-delà d'une adaptation, voire d'une acculturation, à la suite d'un long séjour en France : le « haïk » couvrant les cheveux et le bas du visage fait partie de la personnalité et maintient le réseau de relations, non seulement dans le quartier, mais avec la famille élargie restée au pays, en

1. Cf. Gaspard Françoise et Khosrokhavar Farhad, *Le foulard et la République*, Paris, Éd. La Découverte, 1995.

constituant un signe d'honorabilité et de distinction sociale. Dans beaucoup de cas, pour des femmes de 60 ans, quitter le « haïk » serait un signe de provocation ou une manifestation de révolte inconcevables.

Pour les adolescentes, la signification du foulard est tout autre, dans une société laïque, pluraliste, de culture chrétienne. Même s'il n'est pas toujours ostentatoire, le foulard devient affirmation et proclamation. Parfois imposé par les parents, en particulier par des pères désireux d'afficher leurs convictions nouvelles et leur retour à l'islam après des périodes difficiles, avec le soutien financier d'organisations islamiques prêchant la conversion à la vraie foi et à la pratique licite, il est souvent volontairement, sinon librement, choisi par des jeunes filles qui s'attachent à une foi et à des valeurs, et tiennent à les afficher. Lorsqu'il est simplement porté sur l'injonction des parents, le foulard sera vite abandonné à la majorité, surtout si n'intervient pas un mariage précoce arrangé. Mais le foulard peut être, même en France, dans certains cas, une voie vers la liberté : il permet de mener une vie sociale « normale », parmi les camarades de travail, de loisirs, non musulmanes, une vie pleinement intégrée, sans susciter les soupçons du milieu familial. C'est un moyen de faciliter le passage de l'enfance vers l'âge adulte, de s'affirmer en protégeant son corps, tout en évitant des ruptures douloureuses et traumatisantes entre le milieu d'origine et un monde aux valeurs différentes. Ce voile est d'ailleurs souvent bien accepté par les camarades non musulmanes du même âge, alors que le rejet par le monde des adultes non musulmans peut aboutir à des situations conflictuelles, voire à un rejet de l'hypocrisie d'un monde occidental où tout est permis, sauf le port d'un foulard, et qui apparaît comme un lieu de perdition où s'affichent les perversités, le règne du sexe et de l'argent.

Le voile est parfois plus qu'une revendication d'identité, c'est un repère qui donne de l'assurance hors du cadre familial pour des jeunes filles bien intégrées. Ce voile, bien différent de celui que portaient les mères et grands-mères, peut être un moyen de prendre ses distances par rapport au milieu familial et par rapport à la tradition. Il marque un engagement religieux que l'on avait oublié dans le paysage culturel français, façonné par plus d'un siècle de laïcité ouverte et consensuelle. En ce cas, le port du foulard n'est pas obligatoirement lié à une pratique rigoureuse de l'islam, mais à des comportements plus sociologiques, voire communautaristes, autour de la pratique du jeûne du ramadan. Il s'agit d'un choix personnel, on oserait parfois dire individualiste, lié à une prise de conscience de son identité, lors d'événements marquants comme la guerre du Golfe, qui n'implique pas par exemple le respect de toutes les prescriptions, comme la consommation de viande halal. Cette conviction permet d'échapper à un destin déterminé par la famille ou un conjoint imposé : c'est souvent le refus de la polygamie (qui ne fonctionne plus parce que la deuxième épouse doit être normalement acceptée par la première) et par la création d'un partenariat égalitaire entre les conjoints dans le couple.

Il y a donc plusieurs façons et plusieurs raisons de porter le foulard pour une musulmane en France ; la justice sait apprécier ces situations et elle se prononce sur des faits objectifs, mais parfois aussi sur des intentions affichées. L'opinion publique, mais aussi beaucoup d'éducateurs, ont eu du mal à distinguer ces différentes situations et certains ont considéré que le voile en soi était une agression contre les valeurs républicaines, une atteinte à la laïcité et remettait en cause le consensus social.

Avant d'analyser le débat sur le foulard, il importe d'abord de souligner que rien ne peut interdire le port d'un insigne religieux, comme il n'est pas possible d'imposer une tenue, à condition que la décence soit respectée, dans des lieux publics : l'uniforme ne s'impose que dans certaines institutions ou dans certaines professions, mais on reste libre bien sûr d'en changer. Les mêmes dispositions concernant les photographies d'identité sur des documents officiels (carte d'identité, passeport, titre de séjour, permis de conduire) s'appliquent aussi bien au foulard islamique qu'au voile des religieuses catholiques ou à la coiffe des diaconesses protestantes.

C'est à propos de l'école et de la laïcité en milieu scolaire, bien plus que dans d'autres lieux publics, que se sont développées en France des polémiques enflammées pour ou contre le port d'insignes religieux, qui ont connu une ampleur qui a surpris tous nos voisins européens, découvrant une nouvelle fois l'exception française que constitue une conception de la laïcité très restrictive et souvent exclusive de toute expression religieuse.

Les débats sur le foulard commencèrent autour de 1985, ce qui ne veut pas dire qu'il n'y ait pas eu d'élèves portant le voile dans des écoles françaises auparavant ; c'était un phénomène courant dans l'Algérie française, comme c'est une situation qui ne suscite pas de problème à Mayotte ; dans les années 1970, les jeunes adolescentes portant le foulard (en particulier d'origine turque dans l'est de la France) ne suscitaient pas d'indignation : on considérait qu'il s'agissait d'élèves étrangères appelées à retourner dans leur pays d'origine et leur identité était respectée. On s'attachait beaucoup plus aux problèmes d'intégration scolaire, à l'apprentissage du français pour les étrangers, avec tout le travail des CEFISEM, à l'assiduité scolaire et en particulier au suivi des cours d'éducation physique ou de sciences naturelles touchant à l'éducation sexuelle des jeunes filles.

A partir de la fin des années 1980, le foulard qui est devenu le symbole de la Révolution iranienne et des mouvements islamistes, suscite une très large réprobation idéologique dans l'opinion française. Mais on essaie d'utiliser, pour régler un problème politique et idéologique, la notion juridique et même constitutionnelle de laïcité. Pour beaucoup de Français, la laïcité impose la neutralité de tous en matière religieuse et cette neutralité est exigée en premier lieu des musulmans. Or, si la neutralité est exigée du service public elle ne l'est pas de ses usagers, surtout pris isolément, qui, au contraire, doivent y avoir librement accès, sur un plan d'égalité, quelles que soient leurs convictions religieuses ou politiques.

S'il existait de nombreuses dispositions « laïques » concernant le personnel enseignant dans les écoles publiques, qui en excluent en particulier les membres du clergé et des congrégations religieuses, les autorités se trouvèrent démunies lorsque s'est développée la campagne contre le foulard, considéré comme incompatible avec la laïcité[1]. On avait bien retrouvé une circulaire de 1937 interdisant le port d'insignes politiques afin de préserver la paix dans les établissements, mais il s'agissait alors de s'opposer aux agissements des ligues fascistes, et non de réprimer les convictions religieuses. On se trouvait donc devant une impasse, et c'est pourquoi le ministre de l'Éducation nationale de l'époque, Lionel Jospin, sollicita l'avis du Conseil d'État. Cet avis, rendu le 27 novembre 1989, devrait éclairer aujourd'hui encore les mesures administratives concernant la propagande islamiste dans les établissements et le port du foulard, en faisant la distinction entre un signe religieux, devant lequel il convient que l'école publique reste indifférente en soi, comme devant tous les signes religieux, et les attitudes et les pratiques des élèves. Le Conseil d'État rappelle que la neutralité s'impose aux agents du service public (et encore beaucoup d'entre eux portent, dans leurs fonctions, des insignes religieux, sans qu'il leur en soit fait reproche, surtout quand il s'agit de ceux de la religion dominante) mais non aux simples usagers. Au-delà du cas du foulard qui, en soi, comme symbole d'appartenance religieuse, ne contrevient pas aux dispositions régissant l'école laïque, le Conseil d'État rappelle que « le port d'un signe religieux n'est pas incompatible avec la loi de la laïcité ». Ce qui en revanche est répréhensible, c'est la perturbation de l'ordre public ou le non-respect des obligations scolaires, y compris en termes d'horaires et de disciplines. C'est pourquoi les décisions d'exclusions prises sur le seul motif du port du foulard par les chefs d'établissement ou par les conseils

1. Notons des réactions tout à fait différentes en Allemagne. Les autorités du Land de Bade-Wurtemberg décident qu'une citoyenne allemande, enseignante dans une école publique, peut manifester son appartenance religieuse par le port du foulard islamique. *Die Zeit* (mars 1997) applaudit : « Bannir le foulard serait comme interdire le crucifix ou la kippa. On porte ces symboles afin de témoigner et non pas pour faire du prosélytisme. En éliminant le pluralisme des croyances et des opinions des salles de classe, on n'obtient pas la neutralité, mais la stérilité. »

de discipline, ainsi que les règlements internes pris par les conseils d'établissement interdisant de façon absolue le seul port du foulard, ont été presque systématiquement annulées par les tribunaux administratifs, annulations toujours confirmées en appel par le Conseil d'État. En revanche, l'absence des élèves à certains cours, même pour des motifs religieux, la propagande religieuse, et d'autres conduites, susceptibles de troubler l'ordre public qui peuvent accompagner le port du foulard, peuvent légitimement entraîner l'exclusion des élèves concernées, ce que les juridictions ont régulièrement confirmé.

On comprend que la position des chefs d'établissement n'ait pas été facile, en particulier lorsque des enseignants refusent de faire cours devant des élèves voilées ou lorsque des associations de parents d'élèves exigeaient leur exclusion. En utilisant la peur de l'islamisme radical, certains ont souhaité utiliser la laïcité pour empêcher parfois l'affirmation publique de convictions religieuses en général, et surtout pour mettre un frein à la propagande islamique. Ce n'était sans doute pas le meilleur moyen, ni de faciliter l'intégration sereine de l'islam modéré, ni de lutter contre l'intégrisme islamiste, mais il s'agissait d'une demande sociale : le foulard devait devenir en soi illégitime au nom de la laïcité. Et cette demande très large, pouvait ensuite rejaillir sur d'autres signes religieux identitaires que peuvent porter les élèves en cours, la kippa, les croix et les médailles religieuses..., ce qui amena à rassurer les représentants des autorités religieuses autres que les responsables musulmans. Le problème ne pouvait donc être réglé définitivement par le droit. Déjà, le 2 novembre 1991, le Conseil d'État avait dû annuler la décision du tribunal administratif de Paris confirmant le règlement intérieur du collège de Montfermeil qui prévoyait l'exclusion de tout élève portant le foulard : une interdiction absolue, et visant un seul insigne religieux était discriminatoire, donc contraire aux principes de laïcité. On ne compte plus les annulations de décisions d'exclusion d'élèves portant le foulard par les tribunaux administratifs qui ont souvent été entourées d'incompréhension, ce qui n'a pas contribué à renforcer l'autorité des responsables d'établissement, que ce soit à l'égard des familles musulmanes ou du corps enseignant[1].

C'est après s'être rapproché du Conseil d'État pour faciliter l'interprétation de ces avis et des décisions des juridictions administratives que le ministre de l'Éducation nationale, François Bayrou, adressait, le 20 septembre 1994, une circulaire aux chefs d'établissement précisant que « le port ostentatoire de *tout* signe d'appartenance religieuse, politique ou philosophique est interdit dans l'enceinte des établissements publics d'enseignement ». Il est à remarquer qu'il n'est question à aucun moment du foulard, pour ne pas instaurer de discrimination envers une religion et qu'il s'agit bien d'interdire tout signe. Et si l'on poursuit la lecture, la base de cette interdiction est d'éviter la présence de signes ostentatoires de nature à troubler l'ordre public. Bien sûr, on a beaucoup discuté sur le contenu du caractère ostentatoire, et certains ont souligné que l'on prenait ainsi en considération l'acceptation par la société et son degré de tolérance (ou d'intolérance), les signes religieux dominants n'étant sans doute pas aussi susceptibles que les autres d'être « provocateurs ». Bien sûr ces dispositions ne s'appliquent qu'aux établissements publics et non aux établissements privés sous contrat, le plus souvent confessionnels, ce qui a amené des musulmans à revendiquer la création d'écoles musulmanes sous contrat, ce que rien juridiquement ne permet d'interdire (il en existe d'ailleurs une à La Réunion). Les contentieux n'ont pas cessé pour autant, et, sur 92 exclusions prononcées en 1994-1995 portées devant les tribunaux administratifs, plus de la moi-

1. Un petit guide de 150 pages intitulé *Le foulard islamique et la République française, mode d'emploi*, Éditions Intégrité, signé par le Dr Abdallah, explique aux jeunes filles « victimes des affaires du foulard », comment « défendre leurs droits » en faisant jouer toutes les voies de recours, en concluant : « Les actions en justice aboutissent la plupart du temps à une victoire des élèves qui choisissent de porter le foulard et à leur réintégration dans les établissements scolaires. » Mais l'ouvrage est d'abord une légitimation coranique du port du foulard et une présentation de toute tentative visant à son interdiction comme une dérive de l'islamophobie et de l'occidentalo-centrisme, comme une croisade des partisans de la laïcité athée et le résultat des frustrations françaises. Il se termine par un résumé des moyens médiatiques à utiliser pour empêcher toute limitation du droit religieux.

tié ont été annulées[1]. En fait, avant de décider d'une exclusion, on essaie le plus souvent de trouver des solutions amiables et de régler le problème à l'intérieur de la communauté éducative.

Le foulard, et plus largement l'islam, amène à réfléchir au contenu réel de la laïcité qui, d'un côté, a cherché historiquement à limiter l'influence politique et sociale de l'Église mais qui, par les combats qu'elle a entraînés, s'est vite teintée de laïcisme, avec la volonté d'éliminer le religieux de la sphère publique et de privatiser la religion. L'école républicaine a été le principal lieu de ce combat visant à arracher à l'Église son monopole de la formation pour établir l'unité nationale et former des citoyens autour d'une idéologie, l'humanisme scientifique. Ce combat d'ailleurs n'a pas totalement abouti puisque l'Église a conservé son système scolaire que l'État, en particulier par la loi Debré, a fini par reconnaître, pour en faire un des éléments privés, concourant au service public d'éducation. La loi de 1905 n'a pas privatisé la religion mais elle a cantonné les Églises, à travers leurs associations cultuelles, au seul exercice du culte public et elle a limité la religion à une confession, ne pouvant gérer directement des activités du service public, ce qui est très différent du rôle public et social assigné aux religions dans la plupart des pays européens. La laïcité aujourd'hui n'est plus un combat ; elle est maintenant non seulement acceptée, mais revendiquée par l'Église catholique qui y voit une garantie de liberté et de non ingérence de l'État dans la sphère spirituelle. Mais l'institution scolaire a plus de mal à accepter de laisser une place à la religion, d'où tous les essais avortés d'enseignement de culture religieuse, les débats sur les rythmes scolaires, l'équilibre délicat entre liberté de l'enseignement et laïcité. Dans tous ces vieux débats, le foulard manifeste l'arrivée d'un nouvel acteur, l'islam, qui nécessitera sans doute une redéfinition de la laïcité, sans qu'elle ait à renier ses fondements. Mais il faudra d'abord que l'on accepte de

1. On se contentera de rappeler deux décisions du Conseil d'État, le 14 mars 1994, annulant la décision du tribunal administratif de Nantes, et le 3 mai 1992, celle du tribunal administratif d'Orléans, qui avaient confirmé des exclusions d'élèves portant le foulard.

faire une place à l'islam, malgré l'image souvent négative qu'il a dans l'imaginaire collectif, à cause des conflits culturels, du passé colonial mal digéré, de la situation de la femme... Le foulard en lui-même, comme le rappelait le Conseil d'État, n'exprime rien ; il ne peut être ressenti comme une agression contre la dignité et l'égalité des femmes que par un regard extérieur qui en fait un marqueur idéologique et qui, sans considération de la personne qui le porte et des faits qui sont susceptibles de lui être reprochés, serait attentatoire à la liberté de conscience, et même contraire à la laïcité. L'islam, comme le judaïsme, ou même comme le christianisme avant la sécularisation, est avant tout un mode d'être, un mode de vie, où il est difficile d'opérer une séparation radicale entre le public et le privé : il ne peut être réduit à une simple confession.

Cette visibilité croissante de l'islam dérange de nombreux Français qui constatent les modifications rapides du paysage religieux auquel ils étaient habitués, et de nouvelles pratiques qui semblent remettre en cause le difficile compromis d'une laïcité équilibrée, essentiellement conçue pour laisser à l'État l'espace politique et la direction des services publics, face à une Église catholique cantonnée à l'exercice public du culte, qui n'est plus défini comme un service public, comme cela reste le cas dans le système des cultes reconnus en vigueur en Alsace Moselle. L'Église dispose d'une grande liberté d'action, avec un contrôle très léger de l'État, dans un pays où le calendrier lui-même est lié aux fêtes catholiques.

CHAPITRE III

Les problèmes posés par l'exercice du culte musulman : égalité de droit, inégalité de fait

L'exercice du culte musulman continue, au contraire, de connaître un certain nombre de handicaps qui nourrissent les principales revendications musulmanes.

Mais remarquons d'emblée que le véritable problème n'est sans doute pas là. Le musulman ne peut accepter de cantonner sa pratique religieuse à la mosquée et de réduire sa foi à une simple confession. L'islam concerne tout l'homme, dans tous ses aspects. Il pose la question de la portée sociale, voire politique, des valeurs religieuses, que l'on ne peut restreindre à un espace limité, ni ravaler à une simple marchandise parmi d'autres dans le libre marché des idéologies né de la mondialisation, à l'origine de la crise de la culture occidentale. La liberté de conscience, le respect du pluralisme religieux supposent non seulement qu'on fasse une place à l'islam, mais qu'on accepte les musulmans tels qu'ils sont, sans chercher à les faire passer dans le moule uniforme d'une société occidentale rationaliste et libérale, sur fond de culture catholique.

Il faut interroger la réalité des possibilités et des espaces d'action offerts au culte musulman. Les musulmans jouissent en France, comme les croyants de toutes les religions, d'une totale égalité de droit. Pour beaucoup de musulmans d'origine étrangère, c'est une situation totalement inconnue. En ce sens, la France, sans exiger de réciprocité de la part des pays musulmans, est incontestablement un modèle : tout musulman peut accéder aux plus hautes fonctions publiques, sans entrave due à ses convictions, alors que tout exercice d'un culte non musulman est interdit dans un certain nombre de pays musulmans, à commencer par l'Arabie Saoudite (on a vu les difficultés pour permettre d'assurer un accompagnement spirituel au plein jour pour les troupes occidentales engagées dans la guerre du Golfe), et que dans beaucoup d'États, à l'exception des États laïcs comme la Turquie ou la Tunisie, les fidèles des religions du Livre continueront, de droit ou de fait, à avoir un statut de « dhimmis » (statut inférieur mais protégé dans l'islam, pour tous ceux qui appartiennent au « Ahl al-Kitab », les gens du Livre, devant souvent porter des signes distinctifs).

Cependant, pour la pratique de la religion musulmane et pour l'exercice du culte, l'islam souffre encore en France d'inégalités de fait, essentiellement pour deux sortes de raisons, des raisons historiques, voire sociologiques, liées au caractère relativement récent de l'implantation de l'islam en France métropolitaine, postérieur en tout cas à la loi de séparation de 1905, et des raisons structurelles internes, liées aux divisions des communautés musulmanes et à l'absence d'autorité représentative, servant d'interlocuteur et de garant aux pouvoirs publics.

LE MANQUE DE MOSQUÉES, LES BESOINS DE FORMATION ET L'INSUFFISANCE DES IMAMS

Le premier handicap que rencontrent les musulmans dans l'exercice public de leur culte est le manque de mosquées et même de salles de prière. En effet, les communautés musulmanes ne disposent pas d'un patrimoine cultuel. Les salles de prière sont souvent louées ou prêtées, dans des conditions de grande précarité, voire d'insalubrité, par d'autres associations ou par des municipalités. Les lieux de culte à caractère pérenne sont le plus souvent la propriété d'associations musulmanes et ils ont dû être financés uniquement par des dons privés. Même la Mosquée de Paris qui a bénéficié à ses origines de subventions publiques est la propriété d'une association. Les musulmans ne disposent pas d'édifices, propriétés de collectivités locales ou de l'État qui en assureraient l'entretien et dont elles auraient la libre jouissance à titre gratuit, selon le principe de l'affectation légale prévue par la loi de 1905. Elles ne possèdent pas de bâtiment inscrit à l'inventaire supplémentaire des monuments historiques (sauf la Mosquée de Paris) et encore moins d'édifice classé, et ne peuvent donc bénéficier à ce titre de subventions du ministère de la Culture. Elles doivent assumer seules la charge de l'entretien de leurs édifices du culte sans pouvoir bénéficier, pour leurs activités cultuelles, de subventions publiques. Or le nombre d'édifices du culte musulman est nettement insuffisant. C'est dans ce cadre que se pose le problème des financements étrangers du culte musulman, tout particulièrement pour la construction des mosquées. En soi, des aides étrangères à des cultes, dans le cadre des lois, ne sont pas surprenantes et encore moins répréhensibles. Certes le catholicisme français a beaucoup donné pour la propagation de la foi dans le monde par ses missionnaires, pour le développement du Tiers Monde et pour le fonctionnement du Vatican ; le judaïsme français a beaucoup contribué par ses collectes au développement de l'État d'Israël. Mais il existe de nombreuses formes de solidarité religieuse « internationale » : le Vatican forme des prêtres français, aide des congrégations et soutient l'apostolat ; les organisations juives américaines ont puissamment aidé le judaïsme français d'après guerre à se relever de ses ruines ; le protestantisme français a bénéficié du soutien des Églises allemandes, suisses ou scandinaves ; un certain nombre de mouvements religieux, voire de sectes, trouvent des soutiens puissants aux États-Unis. Dans le cas de l'islam, ces aides servent d'argument pour souligner son caractère étranger, voire dénoncer les risques de manipulations étrangères. C'est pourtant, en partie, un « faux problème »[1] qui nourrit cependant beaucoup de craintes et de fantasmes dans la population.

Tout projet important de construction de mosquée suppose aujourd'hui des financements étrangers, provenant soit des pays d'origine des promoteurs du projet, soit des Émirats et surtout de l'Arabie Saoudite, à travers la Ligue islamique mondiale, dont le but est de soutenir les activités islamiques et l'expansion de l'islam dans le monde. Pourtant, les dons des fidèles sont déjà loin d'être négligeables. Ils sont appelés à prendre plus d'importance au fur et à mesure de leur intégration et de leur réussite sociale. Les dons de l'étranger ne supposent d'ailleurs pas obligatoirement une inféodation totale aux orientations des bienfaiteurs. Par exemple, la mosquée de Lyon, édifiée grâce à une aide personnelle du roi Fahd d'Arabie Saoudite, est dirigée par des modérés bien intégrés en France, et son recteur, M. Chikhane, est proche de la Mosquée de Paris. La marge de manœuvre, face aux donateurs, sera d'autant plus large que l'association aura un fonctionnement démocratique, qu'elle exercera un contrôle rigoureux des comptes et que les fonds récoltés seront d'origines diverses. Il n'en est pas moins vrai que ces financements donnent lieu à de nombreuses accusations et que le trésorier de la mosquée de Lyon, comme les responsables de la mosquée d'Évry, et bien d'autres, ont été tour à tour accusés de malversation et ont fait l'objet de poursuites judiciaires.

Le problème posé par le manque de cadres communautaires, leur faible niveau de formation, ainsi que par la quasi-absence d'imams français ou d'imams formés en France, aboutit à des difficultés du même ordre. Le besoin est pourtant très largement reconnu, par tous les responsables religieux comme par les pouvoirs publics. Il peut, en effet, paraître choquant que près de deux millions de musulmans français n'aient que des cadres

1. Jocelyne Césari, *Être musulman en France aujourd'hui*, *op. cit.*, p. 175.

étrangers pour répondre à leurs besoins de pratique et de formation religieuse. C'est un peu comme si tous les pasteurs et tous les rabbins en France n'avaient pas la nationalité française : on ne manquerait pas, dans certains milieux, d'en inférer leur caractère étranger et de craindre qu'ils ne répondent à des mots d'ordre étrangers. Les responsables musulmans ont bien senti la nécessité de former de nouvelles générations de cadres musulmans français. La solution semble se profiler dans les mouvements de jeunesse avec la création, en 1990, des Scouts musulmans de France, qui se sont d'abord développés grâce à l'aide et au parrainage des Scouts de France (catholiques) et qui organisent déjà de nombreuses manifestations et des rencontres interreligieuses promouvant un islam ouvert et tolérant. Pour la formation religieuse, si les écoles coraniques fonctionnent à peu près convenablement à l'ombre des mosquées et des salles de prière, grâce aux bénévoles et au personnel religieux, le problème des imams reste entier. Certes une génération d'imams va sortir du Centre de formation de Bouteloin, à Saint-Léger-de-Fougerey, dans la Nièvre, mais leur nombre sera bien faible par rapport aux demandes. Les associations musulmanes manquent de moyens et sont trop divisées pour pouvoir établir une réponse satisfaisante à ce problème de formation.

C'est pourquoi on s'est depuis longtemps tourné vers les pouvoirs publics. Beaucoup de projets ont été évoqués en haut lieu depuis une bonne dizaine d'années. Mais on a renoncé devant les problèmes juridiques (la séparation de la loi de 1905), le montage financier, et surtout la difficulté de s'assurer de la qualité théologique et de la valeur religieuse de la formation, en l'absence d'interlocuteur unique. Pourtant, après avoir essayé de s'appuyer sur des centres universitaires d'islamologie à Paris ou dans le cadre de l'Institut de recherches et d'études sur le monde arabe et musulman (IREMAM) d'Aix-en-Provence, certains préconisent d'utiliser le statut religieux particulier de l'Alsace-Moselle, et en particulier la présence de deux facultés de théologie d'État, catholique et protestante, dans le cadre de l'Université des sciences humaines et sociales de Strasbourg, pour établir une faculté de théologie musulmane offrant des garanties universitaires pour toute la formation religieuse, débouchant sur des titres universitaires, la seule qualification religieuse relevant des autorités musulmanes. C'est le sens du rapport présenté par le Pr Trocmé pour le ministre de l'Éducation nationale et soumis au Conseil de l'USHS dans la perspective du contrat quadriennal que l'établissement est appelé à signer avec l'État. Mais déjà ce projet suscite des débats à l'intérieur de l'Université, des inquiétudes dans l'opinion, craignant d'avoir à gérer un centre islamiste, des hésitations des pouvoirs publics pour réunir sur un projet contesté des fonds publics indispensables : il est à craindre qu'une fois de plus on préfère ne rien décider. Ce dossier a été repris récemment par le ministère de l'Intérieur, en liaison avec le ministère de l'Éducation nationale, en vue de créer, à Paris, un Centre d'études supérieures sur l'islam « à la charnière de l'enseignement et de la recherche ». Mais on resterait dans le domaine de l'islamologie, en excluant la théologie du champ du savoir scientifique légitime et en laissant aux responsables religieux le soin de la formation théologique musulmane. Ceci a conduit un certain nombre d'intellectuels musulmans, dont les P[rs] Azzedine Guellouz et Ali Merad et M. Abdelhaq Guidernoni, responsable de l'émission religieuse « Connaître l'islam » sur Antenne 2, à adresser, le 11 mai 1998, une déclaration au président de la République et au Premier ministre dénonçant la tentation administrative de faire gérer « le dossier musulman, par des spécialistes extérieurs sinon hostiles à l'espace culturel, intellectuel et religieux de l'islam », en précisant que « les musulmans ont fait la demande claire, explicite, d'un institut répondant à leurs besoins de formation, d'expression intellectuelle et de recherche modernes, et qui ne saurait être animé et administré que par des intellectuels musulmans dont la haute compétence et l'autorité soient légitimes et indéniables ». Il serait regrettable qu'une initiative intéressante, par suite d'une conception très restrictive de la laïcité, se transforme, une fois de plus, en une occasion ratée de rencontre entre l'islam et la République.

Dans le domaine scolaire, l'égalité est sans doute la mieux respectée : il n'y a pas d'enseignement religieux dans l'école publique, conformément au principe de laïcité ; cet enseignement relève de la responsabilité des différents cultes qui doivent l'organiser en dehors des horaires et des locaux scolaires. Cependant les programmes scolaires font une place de plus en plus grande, dans différentes disciplines, à une présentation des phénomènes religieux, dans leurs aspects historiques et culturels. La place que l'islam a acquise dans le monde contemporain explique qu'il soit assez souvent abordé, de façon scientifique, et généralement positive, au point que certains ont pu regretter qu'il soit mieux traité que le christianisme ou le judaïsme. Cependant beaucoup de musulmans regrettent la quasi-inexistence, de fait et non de droit (puisqu'il existe un établissement de ce type à la Réunion), d'un enseignement privé musulman sous contrat. Il convient de souligner que cette situation provient de la faiblesse des moyens des associations musulmanes puisqu'un contrat d'association ne peut, en règle générale, être signé avec l'État, que lorsque l'établissement privé a fonctionné pendant cinq ans sans subvention, et à condition qu'il remplisse un certain nombre de critères, tenant en particulier à la qualité pédagogique et au respect des programmes nationaux, qui peuvent éventuellement être complétés par des enseignements spécifiques dont les frais de fonctionnement restent entièrement à la charge des familles ou des associations supports. Enfin le statut scolaire spécifique de l'Alsace-Moselle où les établissements restent confessionnels en droit (interconfessionnels en fait) et où l'enseignement religieux est une discipline obligatoire en droit (dont on peut être dispensé) qui ne s'applique qu'aux cultes reconnus, catholique, protestants et israélite, crée une disparité aux dépens des élèves et des enseignants musulmans. Même si les IUFM d'Alsace s'orientent de plus en plus, pour la formation des maîtres susceptibles d'enseigner la religion à l'école publique, vers un enseignement de culture religieuse où une place importante est faite, pour tous les cultes reconnus, à une connaissance des religions et de l'islam en particulier, il est certain que les musulmans ont du mal à trouver leur place dans ce système et réclament de bénéficier des dispositions de ce statut particulier.

LE RETARD DES AUMÔNERIES

Cette situation se retrouve également dans le domaine des aumôneries où, à côté de quelques réalisations notables, les musulmans se sentent exclus d'un service qui est accordé libéralement aux autres cultes. D'abord on notera l'absence totale d'aumôneries musulmanes dans les établissements scolaires du second degré (collèges et lycées), alors qu'il est relativement aisé pour les autres cultes de créer des aumôneries, lorsqu'un certain nombre de familles le demandent et acceptent de les prendre en charge financièrement, le chef d'établissement devant alors en faciliter le fonctionnement et mettre au besoin des locaux à la disposition des responsables de ces aumôneries. L'aumônerie catholique dans l'enseignement public représente par exemple un service important de l'Église tandis que continuent à fonctionner dans certains lycées avec internat des chapelles qui, si elles datent d'avant 1905, ne peuvent être détournées de leur affectation sans l'accord de l'affectataire. Souvent on a argué de l'absence de demande de la part des familles musulmanes, du manque de personnel religieux musulman, de l'insuffisance des garanties offertes par les autorités musulmanes pour justifier ces refus, mais il est certain que les responsables de l'Éducation nationale auraient du mal à satisfaire à des demandes répondant aux critères réglementaires, précisés dans différentes circulaires ministérielles.

Au contraire, dans les principaux aéroports internationaux français, en particulier dans les aéroports de Paris, il existe un service d'aumônerie et des salles de prière pour les musulmans ; même si ces locaux sont souvent séparés des chapelles chrétiennes et des locaux israélites, l'égalité est respectée, même si la place des locaux religieux est souvent plus importante et visible dans d'autres aéroports européens, que ce soit à Francfort, Rome ou Londres. Mais cette égalité vise, en fait, à satisfaire, par un service public, les exigences religieuses d'une clientèle internationale, plus qu'à répondre aux demandes des musulmans en France.

Dans l'armée française, il existe, depuis l'origine, un service d'aumônerie militaire catholique (sous l'autorité de l' « évêque aux armées », ordinaire de l'ensemble des Français sous les drapeaux, avec des prêtres rémunérés par l'armée, chargés de leur accompagnement spirituel), mais aussi une aumônerie protestante et israélite, ce qui reproduit le système des anciens cultes reconnus. Mais il n'existe pas d'aumônerie musulmane... alors même que, dans les troupes coloniales, la France avait fait l'expérience de services musulmans. Il y a donc bien eu en quelque sorte un oubli de ce passé, et on a pris prétexte de l'absence d'autorité musulmane pour ne rien faire. On s'est pourtant rendu compte assez vite du problème, avec la présence de musulmans parmi les appelés, mais aussi parmi les sous-officiers et officiers. Le colonel Biville avait remis au chef d'état-major de l'armée de terre un rapport sur l'intégration des recrues d'origine nord-africaine dans les armées qui, à côté d'aspects sociaux, ne négligeait pas la dimension religieuse du problème. Sans aller jusqu'à préconiser la création d'une aumônerie musulmane, il insistait sur la nécessité de tenir compte des habitudes alimentaires des musulmans (d'où la confection de barquettes halal pour les recrues), des rites et des fêtes, et préconisait de donner aux cadres de l'armée une information sur les fondements de la religion musulmane. La fin du service militaire obligatoire rend sans doute cette intégration moins nécessaire qu'avant ; beaucoup de jeunes d'origine musulmane échappaient au service national, ce qui diminuait le caractère égalitaire du service et ne permettait pas pleinement à l'armée, qui n'avait pas su faire une place véritable à la religion musulmane, de jouer son rôle intégrateur. L'armée professionnalisée devra sans doute, pour des raisons d'égalité, et pour le lien armée-nation, reprendre ce dossier dans un cadre nouveau, car un nombre important de volontaires devrait être d'origine musulmane.

Dans le domaine sanitaire et social, la prise en compte du fait musulman reste encore embryonnaire. Certes la restauration collective (par ex. pour les restaurants scolaires) a largement admis la pratique de repas sans porc et sans vin, ne posant pas de gros problème pour la population musulmane qui n'exige pas de consommer exclusivement de la viande halal. Dans les hôpitaux publics, il existe très souvent des chapelles, mais pas de salles de prière musulmanes ; en cas de besoin, lorsqu'il y a par exemple un dignitaire musulman, on trouve des accommodements, avec l'utilisation provisoire de la chapelle, en essayant de pallier l'absence d'orientation du local vers La Mecque. Alors qu'il existe des aumôniers catholiques, protestants et israélites, agréés auprès des principaux centres hospitaliers, il n'existe guère d'imams qui puissent accomplir leur fonction dans ce milieu. C'est un problème en particulier pour l'accompagnement des mourants, car la mort est encadrée dans l'islam par un rituel précis. Il convient en particulier que le mourant puisse avoir la tête tournée vers La Mecque et prononce, l'index levé en témoin, la « shahada » (témoignage) ou profession de foi en l'unité de Dieu, afin de faciliter l'interrogatoire qu'il aura à passer dans le tombeau devant deux anges. S'il est trop affaibli, le mourant peut être remplacé par un proche pour prononcer la shahada. Tout ceci devient bien sûr difficile en milieu hospitalier, en l'absence d'imam, et rend la mort, pour le musulman et ses proches, plus douloureuse et dépourvue de toute spiritualité. Le personnel hospitalier, en particulier les infirmières, a été maintenant sensibilisé à ce problème mais il ne peut suppléer l'absence de personnel religieux. De même, il est souvent difficile de donner à la dépouille, dès la mort, les soins qui s'imposent dans l'islam, en particulier la purification et la toilette mortuaire, avec de l'eau de camphre, complétée des ablutions rituelles et de la prière. Cette toilette doit être réalisée par deux personnes du même sexe instruites dans les rites. Cette toilette mortuaire est considérée comme une œuvre pieuse dont il sera tenu compte au jour du jugement. Malgré les efforts pour organiser, sous l'égide de la Mosquée de Paris, un service de pompes funèbres, le marché est encore trop étroit pour connaître un grand succès et la toilette mortuaire est souvent réalisée bien trop tard, après la sortie de l'hôpital, pour répondre parfaitement aux critères religieux. Et l'on retrouve ensuite tous les problèmes de l'inhumation et des carrés musulmans, que nous avons envisagés plus haut, un service religieux musulman étant particulièrement difficile à organiser dans le cadre de l'hôpital.

Notons toutefois une exception, l'hôpital franco-musulman Avicenne de Bobigny, créé dans l'entre-deux-guerres, propriété de l'Assistance publique de Paris, conçu à l'origine pour accueillir des patients musulmans et qui est doté d'une mosquée et d'un cimetière musulman. L'imam de la mosquée ainsi que le personnel d'entretien du cimetière étaient pris en charge par l'Assistance publique qui a décidé de se défaire de ces responsabilités particulières. Le cimetière est entré dans le cadre du cimetière intercommunal de Bobigny en constituant un carré musulman un peu spécial, puisqu'il est séparé des autres parties communes. Mais il sera à la charge du syndicat intercommunal, tandis que la mosquée sera remise à une association musulmane, à charge pour elle d'assurer son fonctionnement, tout en bénéficiant d'une affectation à titre gratuit comme pour des édifices religieux construits avant 1905.

Notons aussi, à travers cet exemple, que la France laïque avait su prendre en compte, sur le territoire métropolitain, les besoins religieux spécifiques des patients dans le cadre hospitalier, comme l'imposaient ses responsabilités de puissance coloniale. Il serait souhaitable que la France de l'an 2000, comptant sur son territoire plus de 4 millions de musulmans, dont près de 2 millions de citoyens français, sache trouver les réponses adéquates pour répondre à leurs besoins religieux dans tous les cas où s'impose une résidence dans un service public, où l'exercice privé de la religion n'est pas pleinement satisfaisant, comme l'avaient bien compris les auteurs de la loi de 1905 qui ont institué des aumôneries « publiques ».

L'administration pénitentiaire a dû tenir compte des contraintes que faisaient peser sur le service des détenus le respect des principales règles de l'islam, en particulier le jeûne du ramadan, les interdits et les obligations alimentaires, les cadeaux à contrôler pour les fêtes... elle a parfois regroupé dans certaines grandes centrales les détenus musulmans, ce qui évidemment ne favorise pas leur intégration sociale, mais l'action des réseaux islamistes qui canalisent les rancœurs des prisonniers et sont prêts à les « récupérer » à leur sortie de prison, comme l'a souligné le dernier rapport du Haut Conseil à l'intégration.

Pour les détenus, les contacts avec le monde extérieur par l'intermédiaire des visiteurs de prison et des aumôniers sont très importants pour le travail de réadaptation et la préparation à la sortie de prison, afin d'éviter la récidive, et parfois même l'évolution vers la délinquance chronique et la grande criminalité. La réglementation générale concernant l'organisation de l'aumônerie prévoit la possibilité d'organiser des services religieux dans les prisons, la réservation de lieux de culte et surtout la rémunération de ministres du culte sous forme de vacations, à raison d'un ministre du culte pour 200 détenus ayant déclaré appartenir au culte considéré. Cette règle est respectée sans trop de difficultés pour les cultes catholique, protestant et israélite. Mais pour le culte musulman on compte moins d'une dizaine d'imams accrédités comme aumôniers et pris en charge par le ministère de la Justice, alors qu'il en faudrait plus d'une centaine pour répondre aux critères généraux. L'administration pénitentiaire explique cette disparité par le manque d'imams suffisamment disponibles, répondant aux critères de moralité et de nationalité, et l'absence d'autorité musulmane reconnue. La plupart des aumôniers musulmans bénéficient en fait de l'accréditation de la Mosquée de Paris, à Paris, à Marseille ou à Lyon. Cependant quelques imams dépendent d'autres associations musulmanes : ainsi les détenus musulmans de Fleury-Mérogis bénéficient des services de l'imam de la mosquée d'Évry. Là encore on connaît les besoins, il y a des possibilités juridiques, mais la nécessité de compléter le réseau d'aumôneries musulmanes est évidente.

LES DIFFICULTÉS DANS LA VIE QUOTIDIENNE (JEÛNE DU RAMADAN, PRIÈRES, ABATTAGE RITUEL, INHUMATION...)

Les difficultés pour l'exercice du culte musulman apparaissent également dans la vie quotidienne ; certains aménagements apparaissent possibles à condition que la demande soit bien cernée, que des responsables musulmans soient prêts à les présenter aux pouvoirs publics et que ceux-ci acceptent des évolutions qui ont eu lieu ailleurs.

Le respect de certains piliers de l'islam ne pose pas de problème, car ils relèvent de la liberté individuelle et d'une pratique privée : la profession de foi (ou shahada : « J'atteste qu'il n'y a de Dieu que Dieu et que Muhammad est son Prophète ») que tout musulman doit prononcer au moins une fois dans la journée ne perturbe pas la vie civile, car elle n'a pas besoin de publicité ; la zakat (ou aumône légale, prélèvement de 2,5 % des revenus du fidèle pour être redistribuée aux pauvres ou à des œuvres pieuses) est en fait laissée à la discrétion du croyant dont la bienfaisance s'exercera particulièrement pendant le ramadan, lors de l'Aïd El Kébir, ou de fêtes familiales, comme la circoncision d'un enfant, ou contribuera à l'aménagement d'un lieu de culte.

Au contraire, la prière obligatoire qui est fixée à des heures déterminées et qui répond à des règles précises pose un certain nombre de problèmes dans une société non musulmane. D'abord la prière du vendredi midi est une prière collective, ce qui suppose que le musulman puisse se libérer de son travail et trouver un lieu de rassemblement. Ensuite les cinq prières dans la journée ont plus de valeur si elles sont dites à l'heure prescrite (aube-Fajr, aurore-Subh, après le zénith-dhur, au milieu de l'après-midi-'asr, au coucher du soleil-maghrib, et lorsque l'obscurité est totale-'isha), même s'il est toléré de la différer et de la combiner avec la prière suivante, quand on est en voyage ou quand on a des horaires très contraignants, voire de la reporter sur toute une période. La prière doit être fondée sur une intention pure et être préparée par des ablutions rituelles (avec un lavage très précis de certaines parties du corps[1] : les deux mains, le visage, les deux avant-bras, la tête et les pieds), accompagnées de récitations d'une formule de confession de foi, en étant vêtu décemment, obligations qui rendent cette prière quasiment impossible à effectuer dans le temps de travail, sauf dispositions spécifiques prises par l'employeur. Dans la réalité, il n'y a plus guère aujourd'hui de revendication massive de création de salles de prière sur les lieux de travail et d'aménagement spécifique du temps de travail pour permettre la prière, comme ce fut le cas dans les usines Talbot en 1983, avec la résonance politique, dans un conflit entre la direction de l'entreprise et la CGT, qui amena un peu rapidement à dénoncer dans ce mouvement un complot chiite. La plupart des musulmans en France utilisent donc la possibilité du report de la prière, en considérant que prier pendant le temps de travail, contrairement aux dispositions du contrat de travail, constituerait un vol, ce qui dans l'islam est un crime majeur. D'autre part la prière peut se réaliser en tout lieu propre et décent, la prière pouvant même se dérouler avec prosternation à même le sol, à condition qu'il soit recouvert. Ce qui est important, c'est la qiba ou l'orientation du fidèle vers la mosquée sacrée de La Mecque. Cette orientation peut être laissée à l'initiative du musulman qui doit pouvoir se référer aux positions du soleil, mais dans les salles de prière l'orientation vers La Mecque est matérialisée par une niche, le mirhab, complétée par la chaire oratoire utilisée par l'imam pour le prêche du vendredi. En pays musulman, la prière collective est précédée par un triple appel du muezzin, théoriquement obligatoire dans tout lieu fermé ou en plein air, mais qui, pour des raisons d'ordre public, n'est pas respectée en France, même lorsque les mosquées, comme à Paris, Lyon, Évry, Lille ou Marseille, disposent

1. Cf. Jocelyne Césari, *Être musulman en France aujourd'hui*, *op. cit.*, p. 135.

d'un minaret. Il n'y a pas encore de véritable demande en ce sens, mais il n'est pas impossible que l'administration ait un jour à se prononcer sur des problèmes de cet ordre sous le contrôle de la juridiction administrative, comme elle a été appelée à le faire à de nombreuses reprises, depuis le XIXe siècle, sur les sonneries de cloches.

Le rituel de la prière est également codifié avec des gestes, des génuflexions, des prosternations, accompagnés de formules obligatoires insistant sur l'unicité et la grandeur de Dieu et appelant sur le fidèle le pardon du Miséricordieux, et sur les frères, la paix du Tout-Puissant.

Si la prière du vendredi a une importance particulière et doit être accomplie juste après midi dans une mosquée ou une salle de prière, de façon collective (le nombre minimal des participants étant de douze hommes, selon le rite malékite), et s'il est recommandé de ne pas travailler après, le vendredi n'est pas obligatoirement chômé pour un musulman, ce qui ne pose pas les mêmes problèmes, par exemple pour le respect de l'obligation scolaire, que le Shabbat pour un Israélite[1]. A l'exception des pays strictement islamistes, beaucoup de pays musulmans pratiquent en fait le « week-end » à l'occidentale, sans que cela pose de problème majeur... Il en est ainsi pour l'instant en France. Cependant beaucoup de musulmans souhaiteraient pouvoir participer à la prière du vendredi et suivre le sermon (« khotba ») que l'imam prononce sur un thème de son choix, depuis la chaire oratoire, qui se termine par une invocation à Dieu en faveur de tous les musulmans, de l'islam en général, et du chef suprême de la communauté musulmane (ou du chef de l'État), avant que l'imam se tourne vers le mirhrab et conduise la prière proprement dite commençant par la « fatiha » ou sourate d'ouverture, et se poursuivant par une des quatre sourates recommandées

1. Sur lequel le Conseil d'État a eu à se prononcer, en réaffirmant la primauté de l'obligation scolaire dans les écoles publiques sur les pratiques religieuses, en suivant les conclusions du commissaire du gouvernement, Yann Aguilaï, qui avait appuyé sa démonstration sur le principe talmudique : « La loi de l'État, c'est la loi. »

pour l'office du vendredi ou par une sourate à sa convenance. Des évolutions semblent cependant possibles pour permettre aux musulmans de participer à la prière du vendredi, acte collectif, malgré leurs obligations professionnelles, même si la retransmission de la prière par la radio ou la télévision ne lui confère pas la même valeur de purification et de communion entre les croyants.

Pour le respect des fêtes les plus importantes, comme la fin du mois de ramadan (Aïd el Seghir ou Aïd el Fitr), ou l'Aïd el Kébir, il serait possible d'instituer pour les fidèles musulmans des autorisations d'absence par circulaire, comme cela existe pour les fêtes israélites, orthodoxes, arméniennes... mais il conviendrait pour cela que les dates en soient connues à l'avance et que les communautés musulmanes se mettent d'accord sur un principe de fixation de ces dates, valable au moins en France métropolitaine, sans chercher à s'aligner sur un pays étranger. Une telle démarche collective est non seulement envisageable, elle est même réalisable et a déjà été suivie à plusieurs reprises, comme signe de l'unification de l'islam en France, mais elle suppose une forte volonté commune, car elle est remise en cause dès que de nouvelles tensions internes apparaissent.

Il est certain que le jeûne du ramadan, par sa durée et par son caractère mobile au cours de l'année, à cause du calendrier lunaire, pose d'autres problèmes. Il est difficile d'adapter le rythme du travail industriel ou du travail scolaire aux contraintes que peut faire peser sur l'attention des fidèles un jeûne qui couvre toute la journée, avec abstinence de nourriture et de boisson, en particulier en période estivale.

Nous avons évoqué la distance qui existe entre les pratiques musulmanes traditionnelles face à la mort et les prescriptions réglementaires concernant l'inhumation et l'organisation des obsèques, par exemple en ce qui concerne l'obligation d'avoir un cercueil pour des raisons d'hygiène, ou l'absence de séparations matérielles pour préserver l'égalité et l'absence de discrimination, liées à la laïcité des cimetières publics. Pourtant l'inhumation en France pour les défunts musulmans plutôt que le rapatriement des corps qui nécessite, à la suite de diverses conventions internationales, la fermeture hermétique du cercueil contraire au rituel funéraire musulman traditionnel, mais aussi une organisation complexe et onéreuse[1] avec une déritualisation du décès, avec l'absence de veillée mortuaire à domicile, en cas de décès à l'hôpital, et la remise du corps à une entreprise de pompes funèbres qui se chargera du transport, aurait une grande importance symbolique. Elle serait le signe d'une véritable intégration, marquant une rupture avec le passé, la famille et le pays par l'acceptation d'être inhumé en dehors de la « Maison de l'islam ». Nous avons vu qu'il existait la possibilité de créer des carrés musulmans : la demande est particulièrement forte chez les « Français musulmans », descendants de harkis, qui n'avaient plus la possibilité d'un dernier retour au pays des ancêtres après l'indépendance de l'Algérie. Cette possibilité a été étendue par une circulaire de Philippe Marchand en 1992, alors ministre de l'Intérieur, sur proposition du CORIF, à tous les musulmans sans distinction d'origine. Mais cette circulaire ouvre seulement une possibilité : si elle demande aux préfets d'agir auprès des municipalités pour qu'elles répondent favorablement aux demandes qui leur seraient adressées en ce sens, tout dépend finalement de la décision des communes. Il existe encore des localités ayant des communautés musulmanes importantes qui ne disposent pas de carré musulman. C'est dans la communauté turque que le souhait d'être inhumé au pays est le plus important. Ce groupe est celui qui a le moins de contacts avec la communauté française : « Aucun groupe d'immigrés ne comporte les signes d'un repli identitaire aussi nets et répétés que celui de la Turquie », note Michèle Tribalat (*Faire France*, La Découverte, 1995). Le rapatriement des corps est organisé par les mosquées, par exemple, par la plus importante des associations turques de Paris, l'Institut des musulmans de France, proche du Refah, de Necmettim

1. De 10 000 à 20 000 F, sans compter bien sûr les frais de transport des membres de la famille, même si des systèmes d'assurance par cotisation annuelle ont pu être organisés par les amicales des pays d'origine.

Erbakan, qui gère un ensemble culturel, rue du Faubourg-Saint-Denis et qui regrouperait 20 000 adhérents.

Le respect des prescriptions alimentaires dépend bien sûr de la libre décision du croyant dans un pays non musulman où ni la loi, ni même la pression sociale ne dictent les comportements. Encore faut-il que des aliments ou des boissons prohibés ne soient pas imposés dans le cadre de la restauration collective, surtout lorsqu'elle est quasiment imposée, comme dans les prisons, les hôpitaux ou les armées. Encore que les interdits puissent être levés en cas de nécessité extérieure pour survivre, la priorité étant toujours donnée à la vie dans l'islam, comme dans le judaïsme ou le christianisme : « Envers ceux qui se trouvent contraints en temps de disette, et sans intention sacrilège, de consommer des aliments interdits, Dieu est Celui qui absout et qui est miséricordieux » (Sourate de la Table Servie, 3). Le respect des interdits alimentaires dépend bien de l'attention des Français et de la volonté des pouvoirs publics de tenir compte de la présence de musulmans en France.

En revanche, l'organisation de l'abattage rituel musulman dépend des organisations musulmanes. En effet, le cadre réglementaire permettant l'abattage rituel, à condition bien sûr qu'il soit pratiqué dans un abattoir, existe et fonctionne parfaitement au bénéfice du culte israélite sous le contrôle du Beth Din et du Consistoire israélite de Paris, missionné pour cela par le Consistoire central. La dérogation pour l'abattage rituel (par rapport à la prescription de l'immobilisation et de l'étourdissement, avant la mise à mort de l'animal) est accordée à un organisme religieux par le ministère de l'Agriculture sur proposition du ministère de l'Intérieur. Le rôle du sacrificateur rituel est en effet déterminant : outre sa capacité technique, il doit, selon le rite musulman, trancher simultanément la gorge, l'œsophage et les jugulaires de l'animal en prononçant le takbir : « bismilla Alla hu'akbar », en présentant la bête couchée sur le côté gauche face à la ka'ba. Chaque animal doit être théoriquement égorgé à la main, ce qui rend impossible l'abattage automatique. Pour les volailles, on a cependant recours à l'électronarcose à faible dose qui a seulement pour but d'engourdir l'animal, tandis qu'un magnétophone diffuse la formule rituelle.

Le problème est justement la désignation de l'organisme agréé. En effet, le contrôle de la viande halal représente une garantie de rentrées financières régulières et surtout une source de pouvoir par l'emploi de sacrificateurs et la reconnaissance officielle. En 1983, Daniel Youssouf Leclercq avait constitué un collectif d'associations en vue de contrôler les viandes et les produits halal dénommé Tayibat, mais le ministère de l'Intérieur lui avait refusé l'agrément national en raison de sa faible représentativité.

Jusqu'à ce jour, aucun organisme n'a reçu d'habilitation nationale. Les préfets délivrent des agréments valables uniquement pour leur département. Pourtant l'enjeu économique est important. L'UOIF a créé un bureau de contrôle et de certification religieuse qui est reconnu par les États du Golfe, ce qui lui offre un quasi-monopole sur les importations de viande halal par ces pays, et une source financière importante. La Mosquée de Paris était parvenue à obtenir le monopole pour l'habilitation des sacrificateurs rituels, par arrêté du 15 décembre 1994, ce qui lui a permis de signer une convention avec la Fédération nationale des exploitants d'abattoirs qui l'autorise à percevoir 1 F par kilo de viande abattue rituellement. Mais ce monopole a soulevé de nombreuses protestations, en particulier du Maroc, défendant ses ressortissants, et le 24 novembre 1995, constatant que la Mosquée de Paris n'était pas parvenue à fédérer les associations musulmanes, les ministères de l'Agriculture et de l'Intérieur décidaient de suspendre cet agrément qui fut, depuis le 27 juin 1996, donné également aux mosquées d'Évry et de Lyon. L'absence d'organisation de l'islam en France est bien un handicap dans l'obtention d'une égalité de fait des musulmans, en vue d'une pratique aisée du culte musulman.

L'ABSENCE D'INTERLOCUTEUR ET LES ÉMISSIONS RELIGIEUSES

L'absence d'autorité religieuse musulmane reconnue et représentative a parfois amené les pouvoirs publics à envisager des solutions provisoires et des montages juridiques particuliers qui, en cas de tensions internes entre les associations musulmanes ou les promoteurs, n'ont pas manqué de présenter des difficultés. C'est le cas des émissions religieuses sur les chaînes publiques de radio et de télévision. L'organisation de ces émissions fait partie des obligations de service public inscrites au cahier des charges des chaînes publiques, sous le contrôle des divers organismes qui ont été créés successivement pour le faire respecter, aujourd'hui du Conseil supérieur de l'audiovisuel. Les directeurs des chaînes pour organiser ces émissions se sont naturellement tournés vers les responsables des différends cultes qui ont créé des services spécialisés d'information ou de radiotélévision. Longtemps les émissions religieuses n'ont concerné que les catholiques, les protestants et les israélites. Puis l'ouverture s'est faite vers les chrétiens orientaux. Dans les années 1980, on a pensé qu'il faudrait réaliser une émission pour les musulmans[1] afin de respecter l'égalité entre les cultes. Mais on s'est heurté à l'absence de structure représentative et on s'est tourné vers une association, Connaître l'islam, présidée par M. Bentabet, proche de la Mosquée de Paris, né en 1909, en Algérie, qui avait choisi la France au moment de l'indépendance. Cependant plusieurs crises ont secoué l'association et entraîné des différends et des procès avec les réalisateurs et les producteurs. Des reproches se sont élevés contre le fonctionnement peu démocratique de l'association. Les

1. Ce n'est que depuis le début 1997 que la chaîne publique a programmé, dans le cadre des émissions religieuses du dimanche matin, une émission bouddhiste, alors que le bouddhisme compte environ 500 000 adeptes, et trouve de plus en plus de sympathie dans différents milieux et en particulier chez les chrétiens.

craintes se sont développées lorsque l'association a passé un accord avec une société de production d'Arabie Saoudite : non seulement les producteurs et réalisateurs évincés ont protesté, mais aussi des responsables musulmans ont redouté un alignement sur les positions rigoristes et fondamentalistes du wahhabisme saoudien. Les pouvoirs publics, déjà soucieux de contrôler les messages diffusés sur des radios privées musulmanes, comme Radio-Orient, ou d'éviter la diffusion de moyens audiovisuels et de cassettes de propagande islamiste, ainsi que le développement des paraboles permettant de capter les messages d'États islamistes, dans les foyers Sonacotra ou autres, ne pouvaient rester indifférents au message diffusé sur les chaînes publiques avec l'aide de fonds publics. Petit à petit, le climat a été assaini, l'association est devenue plus transparente dans sa gestion comme dans ses orientations et, même si le président de l'association est toujours M. Bentabet, le responsable de l'émission, M. Abdelhaq Guiderdoni, un musulman converti, a su lui donner un rayonnement culturel certain et une ouverture vers les autres religions tout à fait remarquable. Sans être affiliée à l'un quelconque des courants qui se disputent la direction de l'islam de France, l'association a su acquérir une large autonomie mais aussi développer une image de l'islam tolérant et ouvert, respectueux des lois de la République et de la laïcité qui correspond aux principes posés par la charte du culte musulman en France. Cependant l'association devrait avoir une plus grande transparence, et des améliorations de l'émission sont envisagées prochainement par les pouvoirs publics.

CHAPITRE IV

L'attitude des pouvoirs publics : à la recherche d'une organisation de l'islam

On a pu se gausser de l'insuccès des pouvoirs publics qui ont, avec une continuité remarquable dans les objectifs, sinon dans les voies et moyens, à travers les changements de gouvernement, cherché à organiser l'islam de France pour qu'il se donne des représentants reconnus qui puissent servir d'interlocuteur. Certains ont même dénoncé ces démarches comme contraires à la laïcité qui suppose la neutralité de l'État et la non-intervention dans les affaires religieuses et dans l'organisation interne des différents cultes (« une Église libre dans un État libre »). En fait, les responsables politiques ont toujours affirmé que les musulmans devaient s'organiser eux-mêmes et que, malgré de nombreuses sollicitations, la représentativité de telle ou telle association ne se décrétait pas, mais qu'elle devait se prouver dans la réalité. Cependant l'absence d'interlocuteur(s) pose de nombreux problèmes concernant la place de l'islam dans la société et retarde la réponse à des problèmes concrets, nécessaire au libre exercice du culte et à l'égalité de traitement des musulmans.

Face aux associations musulmanes, l'attitude des pouvoirs publics a souvent été faite de méfiance, voire de suspicion : à cause des liens fréquents qu'elles entretiennent avec les pays d'origine ou avec des États musulmans qui n'ont pas les mêmes conceptions de la démocratie et de la liberté, la tentation est souvent de les contrôler. La montée du terrorisme islamique, au moins depuis la révolution iranienne, les risques évidents de contagion sur le sol français des soubresauts et de la guerre civile larvée que connaît l'Algérie expliquent une approche souvent très policière de l'islam, conçu globalement comme une menace potentielle pour l'ordre public. Cette vision policière qui s'appliquait autrefois aux activités des États et à leurs réseaux consulaires et associatifs, comme les amicales de travailleurs des différents pays du Maghreb, s'est élargie aujourd'hui à toute la sphère religieuse, conçue comme source de divisions internes et de menaces potentielles pour l'ordre public. Au moment de la guerre du Golfe, on avait craint les sympathies de musulmans en faveur de Saddam Hussein, se dressant contre l'Occident impérialiste et prenant la tête de la révolte des peuples dominés, qui avait appelé au djihad, à la guerre sainte, contre les États-Unis et leurs alliés. Les contrôles sur les lieux de culte et les activités des associations musulmanes furent renforcés de manière préventive mais l'immense majorité des musulmans, craignant un rejet de la part de la population française et un arrêt dans le processus d'intégration que la plupart souhaitent, plus ou moins consciemment, firent preuve d'une très grande sérénité et comprirent, sans toujours les partager, les positions françaises dans le conflit, en particulier le souci de rétablir la souveraineté et de garantir l'intégrité territoriale du Koweit, envahi par son trop puissant voisin.

Les vagues d'attentats qui atteignirent le territoire métropolitain ne sont pas liées à la révolution iranienne ou au conflit israélo-palestinien, mais au conflit algérien et à ses ramifications au Maroc et en Tunisie. Leur impact dans l'opinion a été amplifié par les événements en Algérie et la lutte menée par les islamistes contre les intérêts français mais surtout contre les ressortissants français et tout particulièrement les religieux catholiques (massacre des moines de Tibéhirine, assassinat de Mgr Claverie, évêque d'Oran) a amené des responsables musulmans à condamner ces actes. Les militants du FIS et les groupes terroristes relevant du GIA et de la mouvance islamiste algérienne ont d'abord cherché à faire de la France un sanctuaire, à y créer des réseaux de soutien et à en retirer des fonds nécessaires à leur activité : ils avaient intérêt, en ce sens, à laisser la France tranquille et à poursuivre discrètement leurs activités. C'est l'arrêt du processus démocratique, le renouvellement d'élections contestées et souvent boycottées par les islamistes, voire par d'autres partis d'opposition au régime soutenu par l'armée et par les anciens d'un FLN largement discrédité, qui amena le FIS et ses émules à « porter la guerre » en France, sous prétexte qu'elle soutenait le pouvoir en place à Alger et l'aidait dans sa politique de répression souvent rigoureuse. C'est cette réaction sécuritaire qui amena les pouvoirs publics à démanteler les réseaux terroristes et à pourchasser les recrues qu'ils avaient pu faire sur le sol français (épisode de Kelkal, dans la banlieue lyonnaise, affaire de Roubaix...). Mais de façon préventive, le gouvernement décida également d'assigner à résidence, à Folembray, un certain nombre de responsables musulmans considérés comme hostiles à l'intégration et favorables à une stricte application de la loi religieuse. C'est ainsi que l'on s'en prit à Larbi Kechat, le populaire responsable de la mosquée Addawa de la rue de Tanger, dans le XIXe arrondissement de Paris. Il s'agissait sans doute de semer la crainte dans les milieux musulmans pour bien indiquer que les autorités françaises n'auraient aucune complaisance envers les terroristes et pour préciser aux musulmans convaincus qu'il y avait une ligne rouge à ne pas franchir qui séparait l'engagement politique légitime de l'action criminelle. De même on utilisa souvent le refus de visa à des personnalités musulmanes soupçonnées de répandre des conceptions de l'islam contraires à l'intérêt de la France. Avec Tariq Ramadan qui se déplace librement en Europe, il semble que l'on ait cherché à limiter son impact auprès des jeunes des banlieues qui pourraient suivre de manière littérale et activiste son mot d'ordre de réislamisation. Il se peut aussi que des pressions « amicales » de l'Égypte aient contribué à éloigner du territoire français le petit-fils du fondateur des Frères musulmans. Une telle attitude permet de remporter des succès incontestables dans la lutte contre le terrorisme, en joignant une action préventive sur notre sol à la collecte de renseignements à l'étranger. Mais elle ne peut être tenue longtemps et l'on a dû permettre à M. Larbi Kechat de rentrer dans sa mosquée et à M. Tariq Ramadan de faire des tournées de conférences dans notre pays, souvent à l'invitation de groupes chrétiens, soucieux de développer le dialogue interreligieux et de recevoir un théologien musulman orthodoxe de qualité. Ce n'est pas une vision policière qui permettra de gérer l'islam de France et de faciliter l'intégration des musulmans, c'est en prenant en compte leur demande religieuse et en apportant des solutions juridiquement solides à des problèmes d'exercice du culte.

A côté de cette attitude de méfiance vis-à-vis des associations musulmanes, on a pu noter au contraire le désir d'en faire des relais institutionnels et des passages obligés pour encadrer des populations musulmanes que l'on avait du mal à pénétrer et que les travailleurs sociaux connaissaient souvent mal. De nombreuses municipalités, dans les banlieues difficiles et les zones de la politique de la ville, devant l'absence des structures religieuses traditionnelles (les patronages paroissiaux) et la faiblesse des réseaux associatif, syndical ou politique, ont cherché à s'appuyer sur les associations musulmanes, en subventionnant leurs activités éducatives, sociales et culturelles, en particulier pour s'occuper des jeunes et leur proposer des modes d'intégration par le sport ou la musique. Les responsables d'associations musulmanes ont très vite senti l'importance du champ qui leur était ainsi ouvert, non seulement en termes de représentativité officielle, mais surtout de moyens d'action auprès des populations musulmanes :

promus au rang de médiateurs socioculturels, voire d'interlocuteurs politiques, ils ont eu tendance à monopoliser l'expression des populations musulmanes et à développer la demande d'islam qui constituait leur spécificité et renforçait leur légitimité. Mais devant l'absence de structuration de l'islam, les municipalités ont dû s'appuyer sur les diverses associations qui se présentaient pour offrir leurs services ou pour s'occuper des lieux de culte. Or, beaucoup d'associations islamistes militantes, prônant un retour à l'islam, se targuaient de leur engagement à lutter contre la délinquance, à assurer l'ordre, et à réprimer les trafics de drogue. Le rôle de gardien de l'ordre moral, auprès des jeunes en particulier, que mettaient en avant nombre d'associations prônant la réislamisation, proches souvent de Foi et Pratique, leur a souvent valu le respect et le soutien des pouvoirs publics, et a facilité leur travail de propagande en faveur d'une intégration dans la société française par la voie communautariste de la revendication religieuse. Parfois même, le souci d'assurer à court terme l'ordre social, dans les quartiers à forte composante étrangère, a pu susciter l'émergence d'une revendication islamiste et donc des problèmes nouveaux à plus long terme.

En revanche, la création de mouvements de jeunes musulmans sur une échelle nationale a été suivie au départ avec beaucoup de méfiance par les pouvoirs publics qui craignaient que ces mouvements ne prennent trop d'importance et ne finissent par tomber sous la tutelle des pays étrangers bailleurs de fonds. En ce sens, l'absence de structuration de l'islam semblait finalement rassurer, car elle permettait de maintenir des interlocuteurs dispersés et souvent rivaux, en situation d'infériorité. Ce qui était gênant pour une gestion de l'islam en France sur un plan d'égalité et pour favoriser l'intégration des musulmans pouvait présenter des avantages politiques, au moins immédiats. C'était oublier que ces mouvements, souvent sur le modèle, voire sous les auspices, de grands mouvements nationaux, de structure et d'objectifs similaires, favorisaient une inscription de l'islam dans le champ global de la société et donc une baisse de la revendication musulmane et un dialogue décrispé. La création de l'Union des étudiants islamiques de France a d'abord été liée aux évolutions internes des étudiants maghrébins et à la montée du facteur religieux dans la prise de conscience de la spécificité de leurs revendications ; elle traduit aussi l'évolution structurelle et sociale des populations d'origine étrangère avec la montée des jeunes de la deuxième, voire de la troisième génération, le développement du niveau d'instruction, l'intégration par la réussite scolaire et universitaire et la promotion de cadres formés dans le système français.

Les Scouts musulmans ont été créés en 1990 avec les encouragements et l'aide des Scouts de France (catholiques), grâce à la volonté du commissaire général de l'époque. Les contacts avaient commencé auparavant par l'organisation de camps et de rencontres, regroupant des jeunes catholiques et des jeunes musulmans. Peu à peu des cadres musulmans ont été formés et les Scouts musulmans ont pu adopter leurs couleurs, leurs statuts et devenir pleinement autonomes. Leur action éducative est maintenant reconnue et leur présence auprès des jeunes des banlieues a souvent favorisé l'organisation de fêtes interreligieuses ou de rencontres avec Sœur Emmanuel, le P. Delorme et bien d'autres spécialistes du dialogue islamo-chrétien. L'islam constitue maintenant une des branches du scoutisme français, à côté du scoutisme laïc et du scoutisme catholique, protestant et israélite : n'est-ce pas une réussite de l'intégration ?

De même le mouvement familial français (UNAF) a pu accueillir dans ses rangs l'Union des familles musulmanes de France dont les responsables ont été encouragés en particulier par les associations familiales protestantes, grâce à l'action dynamique de son président, Pierre Patrick Kaltenbach, et de son épouse Jeanne-Hélène[1].

Mais parallèlement à ces efforts à la base pour aider les différents mouvements musulmans à se structurer et à regrouper des musulmans de toutes origines nationales, permettant au creuset de l'intégration à la française de mieux fonctionner, les différents

1. Auteurs de *La France, une chance pour l'islam*, Paris, Éd. du Félin, 1991.

gouvernements ont essayé de trouver des interlocuteurs et d'organiser l'islam de France dans une structure représentative. Souvent le rêve des dirigeants français a été d'avoir une hiérarchie musulmane, afin de développer des relations semblables à celles que, depuis la séparation ou au moins depuis son acceptation par Rome, avec les accords Briand Ceretti, et l'établissement d'une « concorde sans concordat », l'État entretient avec l'Église catholique. Certes l'existence d'une autorité musulmane étrangère qui dirigerait l'islam de France de l'extérieur, selon les préoccupations d'une stratégie mondiale, ne manquerait pas de limiter la souveraineté française et entrerait vite en conflit avec les autorités : l'action en France de la Ligue islamique mondiale, ou la diffusion des résolutions de la Conférence islamique, instance internationale regroupant les États musulmans, ont toujours été considérées avec réticence et étroitement surveillées. Mais les pouvoirs publics ont été souvent à la recherche d'une autorité musulmane unique qui puisse représenter l'islam comme le président de la Conférence épiscopale, le président de la Fédération protestante de France, le grand rabbin de France ou le président du Consistoire central israélite. Longtemps ce rôle a été dévolu au recteur de la Mosquée de Paris[1], institution créée par la volonté du gouvernement français, subventionnée et contrôlée par lui. Mais on s'est vite rendu compte que la Mosquée de Paris ne parvenait pas à regrouper l'ensemble des musulmans et à étendre son influence sur l'ensemble du territoire, les grandes mosquées tendant à devenir indépendantes et les associations nationales se posant en rivales. Cette prétention de la Mosquée de Paris à être l'interlocuteur unique des musulmans de France, vis-à-vis des pouvoirs publics, est devenue inacceptable pour les autorités françaises, le jour où l'institution est

1. On remarquera que ce titre de « recteur » n'existe pas dans la tradition musulmane. Selon les statuts de la Société des habous et Lieux saints de l'islam, propriétaire des lieux, ou l'arrêté de Guy Mollet portant agrément de Si Hamza Boubakeur à la tête de l'institution, il est question d'un « directeur ». C'est Si Hamza Boubakeur qui s'est conféré le titre de recteur, sans doute par souci de similitude avec les institutions catholiques, comme l'Institut catholique, dirigé par un « recteur ».

tombée sous l'influence de l'Algérie, entraînant de plus la protestation des autres États musulmans qui étaient à l'origine de sa fondation. Après quelques hésitations, à la suite de la désignation sous les auspices de l'Algérie de Cheikh Abbas, considéré comme « l'ambassadeur *bis* de l'Algérie en France », et bénéficiant d'ailleurs d'un traitement aligné sur celui de l'ambassadeur, le recteur de la Mosquée de Paris ne fut plus invité à la cérémonie annuelle des vœux des autorités religieuses au président de la République. La question s'est bien sûr reposée à la suite du départ du second recteur algérien, Tedjini Haddam, et de son remplacement par un recteur français, Dalil Boubakeur. Cependant on a préféré attendre que le nouveau recteur fasse la preuve de sa représentativité et de sa capacité à rassembler le plus grand nombre de musulmans dans un conseil (Majlis), avant de lui adresser l'invitation symbolique. Les contestations dont il fut l'objet, au sein même de l'institution, et parmi les Français musulmans, ont amené à différer toute décision, malgré les visites officielles de membres du gouvernement à la Mosquée de Paris et la présence du ministre de l'Intérieur, M. Pasqua, à l'inauguration de la mosquée de Lyon, au moment où celle-ci lui était très liée et où était désigné comme recteur un des siens, Chikhane, avant la visite du ministre de l'Intégration, M. Raoult, à la mosquée d'Évry, une de ses grandes rivales. Ceci manifeste que la question de la représentation de l'islam de France n'est pas toujours réglée.

A LA RECHERCHE D'UN INTERLOCUTEUR, DE LA MOSQUÉE DE PARIS AU CORIF

Devant ce qui est considéré très largement comme un handicap dont les musulmans de France prennent de plus en plus conscience et une carence de l'islam de France, les pouvoirs publics ont souvent eu la tentation d'intervenir pour désigner leur interlocuteur privilégié, en espérant que cette onction renforcerait son autorité et aiderait l'islam à se structurer. Le modèle souvent invoqué a été celui de Napoléon Ier organisant le culte israélite en réunissant l'Assemblée des notables à qui il soumit une série de questions pour montrer que le judaïsme était assimilable dans le cadre français et dont les réponses reçurent la sanction du Grand Sanhédrin, ce qui permit, après l'émancipation individuelle des juifs acquise grâce à la Révolution le 20 septembre 1791, de faire bénéficier le judaïsme du statut de culte reconnu par les Articles organiques[1] et de l'unifier autour du Consistoire central. Mais ce modèle d'un État convoquant les principaux responsables musulmans et les obligeant à s'organiser autour d'une charte, fondant un corps de doctrine commun conforme aux principes républicains, et à s'unir autour d'une institution fédérative ne pouvait rester qu'un rêve. L'État, après la séparation des Églises et de l'État, n'a plus la légitimité ni les moyens de s'engager dans un tel processus. Il ne peut que jouer un rôle de conseil, d'autorité morale, en indiquant les avantages indirects dont pourrait bénéficier un islam unifié avec des autorités représentatives, et en accompagnant des évolutions internes obligatoirement lentes, pour surmonter bien des divisions, des conflits d'intérêts personnels, des forces centripètes, et les tentations de tutelles étrangères, souvent mêlées des attraits du mécénat et de la bienfaisance.

L'interlocuteur privilégié, désigné par les pouvoirs publics, a longtemps été la Mosquée de Paris. C'était d'abord l'interlocuteur institutionnel unique et incontournable jusqu'à la mort de Si Kaddour Ben Ghabrit, dont l'autorité n'était pas contestée et qui bénéficiait de l'appui des États musulmans liés à la France. La crise qu'a connue la Mosquée de Paris à cause des soubresauts

1. Avec une quasi-égalité avec les autres cultes, malgré le « décret infâme » de 1808, le maintien du serment *more judaïco*, et quelques discriminations comme l'absence de rémunération des rabbins par les pouvoirs publics, discriminations dont les dernières furent abolies définitivement avec la monarchie de Juillet.

d'une décolonisation difficile en a fait un enjeu de conflits entre les États nouvellement indépendants et la France. Mais la désignation d'un nouveau recteur par Guy Mollet et, malgré les péripéties juridiques, la reconnaissance que les différents gouvernements lui ont accordée à travers la poursuite de leurs subventions, ont longtemps fait de Si Hamza Boubakeur l'interlocuteur privilégié et reconnu pour la gestion de l'islam de France, même si les relations n'étaient pas toujours sereines ni faciles. Cependant la Mosquée de Paris ne parvenait déjà plus à représenter les intérêts de tous les musulmans de France et à régler des problèmes d'exercice du culte : c'est pourquoi le gouvernement Raymond Barre créa par décret, en 1980, une commission consultative des Français musulmans, chargée de faire des propositions pour améliorer leurs conditions de vie, permettre le respect des règles religieuses, et faciliter leur intégration[1].

Les tensions avec la Mosquée de Paris se développèrent après l'élection de François Mitterrand à la présidence de la République et l'arrivée des socialistes au gouvernement. Pourtant des solidarités existaient entre certains dirigeants socialistes remontant à la IVe République ; mais les temps agités de la fin de l'Algérie française et les ambiguïtés de la position de la vieille SFIO ne rencontraient le plus souvent que méfiance et incompréhension dans la nouvelle génération. Surtout les problèmes avaient beaucoup changé : les préoccupations ne se limitaient plus aux seuls Français musulmans mais visaient à l'intégration de tous les immigrés qui souhaitaient rester en France (d'où la vague de naturalisations des immigrés et de régularisations massives des clandestins). Le gouvernement ne pouvait plus avoir un seul interlocuteur très contesté pour gérer l'islam de France, mais cherchait à favoriser l'émergence de nouveaux responsables et à développer la vie

1. Par ailleurs, Paul Dijoud, secrétaire d'État aux travailleurs immigrés, avait pris, en 1976, un certain nombre de mesures visant à favoriser la pratique de l'islam pour les ressortissants dont il avait la charge, avec l'aménagement des horaires pour les salariés en fonction des fêtes, l'ouverture de salles de prière dans les entreprises, et le principe d'une émission radiophonique et télévisée pour les musulmans qui ne verra le jour qu'en 1982...

associative dans les milieux issus de l'immigration. La rupture, provisoire, avec la Mosquée de Paris fut consommée lorsque celle-ci devint une institution algérienne avec l'élection de Cheikh Abbas ; les déclarations d'un ministre algérien à la Mosquée de Paris : « Nous sommes ici chez nous », lui conférait un quasi-statut d'extraterritorialité, inadmissible pour la France, et contesté par les voisins de l'Algérie. Mais la Mosquée de Paris apparut vite comme un rempart utile contre l'islamisme radical, tandis que les relations privilégiées avec Alger qui s'entremettait, en 1986, pour obtenir de Téhéran la libération des otages français au Liban, amenaient le ministre de l'Intérieur, Charles Pasqua, à déclarer, en 1987[1], que le problème de la Mosquée de Paris était réglé, tandis qu'il participait un peu plus tard à la fête de l'Aïd el Kébir aux côtés de Cheikh Abbas.

Au contraire, revenu au ministère de l'Intérieur, en 1988, Pierre Joxe chercha à la fois à organiser la représentation de l'islam[2] et à libérer la Mosquée de Paris de la tutelle algérienne : tant que la question de la Mosquée de Paris n'était pas réglée, elle ne devait pas être l'interlocuteur unique ni même privilégié des pouvoirs publics. Après s'être entouré de différents conseils auprès d'intellectuels (dont Jacques Berque et Mohamed Arkoun), de spécialistes du monde arabe, et de connaisseurs de l'islam en France, il désigna six sages issus des associations à vocation régionale, de différentes origines nationales, et des différents courants de l'islam, à l'exclusion des mouvements qui prônaient, ou n'excluaient pas fermement, le recours au terrorisme contre la France, pour faire prévaloir leur vision de l'islam et leur conception de sa place dans le monde. Les six sages cooptèrent neuf autres membres qui furent proposés au ministre ; le nouvel organisme dont les membres avaient donc été désignés *intuitu personae*[3] et qui ne siégeaient pas ès qualités, ou en tant que

1. Avant un voyage à Alger.
2. Devenue de plus en plus nécessaire à la suite de l'affaire Rushdie, de la polémique autour du foulard, et de la montée des mouvements islamistes.
3. Des personnalités « significatives », mais non représentatives, dira Pierre Joxe.

représentant d'un mouvement ou d'une association, mais en vertu d'une simple lettre de mission du ministre, fut installé en mars 1990 et prit le nom, après des hésitations, et avec le souci d'éviter toute confusion avec le CRIF (Conseil représentatif des institutions juives de France), de Conseil de réflexion sur l'islam en France (CORIF). Il fut envisagé à plusieurs reprises de conférer à ce Conseil un statut plus officiel[1] qui lui aurait donné des moyens d'action, une reconnaissance et une plus grande autonomie. Sans jamais rejeter clairement cette revendication constante des membres du CORIF, on préféra lui conserver une structure informelle qui permettait au ministre de le réunir à sa guise et de l'inciter à travailler sur un ordre du jour qu'il déterminait. En effet, la position des pouvoirs publics était claire : le CORIF était un organe de réflexion appelé à faire des propositions au gouvernement, un interlocuteur parmi d'autres, fondamentalement provisoire, en attendant que les musulmans se dotent de représentants désignés démocratiquement et largement reconnus. Le président de la République accepta certes de recevoir les membres du CORIF, mais sans les considérer comme les représentants des musulmans ; ils ne furent d'ailleurs pas invités à la cérémonie des vœux à côté des autres autorités religieuses. Cependant l'ambiguïté demeurait : les membres du CORIF avaient soif de reconnaissance et cherchaient à apparaître comme les représentants légitimes des musulmans de France. Beaucoup d'oppositions au CORIF émanaient de personnalités qui lui refusaient toute représentativité... mais qui auraient bien aimé en faire partie !

La composition du CORIF, par sa diversité, est en elle-même intéressante, car elle traduisait bien la diversité de l'islam en France. D'abord on comptait peu de ministres du culte ou même d'autorités religieuses musulmanes, il s'agissait plutôt de

1. Par exemple en le créant par décret du Premier ministre ou du président de la République, sur le modèle de la commission consultative pour les Français musulmans, instituée par Raymond Barre, en 1980, par un décret qui n'a jamais été formellement rapporté.

laïcs, responsables d'associations qui avaient des projets de construction de mosquées ou qui fédéraient des organisations musulmanes au niveau régional. Si l'on comptait une légère majorité de citoyens français, on rencontrait des étrangers originaires de différents pays musulmans (un Turc, M. Dogan ; un Mauritanien, M. Baba Miske ; un Sénégalais, M. Dramé ; un Algérien, M. Tedjini Haddam ; un Tunisien, M. Guellouz) et si l'on trouvait un Français d'origine converti à l'islam, M. Yacoub Roty, la majorité était originaire du Maghreb, si l'on ajoute deux Français musulmans (le colonel Chabaga, adjoint au maire de Villeurbanne, et M. Boualem). Les origines sociales étaient elles-mêmes diverses, puisqu'on allait d'un ancien ministre à un ouvrier de la SNECMA, même si l'on rencontrait un nombre important d'universitaires, des médecins, le Pr Somia et le Pr Lahnèche, mais aussi des diplomates comme le Pr Guellouz ou M. Baba Miske, un préfet et conseiller d'État honoraire, M. Ourabah, un fonctionnaire du ministère de l'Intérieur, ancien député des Comores, M. Mohand Zeina, responsable de la Fédération des associations islamiques d'Afrique, des Comores et des Antilles (FAIACA), M. Alili, recteur de la mosquée de Marseille, et de jeunes diplômés responsables d'associations, comme M. Lasfar de Lille. Au niveau des tendances religieuses, on trouvait des membres de l'UOIF, de la FNMF et de nombreux responsables d'associations indépendantes de taille plus modeste, comme « Vivre l'islam en Occident » de M. Roty, ou le recteur de la mosquée de Marseille. Par son recteur, M. Tedjini Haddam, la Mosquée de Paris était également présente, mais sans jouir d'une position privilégiée ; cependant, par son autorité et ses connaissances, jusqu'à sa nomination au Haut Conseil d'État à Alger, à la suite de l'arrêt du processus démocratique et des élections en Algérie, M. Haddam était parvenu à jouer un rôle plus important que ne l'aurait laissé penser la simple arithmétique. En fait, la diversité des membres du CORIF qui, certes, n'a pas toujours facilité la cohésion du groupe ni permis de trouver des positions consensuelles, en particulier lorsque intervenaient des considérations politiques et des problèmes de relations internationales, devait leur permettre, sans qu'ils puissent prétendre être les représentants de l'islam de France, de couvrir l'essentiel des problèmes qui pouvaient se poser aux musulmans dans la vie courante, en tenant compte de la diversité des pratiques et des rites.

Le CORIF était appelé à faire des propositions sur l'ensemble des problèmes touchant l'islam de France. Le ministre gardant la maîtrise de l'ordre du jour des travaux, un certain nombre de thèmes furent privilégiés et abordés au fond (l'inhumation des défunts de confession musulmane, la nourriture halal, les aumôneries...). Mais l'actualité étrangère bouscula souvent le bon ordonnancement des débats. Les problèmes de l'Algérie et ses liens avec la Mosquée de Paris, les positions des différents États musulmans, en particulier pour aboutir à la fixation d'une date commune pour le début du ramadan et des fêtes, le terrorisme islamiste, ou l'attitude à avoir face à l'Irak après l'invasion du Koweit, furent largement discutés. Des propositions concrètes purent aboutir (sur les carrés musulmans dans les cimetières, sur la nourriture halal à l'armée), elles restèrent cependant limitées. En effet des aléas politiques vinrent rompre la continuité de l'action du CORIF qui n'existait que par la volonté ministérielle : la guerre du Golfe, la participation de la France à l'opération alliée contre l'Irak allaient entraîner la démission du ministre de la Défense, Jean-Pierre Chevènement, et son remplacement par Pierre Joxe ; le CORIF rendit alors des services importants comme relais auprès des communautés musulmanes pour expliquer la position française et pour limiter l'expression des sympathies de certains milieux musulmans en faveur de Saddam Hussein (en tempérant, par exemple, les premières déclarations du recteur de la mosquée de Marseille). Mais l'impulsion de départ était déjà amoindrie, même si Philippe Marchand (dans la lignée du rapport parlementaire qu'il avait rédigé sur l'intégration des populations immigrées) et Paul Quilès poursuivirent les travaux du CORIF. Après la défaite de Saddam Hussein, ce sont surtout les événements d'Algérie qui préoccupèrent le CORIF, avec la montée du FIS et les liens entre l'Algérie et la Mosquée de Paris. La nomination de Tedjini Haddam au Haut Conseil d'État algérien amena une période de flottement. Malgré les pressions des pouvoirs publics français qui ne pouvaient admettre qu'une même personne soit à la fois chef d'État à Alger et chef religieux à Paris, Tedjini Haddam, sans doute peu assuré de la pérennité de sa situation politique à Alger, et cherchant à conserver une porte de sortie à Paris, ne parvenait pas à se résoudre à choisir. Ce qui ne faisait que multiplier les dénonciations de collusion entre Alger et la Mosquée de Paris, de la part de ses collègues du CORIF, et rendre les relations plus difficiles, certains demandant même aux autorités françaises d'intervenir à la Mosquée de Paris et d'imposer un nouveau dirigeant. Finalement la démission de M. Tedjini Haddam permit l'élection d'un recteur français, M. Dalil Boubakeur, qui comprit la nécessité, en ces temps troublés, de prendre quelques distances vis-à-vis de l'Algérie. Mais il restait à régler la question des financements : aucune alternative aux versements de l'Algérie pour assurer le fonctionnement de la Mosquée, et en particulier des frais de personnel particulièrement élevés n'apparaissait immédiatement crédible. La France n'était pas disposée à prendre totalement le relais ; elle n'aurait pu apporter qu'un complément par des subventions aux activités culturelles, éducatives ou sociales de la Mosquée, comme la Ville de Paris continuait à le faire. Tout au plus, la Mosquée de Paris aurait elle pu diversifier ses sources de financement en se tournant vers d'autres États, en particulier vers le Maroc. Mais une telle évolution supposait de remettre en question la prétention de l'Algérie à être seule propriétaire de la Mosquée ; c'était risquer de lâcher la proie pour l'ombre. En tout cas, la question de la Mosquée de Paris et de ses liens avec l'Algérie n'était qu'un aspect particulier du problème global de la gestion de l'organisation du culte musulman en France. Elle prit une place déterminante dans les réunions du CORIF qui, en l'absence de la Mosquée de Paris, puisque M. Tedjini Haddam, après sa démission, n'avait pas été remplacé, devenait un organisme hostile à cette institution, incapable de tenir compte de son rôle incontournable. Le résultat c'est qu'on n'avait pas réglé la question du statut de la Mosquée de Paris, mais qu'on avait affaibli le CORIF, que certains membres, comme M. Roty et M. Dramé, avaient quitté, et dont d'autres devaient décéder, le Dr Somia, puis le Pr Lahnèche.

Aussi lorsque M. Pasqua revint au ministère de l'Intérieur décida-t-il, non pas de dissoudre le CORIF, qui n'avait pas d'existence juridique, car il n'était pas hostile à son principe (il revendiqua même à plusieurs reprises la paternité de l'idée), mais de ne plus le réunir. Le choix délibéré était de s'appuyer désormais sur la Mosquée de Paris, tout en lui demandant d'apporter la preuve de ses prétentions à être le seul organisme capable de réunir les différents courants de l'islam en France. C'était bien sûr une marque de confiance, mais ce n'était pas une confiance aveugle, ni un blanc-seing : la Mosquée de Paris devait réussir dans sa mission. Dalil Boubakeur, conseillé par M. Serre de Peretti, qui servait de lien avec M. André Damien, conseiller du ministre de l'Intérieur pour les cultes, tout en remettant de l'ordre dans la gestion de la Mosquée de Paris, et en essayant de lutter contre l'influence de son prédécesseur, en s'appuyant sur des collaborateurs sûrs, multiplia les initiatives pour réunir des organismes musulmans très éloignés de la Mosquée. Ces différentes démarches lui permettaient par ailleurs d'éluder la question de la modification des statuts de la Société des habous, dans un sens plus démocratique et plus transparent, en conformité avec les principes de la loi de 1901, et de conserver le soutien de l'Algérie qui ne voyait pas remis en cause ses titres de propriété, tirés en particulier de l'article qui prévoyait la dévolution des biens de l'association, en sa faveur, en cas de dissolution.

Avec les encouragements du ministre de l'Intérieur, Dalil Boubakeur parvenait à créer, le 20 novembre 1993, le Conseil consultatif des musulmans de France regroupant les principales tendances de l'islam de France, l'UOIF, la FNMF, le Tabligh et le Conseil national des Français musulmans. Sous l'égide de la Mosquée de Paris, l'unification semblait venir des musulmans eux-mêmes, avec la présence d'une vingtaine de personnalités représentant les principales associations musulmanes. Cependant, des tensions internes apparurent très vite et beaucoup de fédérations n'acceptèrent pas le privilège accordé à la Mosquée de Paris pour organiser seule l'abattage rituel et les circuits de la viande halal sur tout le territoire ; dès la fin 1993, la rupture était consommée avec l'UOIF. Pour affirmer son autorité, Dalil Boubakeur instaura, avec ceux qui lui restaient fidèles, un Conseil représentatif des musulmans de France dont la représentativité était surtout autoproclamée, tandis qu'il s'appuyait sur le réseau d'imams le plus nombreux, en créant le Conseil des imams. Le 10 janvier 1995, la Charte du culte musulman était remise officiellement à M. Pasqua, au ministère de l'Intérieur, par le Conseil représentatif des musulmans de France avec, à sa tête, Dalil Boubakeur, qui pouvait estimer avoir rempli l'essentiel de la mission qui lui avait été confiée. La Charte devait faire passer de l'islam en France, religion tolérée, à l'islam de France, religion pleinement acceptée, partagée par une « majorité d'hommes et de femmes qui reconnaissent la France pour leur pays et l'islam pour leur religion[1] ». La charte devait être la règle du jeu fixant les relations entre les musulmans et la France républicaine des droits de l'homme, un régulateur des tensions internes et un contrat avec les pouvoirs publics et l'ensemble de la société française. Elle affirme des principes fondamentaux, tels que la compatibilité de l'islam avec les valeurs républicaines[2], l'apolitisme des mosquées, l'indépendance des communautés musulmanes et la nécessaire neutralité des pouvoirs publics. Pourtant, si elle est présentée comme une étape dans la logique de l'organisation de la communauté musulmane, elle apparaît d'abord comme l'œuvre de la Mosquée de Paris dont le rôle ne devait cesser de grandir. « Ce qui était une présence emblématique est devenu, au fil des années, une présence symbolique, puis une présence nécessaire et enfin une présence agissante. »[3] Bien sûr, Dalil Bou-

1. *Charte du culte musulman de France, op. cit.*, 1995, présentation par le Dr Dalil Boubakeur, « l'Islam du juste milieu » (p. 15).

2. « Il n'y a aucune contradiction entre l'islam et la nation française », (*op. cit.*, p. 34).

bakeur affirme avoir pu réunir les grandes associations et fédérations musulmanes de France mais, fort d'une neutralité affichée par les pouvoirs publics et même d'un soutien implicite[1], il se réjouit du leadership de la Mosquée de Paris. A côté du Conseil des imams, le Conseil représentatif regroupait des laïcs, des jeunes, des femmes, des intellectuels... ; il a élaboré, avec une commission théologique, une commission sociale et une commission juridique, une Charte qui permette à un « islam du juste milieu » de s'épanouir en France, loin des « risques d'intégrisme, de fondamentalisme, de violence ou de politisation qui hantent les banlieues »[2] et qui constitue un code de bonne conduite, rappelant les préceptes de l'islam et posant des garde-fous, en affirmant qu'il n'y a « strictement aucune incompatibilité entre les textes de la tradition musulmane et la législation française »[3].

Avec la Charte du culte musulman et sa bénédiction officielle et avec la création du Conseil représentatif des musulmans de France, on aurait pu considérer l'organisation de l'islam achevée, et la mission confiée par M. Pasqua à M. Dalil Boubakeur : « c'est à vous de vous organiser », pleinement réussie. C'était compter sans les divisions internes qui agitent l'islam de France et sans les forces qui ne cessent de dénoncer la Mosquée de Paris, trop liée au gouvernement algérien qui assure la plus grande part de ses financements et qui entretient son réseau d'imams. D'ailleurs ce n'est pas le contenu de la Charte qui a suscité le plus de polémique : même si les fondamentalistes ne pouvaient en admettre tous les aspects rationalistes et l'ouverture moderniste, ils ne pouvaient l'attaquer de front, sous peine d'apparaître hostiles à la République. C'est plutôt sa portée politique qu'ils attaquèrent en s'efforçant de saper l'autorité de la Mosquée de Paris, et en dénonçant les bénéfices qu'elle avait acquis de la reconnaissance officielle, surtout par le monopole de la viande halal qui lui avait été un moment attribué.

3. *Ibid.*, p. 18.
1. *Ibid.*, p. 31.
2. *Ibid.*, p. 33.

Pourtant Dalil Boubakeur n'avait pas ménagé sa peine pour fédérer les différents courants de l'islam à partir du niveau local[1] et pour réunir l'ensemble du personnel religieux en France, comme le prévoyait la charte, dans une Conférence nationale des imams. Pour mieux structurer l'organisation religieuse, Dalil Boubakeur avait prévu d'installer dans chaque région un mufti, ayant compétence et autorité sur l'ensemble des imams de cette région. L'ensemble des muftis (à l'origine neuf étaient prévus) devait former le *Majlis* (en français : le Grand Conseil national), chargé à la fois de l'administration et du contrôle des imams, et doté d'un pouvoir décisionnaire en matière religieuse, par l'élaboration de « fatwas », en lui donnant donc une structure collégiale et un pouvoir hiérarchique. Conformément à ses engagements, Dalil Boubakeur installa un certain nombre de muftis, Chikhane, recteur de la mosquée de Lyon pour la région lyonnaise, Soheib Bencheikh El Hocine, un des fils de feu le Cheikh Abbas, pour la région de Marseille, mais sans avoir l'appui d'une grande mosquée. Soheib Bencheikh prône lui aussi un islam ouvert, adapté aux exigences de la vie moderne, et demande un *aggiornamento,* comme il l'a exprimé dans sa thèse de doctorat à l'École pratique des hautes études sur « Islam et laïcité » et dans son livre, *Marianne et le Prophète*[2]. Cependant on a très vite reproché à ces muftis d'être des émissaires de la Mosquée de Paris[3] et ils ne purent que s'appuyer sur les imams qui lui étaient fidèles et que, le plus souvent, elle rémunérait, grâce à l'aide de l'Algérie.

3. *Ibid.*, p. 35.

1. Même si certains avaient soupçonné Dalil Boubakeur d'avoir voulu éloigner Soheib Bencheikh, trop influent à la Mosquée de Paris et trop brillant dans les milieux parisiens, à Marseille, où il n'avait guère d'assise locale.

2. *Op. cit.*

3. Comme il avait déjà tenté de le faire, au début 1981, en organisant le Ier Congrès général de l'islam de France et en réunissant un pré-congrès, en février, à la Mosquée de Paris, regroupant toutes les composantes de l'islam de France autour d'un manifeste qui déclarait déjà : « Seul un islam de France organisé par et pour lui-même (et non pas octroyé par un quelconque bureau administratif) fera d'elle la Communauté responsable, capable de réaliser ses aspirations légitimes, d'assurer son progrès moral et matériel, de

Les scissions vont très vite apparaître à l'intérieur de l'organisation créée par Dalil Boubakeur. D'abord, de nombreuses associations contestent la représentativité même du « Conseil représentatif » et son manque de fonctionnement démocratique : c'est en fait le leadership de la Mosquée de Paris qui est visé. Dalil Boubakeur essaie de répondre en élargissant le Conseil à 80 membres et tente de faciliter la transparence des débats. En vain. En effet, alors que l'UOIF et la FNMF avaient déjà repris leur autonomie, le 22 novembre 1995, cinq membres importants du Conseil représentatif font scission : Mme Khadija Kali, présidente de l'Union des femmes musulmanes, M. Kamel Kebtane, président de l'Association de la mosquée de Lyon, M. Abderrhamane Dahmane, président de Radio France Maghreb, M. Mohammed Mebtoul, réalisateur de l'émission télévisée « Connaître l'islam », et M. M'barek Kari, conseiller régional d'Ile-de-France. Ils ont réclamé une structure collégiale et de nouveaux statuts plus démocratiques pour le Conseil représentatif. Ils préconisaient une double structure institutionnelle, assez proche de la dualité que connaît le judaïsme, avec d'un côté le CRIF et de l'autre, le Consistoire central. A côté des institutions religieuses appelées à gérer les questions de culte, à tenir les registres des circoncisions, mariages et décès, à assurer le contrôle de la viande halal, l'organisation des obsèques et la régulation des fêtes, un Haut Conseil des musulmans de France, créé le 16 décembre 1995, devait représenter l'ensemble des associations musulmanes. Son assemblée constitutive avait réuni 120 délégués représentant 423 associations très diverses, locales, régionales ou nationales. Le bureau exécutif provisoire a voulu réunir toutes les associations dénonçant l'hégémonie de la Mosquée de Paris et mettant en cause la légitimité de son recteur. Cette attitude lui a valu des ralliements spectaculaires, surtout celui de la FNMF, notamment celui de Khalil Merroun, responsable de la mosquée d'Évry, et celui de Didier Ali Bourg, responsable à l'époque de l'Institut d'études islamiques de Mantes-la-Jolie. Ce Haut Conseil a promulgué, le 27 mai 1996, une fatwa dénonçant l'exécution des sept moines français de Tibéhirine en Algérie par le GIA.

Il apparaissait qu'une parole religieuse consensuelle n'émanait plus de la Mosquée de Paris ; elle ne pouvait donc plus rester l'interlocuteur unique des pouvoirs publics, car elle n'avait pu remplir, à son profit, la mission qui lui avait été confiée de rassembler les musulmans de France ; c'est pourquoi, le 24 novembre 1995, le ministre de l'Agriculture retirait à la Mosquée de Paris le monopole de la viande halal, tandis que le ministre de l'Intérieur encourageait les efforts du Haut Conseil des musulmans de France, même si l'UOIF et la FNMF gardaient leurs distances.

Mais la discorde gagna assez vite le Haut Conseil lui-même et, en juin 1996, des membres fondateurs dénonçant les méthodes autoritaires de Mme Khadija Kali et de M. Abderrahmane Dahmane créèrent un nouveau bureau. Des regroupements eurent lieu entre l'UOIF, le Tabligh et la Fédération des associations islamiques des Antilles et des Comores, dans un esprit d'ouverture, avec un président originaire des Comores. Le gouvernement semblait alors apporter son appui aux grandes mosquées régionales, mais celles-ci sont elles-mêmes divisées et leurs responsables contestés : ainsi le recteur de la mosquée d'Évry a-t-il été destitué, le 2 août 1996, par un collectif d'opposants ; l'affaire a été portée devant les tribunaux, mais Khalil Merroun est parvenu à reprendre la situation en main.

En fait il s'agit toujours pour les pouvoirs publics d'inciter les musulmans à se regrouper et à s'instituer comme minorité confessionnelle reconnue de fait dans le cadre laïc. Tous les problèmes d'exercice du culte, d'aumônerie, de viande halal, de régimes alimentaires, de calendriers spécifiques, même d'écoles privées musulmanes[1], peuvent être aisément résolus dans le cadre des lois et règlements existants, souvent à partir des solutions qui ont été trouvées, depuis longtemps, pour le judaïsme. Mais il faudrait promouvoir une organisation de l'islam que le jeu des pays musulmans, les oppositions théologiques, et souvent les rivalités de personnes rendent encore lointaine. Et pourtant c'est

préserver l'avenir et la sauvegarde de ses femmes, de ses enfants, de ses malades et de ses à partir de leurs véritables besoins que les musulmans de France parviendront à se structurer pour mieux faire entendre leur voix.

Un regard extérieur pourrait faire croire que, depuis plus de dix ans, on n'a guère avancé dans la structuration et l'organisation de l'islam. C'est incontestablement vrai au niveau national, mais ces divisions et ces luttes pour le pouvoir ne doivent pas masquer une très grande vitalité au niveau local, ni les regroupements régionaux autour des grandes mosquées. C'est d'ailleurs à partir de ce constat de l'autonomie croissante des responsables régionaux par rapport aux grandes organisations nationales que les pouvoirs publics ont cherché à s'appuyer sur des pôles régionaux pour renforcer leur représentativité, en en faisant des partenaires privilégiés par des visites officielles à d'autres mosquées que la Mosquée de Paris et par une incitation donnée aux préfets à régler, avec les responsables régionaux, toute une série de problèmes ponctuels et locaux qui ne sont toujours pas réglés au niveau national, des projets de construction de mosquée à l'organisation de l'Aïd el Kébir, en passant par les aumôneries dans les prisons et la viande halal.

L'INTÉGRATION DES MUSULMANS ET LE DÉBAT SUR LE FOULARD

Les réflexions pour favoriser l'intégration de l'islam en France et développer l'accès à la citoyenneté des musulmans n'ont pas manqué ces dernières années, à travers des colloques menés par les deux assemblées, des propositions très précises et juridiquement étayées, comme celles du Haut Conseil à l'intégration, des rapports parlementaires, comme le rapport Marchand, des rapports comme celui du colonel Biville sur l'intégration des recrues d'origine nord-africaine dans les armées...

Cependant, au lieu d'aborder globalement le problème de l'intégration des musulmans dans la citoyenneté française, le débat, aussi bien parmi les intellectuels que dans les milieux politiques, a été confisqué par l'affaire du « foulard islamique », depuis l'automne 1989. Malgré la circulaire de M. Bayrou du 20 septembre 1994, on n'est pas arrivé à surmonter les contradictions et à clarifier la situation juridique confuse dans l'application de l'avis donné par le Conseil d'État au ministre de l'Éducation nationale en 1989. En effet, la circulaire du 20 septembre 1994 visait « la multiplication des signes si ostentatoires que leur signification est précisément de séparer certains élèves de la vie commune de l'école. Ces signes sont eux-mêmes signes ostentatoires... ». Mais le problème était de savoir si le foulard était, en soi, un signe ostentatoire : les jugements des tribunaux administratifs apparurent aussi contradictoires sur ce point. Celui de Clermont-Ferrand y répondit positivement le 6 avril 1995, mais celui de Lille émit une opinion contraire le 13 avril 1995. Le Conseil d'État lui-même apparut un moment divisé. Il rejeta par exemple, le 17 juillet, la demande de sursis à exécution d'une décision du tribunal administratif de Strasbourg annulant des arrêtés d'exclusion définitive, malgré les conclusions du commissaire du gouvernement : « Il se peut que le port du foulard de la jeune Slagamer n'ait pas revêtu, en ce qui la concerne, un caractère ostentatoire et prosélyte. Le chef d'établissement ne pouvait demander à la majorité d'ôter leur foulard et autoriser une ou deux à le garder. »[1] C'était bien indiquer qu'il ne saurait y avoir, pour le port du foulard, comme d'ailleurs en matière de police administrative, d'interdiction de portée générale et absolue, mais que le juge administratif devait examiner au cas par cas. Et il rejeta la demande d'annulation de la circulaire Bayrou, au motif qu'elle n'avait pas un caractère normatif : « Sans doute le ministre a implicitement une telle interprétation du foulard islamique [caractère ostentatoire en soi] comme peuvent le suggérer les déclarations qu'il a faites *a posteriori*. Mais il s'est bien gardé, dans la circulaire, de transcrire ce qui semble être sa conception

déshérités de toutes sortes » (*ibid.*, p. 24 et 25).

1. A partir de l'exemple de celle de Saint-Denis-de-la-Réunion.

personnelle. »[1] Il faut en effet concilier les principes de neutralité avec la protection de la liberté de conscience, dans le respect des règles qui permettent l'harmonie sociale et la vie paisible en société. Ces règles ne peuvent être appréciées que dans la vie concrète et, pour les écoles, sous la responsabilité des chefs d'établissement. Ce que certains chefs d'établissement ont poursuivi, en condamnant le port du foulard, poussés souvent par une partie du corps enseignant, c'est la manifestation d'une croyance qui déboucherait sur une subordination affichée de la femme vis-à-vis de l'homme, et la supériorité de la loi religieuse sur la vie civile, en protégeant des adolescentes contre les pressions de leur milieu et contre des menées intégristes, étrangères en tout cas à l'établissement, susceptibles de troubler l'ordre public et la sérénité nécessaire à l'action pédagogique. Mais on passait par la loi religieuse pour caractériser l'inégalité entre l'homme et la femme, et l'on amenait à faire peser sur des jeunes filles le poids des contradictions entre la tradition religieuse et l'État de droit. Sur la question de l'absence scolaire le jour du shabbat le Conseil d'État prit à ce moment une position plus nuancée que ne l'avait proposé le commissaire du gouvernement, Yann Aguilaï, qui, faisant référence au principe talmudique, « la loi de l'État, c'est la loi », invitait à refuser une « école à la carte où chacun, selon ses convictions, choisirait ses disciplines et ses horaires de présence »[2]. Ces contradictions pourraient difficilement être réglées par une loi qui interdirait tout signe, susceptible d'exprimer une conviction religieuse, philosophique ou politique, considéré en soi comme ostentatoire, car on voit la singulière restriction des libertés qu'une telle disposition apporterait. Certes la situation actuelle, avec des interprétations jurisprudentielles floues, laisse reposer sur les enseignants une lourde responsabilité, qui peut être source de repli ou d'affrontements idéologiques. S'il faut

1. Conseil d'État, Ministre de l'Éducation nationale c/ Mlle Slagamer, 10 juillet 1995.

1. CE, Ministre de l'Éducation nationale c/ Mlle Unal, 9 octobre 1996.

2. CE, Consistoire central israélite de France, 14 avril 1995. Pour tout ceci on se

sans doute trouver des solutions jurisprudentielles qui permettent plus de rigueur contre toute tentative de porter le trouble à l'intérieur des écoles, sous couvert de prosélytisme, il importe de jouer surtout sur le dialogue, et sur la formation citoyenne, pour lutter contre le dogmatisme et la soumission des adolescentes. La laïcité devient alors une notion dynamique, fondée sur « une éthique de la diversité, du débat et de la responsabilité individuelle »[1], plutôt que sur les interdits.

Le débat sur l'islam est aussi souvent perturbé par d'autres considérations plus générales, en particulier sur l'immigration et sur l'identité française. Ceci s'explique par une association, dans les mentalités et les représentations, qui est loin de recouvrir totalement la réalité entre les immigrés, les Arabes, essentiellement maghrébins, et de plus en plus les musulmans, ce qui enregistre la montée du religieux et la revendication d'islam chez une partie des populations concernées. Les nombreuses discussions sur le Code de la nationalité, autour du droit du sol et des conditions d'acquisition de la nationalité avec la nécessité de la manifestation de la volonté pour les jeunes de 16 à 21 ans, ont souvent interféré, à l'époque, avec la place de l'islam dans la société française. La lutte contre l'immigration clandestine doit renforcer la situation juridique et sociale des étrangers en situation régulière bénéficiant d'un visa ou d'un titre de séjour et déboucher sur l'intégration de ces populations dont les enfants sont appelés naturellement, s'ils le désirent, à devenir français à leur majorité[2]. Mais cette intégration qui est encouragée sur le plan juridique par un statut stable, sur le plan social par toutes les mesures d'aides aux quartiers en difficultés (politique de la ville) dont les habitants profitent sans condition d'origine, et sur le plan culturel à travers l'éducation et l'école, n'a pas toujours été poursuivie, sur le plan religieux et spirituel, qui reste bien, même dans un régime de laïcité, une des dimensions de l'homme.

reportera à l'ouvrage d'Anicet Le Pors, *Le nouvel âge de la citoyenneté,* Paris, Les Éditions de l'Atelier, 1997, 574 p., p. 47 à 50.

L'islam a encore une place discutée : la foi musulmane n'est pas toujours considérée comme une des données naturelles des croyants qui la professent ; l'islam n'est pas encore, sur le plan des représentations, une religion à part entière de la France.

Si les musulmans sont bien appelés à s'organiser, il ne peut y avoir ni abstention totale ni désintérêt des pouvoirs publics, alors que les divers États musulmans, par ressortissants interposés et par le soutien financier à des réseaux qui leur ont fait allégeance, ne se privent pas d'influer sur les décisions des associations musulmanes, faisant de l'islam de France, bien souvent malgré lui, le champ clos de leurs affrontements et de leurs rivalités. Ils ne sont finalement d'accord que pour freiner, sinon empêcher, le processus inéluctable d'intégration de la majorité des musulmans vivant en France. Compte tenu de l'enjeu déterminant que représente cette intégration pour la France, les menées de ces États apparaissent comme directement contraires à l'intérêt national. Pourtant ces États sont souvent, sur le plan international, des pays amis et diverses considérations ont amené à ne pas mener une action délibérée en vue de libérer l'islam de tutelles étrangères. Malgré de nombreuses protestations diplomatiques, la France a dû admettre les liens privilégiés entre la Mosquée de Paris et l'Algérie qui s'en considère propriétaire et continue à être son principal bailleur de fonds et son pourvoyeur en personnel religieux. Le Maroc utilise tout le poids de ses réseaux et de ses imams, les plus nombreux, pour freiner l'intégration des musulmans. Il se considère responsable de ses ressortissants, même s'ils ont acquis, par le droit du sol, la nationalité française. La France n'est pas restée insensible aux pressions de l'Égypte pour refuser pendant longtemps un visa à Tariq Ramadan, petit-fils d'un des fondateurs des Frères musulmans. L'Arabie Saoudite a pu, sans être grandement inquiétée, financer de nombreux mouvements fondamentalistes et développer en particulier les activités du Bureau de l'organisation de la ligue islamique mondiale (BOLIM). Beaucoup d'États musulmans considéraient comme un droit l'envoi d'imams et de prédicateurs, à l'époque du ramadan, sans admettre que la France puisse exercer un contrôle au moment de leur délivrer un visa. De même, de par les accords bilatéraux créant l'enseignement de langues et cultures d'origine, les pays pourvoyeurs souhaitaient envoyer leurs enseignants, sans aucun contrôle, même sur leur niveau de connaissance en langue française, en n'ayant rien à redire à ce qu'ils servent de propagateurs de l'islam. Très souvent les pouvoirs publics ont refusé de créer une crise majeure sur ces questions et l'on en est resté aux pressions et à l'encadrement de fonctionnaires d'ambassade qui se livrent à des activités de renseignement et d'espionnage. Il ne fallait pas mécontenter les équipes au pouvoir, il fallait tenir compte des intérêts stratégiques, par exemple de l'alliance du camp occidental avec l'Arabie Saoudite, et préserver des chances de contrats fructueux. La lutte contre les menées étrangères n'a été véritablement efficace que lorsqu'il y a eu convergence des intérêts et de l'action contre des mouvements islamistes, menaçant les États et leurs dirigeants. Les intérêts communs poussent à une collaboration policière, qui ne permet à la France d'être un sanctuaire pour des opposants que s'ils maintiennent des réseaux dormants. Mais cette lutte contre les mouvements islamistes révolutionnaires, déstabilisateurs du monde musulman, si elle s'avère efficace à bien des égards, fait apparaître la France comme le soutien privilégié de régimes qui ne partagent pas toujours nos valeurs de liberté, de laïcité et de démocratie, et amène la France à être en première ligne face à des actions terroristes de rétorsion, les pouvoirs en place, pour relâcher la pression qui s'exerce sur eux, ayant tout intérêt à transférer leurs propres divisions, voire leur guerre civile, sur le sol français.

TROISIÈME PARTIE

La situation actuelle de l'islam : la deuxième religion de France et ses problèmes

Avant même de savoir qui sont les musulmans, on est tenté de se demander combien sont-ils ? Mais aussitôt on se trouve face aux incertitudes concernant les statistiques religieuses[1] puisque, selon les sources, on va de 1 million de musulmans dans la revue *Sciences humaines*, d'après un sondage CSA - *Le Monde* - *La Vie*, certes au-dessus de 18 ans, à 8 millions selon une publication islamiste, alors que beaucoup d'associations musulmanes, de la Mosquée de Paris à l'Union des familles musulmanes de France parlent de 5 millions. On constate que les statistiques concernant les musulmans en France sont gonflées au maximum à la fois par les mouvements islamistes pour affirmer le poids des musulmans et soutenir leurs revendications concernant la reconnaissance des spécificités des communautés musulmanes devant déboucher sur des droits particuliers, et par l'extrême droite (par ex. le journal *Présent*) qui en tire argument pour dénoncer l'immigration mais surtout l' « invasion musulmane » menaçant l'identité française et rejetant l'assimilation de ces éléments allogènes. Au contraire, ceux qui plaident pour une normalisation de la situation de l'islam et qui parient sur son intégration, autant les musulmans modérés

1. Souligné par Émile Poulat, « Un grand brouillard sur les chiffres. Les statistiques de la population française, notamment en matière de religion, engendrent la perplexité », *La Croix*, 25 mars 1997.

que les partis de gouvernement ou les organes catholiques *(La Vie)*, ont tendance à minimiser leur nombre et à insister sur leur intégration réussie et sur les exemples de dialogue interreligieux qui se développent actuellement. Il faut bien sûr préciser si l'on prend toutes les classes d'âge ou si l'on exclut les enfants et les adolescents, si l'on se limite aux citoyens français ou si l'on prend tous les résidents munis d'un titre de séjour au-delà de la durée de validité du visa de touriste, ou même si l'on ajoute une évaluation (mais laquelle ?) des étrangers en situation irrégulière et des clandestins. Bien sûr ceci renvoie à la question : « Qui est musulman ? » L'origine géographique et la filiation entraînent automatiquement la religion sans qu'on se soucie d'un quelconque critère d'adhésion religieuse. Pour l'islam, la conversion est relativement aisée et n'entraîne pas les polémiques que l'on connaît sur sa validité dans le judaïsme. Les statistiques obtenues par sondage doivent être interprétées, Émile Poulat a rappelé à juste titre qu'on avait 20 % d'écart suivant que la question posée est : « A quelle religion appartenez-vous ? » ou « Quelle est votre religion, si vous en avez une ? ». D'autre part, la sociologie religieuse, depuis les études si fines du doyen Gabriel Le Bras, a montré qu'il y a des degrés très divers d'appartenance et de pratiques religieuses. Mais si les pratiques des catholiques sont bien suivies (par ex. la différence entre pascalisants et messalisants) les différentes pratiques de l'islam ont été moins étudiées en termes quantitatifs. On sait que la pratique des jeunes musulmans à la fin de la scolarité obligatoire n'est pas plus élevée que celle de leurs condisciples d'autres religions. Les comportements culturels et les taux de pratique religieuse ont tendance à se rapprocher au fur et à mesure de l'intégration. Nous ne pouvons donc retenir que des ordres de grandeur : 4 millions de personnes peuvent être considérées comme de culture et de civilisation musulmanes, dont près de 2 millions de citoyens français. Cela place effectivement l'islam bien après le nombre des catholiques (27 millions) mais avant les protestants (1 million), les juifs (700 000), les bouddhistes (500 000), ce qui lui crée des responsabilités nouvelles. Mais de tels chiffres cachent mal la diversité de l'islam de France.

CHAPITRE I

La diversité des musulmans de France, citoyens français et ressortissants étrangers

Pour la très grande majorité des musulmans de France, à l'exception des convertis récents, l'origine directe, qui peut remonter à plusieurs générations, se situe à l'étranger. On peut dire que la France accueille, à des titres divers, des musulmans de tous les pays et c'est pourquoi il serait utile de reproduire une carte de l'islam dans le monde, dont l'islam de France est un peu le reflet.

Ce sont en effet les pays musulmans qui ont connu l'influence française qui ont fourni les plus gros contingents de la population musulmane actuellement présente sur notre territoire. La très grande majorité des musulmans – sans doute plus des trois quarts – se trouve être originaire d'un des pays du Maghreb, les originaires d'Algérie, quel que soit leur statut, rapatriés d'origine nord-africaine, français par acquisition, dont le droit du sang, naturalisation ou ressortissants algériens, étant les plus nombreux. Le groupe marocain est aussi très important, avec moins de naturalisations, mais un très fort encadrement religieux (ce sont les Marocains qui comptent le plus grand nombre d'imams) et un taux de pratique qui reste élevé comparé à celui des populations originaires de Tunisie (pays officiellement laïc depuis Bourguiba, dont le gouvernement pourchasse les opposants politiques fondamentalistes du parti d'Ennadah) ou même d'Algérie. Alors que presque tous les musulmans (sauf bien sûr les convertis) proviennent de pays qui ont été sous influence française qu'il s'agisse de colonie, de protectorat ou d'une influence culturelle (île Maurice), la Turquie représente un cas à part. L'Allemagne, qui a été l'allié privilégié de la Turquie depuis la Première Guerre mondiale, a accueilli le nombre le plus élevé d'immigrés turcs dans le monde. Longtemps l'immigration turque en France, surtout dans l'Est, est d'abord passée par l'Allemagne où elle garde des liens importants qui conduisent à implanter en France les divisions politiques internes du monde turc, et surtout le territorisme kurde. Mais on a de plus en plus affaire à une immigration venue directement de Turquie, en particulier pour des travaux de force en agriculture et pour des travaux forestiers, tandis que se développe une société diversifiée qui devient propriétaire et multiplie les activités tertiaires, les agences de voyage et surtout le petit commerce de proximité aux horaires d'ouverture très larges.

Les parcours d'intégration sont très divers et les études sur la manifestation de volonté pour l'acquisition de droit de la nationalité française montraient des différences suivant les communautés d'origine (les Turcs étaient moins demandeurs), suivant la localisation (les zones rurales semblaient moins bien informées), etc. Cependant, l'acquisition de la nationalité ne cesse de progresser, ce qui accroît régulièrement le nombre des musulmans français. La citoyenneté est une chose, et l'intégration en est une autre : elle est aussi très largement en marche par l'école en particulier, même pour les jeunes que les pays d'origine souhaiteraient conserver sous leur influence culturelle par le système de l'enseignement de langues et cultures d'origine. Ces enseignements donnés au sein de l'école pendant les horaires scolaires obligatoires, qui peuvent être complétés par les enseignements délivrés par les écoles coraniques, les mosquées ou les consulats, au cours du mercredi, n'empêchent pas les succès de la scolarisation en français et le fait qu'après quelques années en France ces jeunes se parlent souvent plus facilement en français que dans leur langue d'origine. Bien sûr les primo-arrivants doivent être accueillis si possible dans leur langue ; un gros effort a été accompli pour faire tomber les barrières et les préventions des parents vis-à-vis de l'école qui est, pour eux, un monde étranger et pour les familiariser avec l'obligation scolaire qu'ils n'ont pas connue, à travers des vidéocassettes réalisées en différentes langues par l'ONISEP. Les activités périscolaires, les opérations « ville vie vacances » ou « école ouverte » qui bien sûr ne s'adressent pas seulement aux populations étrangères mais à tous les jeunes des quartiers défavorisés, dans le cadre global de la politique de la ville ou l'action du FAS, favorisent le mixage social, l'apprentissage en commun et l'intégration.

Mais tous ces efforts se heurtent au problème de l'emploi, pour des jeunes qui sortent souvent sans qualification, ou avec un niveau de qualification très faible, du système d'enseignement obligatoire et se retrouvent nombreux sur un marché du travail de plus en plus restreint pour ce type d'emplois, à la suite de la modernisation, de la mécanisation des processus de fabrication et surtout des délocalisations vers des pays où le coût salarié, charges comprises, est très faible. Le chômage de longue durée parfois se reproduit sur plusieurs générations et se présente comme un facteur d'exclusion majeur dans des concentrations de certains quartiers très défavorisés avec une population jeune très importante, un taux de chômage très élevé, un nombre très élevé de bénéficiaires du RMI, et une proportion importante d'étrangers, ce qui présente un cumul de handicaps et de facteurs d'exclusion. C'est là un des freins majeurs à l'intégration sociale, la source de nombreuses frustrations qui peuvent déboucher chez certains sur un rejet de la société et sur des formes extrémistes, voire terroristes de l'islamisme. Même si le terme de ghetto est nettement exagéré et si l'on a trop parlé de « zones de non-droit » où l'ordre juridique et la police n'auraient plus leur place, il est certain que les quartiers en difficulté, avec une forte proportion d'étrangers, peuvent devenir les « banlieues de l'islam » et fournir un terrain privilégié pour un islamisme radical rejetant l'Occident et les valeurs républicaines. Et, devant ces difficultés, il y a peu de différence entre les musulmans ayant acquis la citoyenneté française et les musulmans étrangers : la principale différence est la stabilité de la situation juridique entre les immigrés clandestins ou au titre de séjour précaire (visas de tourisme), et les étrangers qui ont un titre de séjour de longue durée. L'acquisition de la nationalité française, même si elle ne permet pas toujours d'échapper à certaines pratiques de discrimination à l'emploi rarement ouvertes mais souvent indirectes, dénoncées par les syndicats, et à certains « contrôles au faciès », assure une stabilité et une réussite qu'envient ceux qui sont sous le coup d'un arrêté d'expulsion ou d'une reconduite à la frontière. C'est la voie ouverte vers une intégration, sinon bien aléatoire, ou qui peut même dans certains cas être remise en question, alors que la durée du temps de résidence et la connaissance de la langue française avec des critères d'ordre public et de bonnes mœurs sont les principaux critères d'instruction (avec l'existence d'un travail et de revenus fixes, suffisants pour faire vivre sa famille) des nombreux dossiers de demande de naturalisation.

Parmi les Français musulmans, on oublie trop souvent ceux des départements et territoires d'outre-mer. La Réunion compte une communauté musulmane ancienne, souvent originaire du subcontinent indien, bien intégrée dans la vie de l'île et dont les responsables sont reconnus par les autorités. C'est ainsi que la présence de l'islam sur les radios libres, l'existence d'une école privée musulmane sous contrat, la construction de mosquées ne semblent pas poser les mêmes problèmes qu'en métropole. A Mayotte, la situation est bien différente de celle des autres régions composant la République : l'islam y est très largement majoritaire, ce sont les autorités civiles qui contrôlent et qui nomment les autorités religieuses musulmanes ; dans un système un peu comparable au régime des missions, issu des décrets-lois Mandel, dans les territoires d'outre-mer, on peut dire que l'on a une très grande liberté accordée au culte musulman, avec le soutien des pouvoirs publics et l'aide officielle des collectivités locales pour assurer l'entretien des édifices du culte et pourvoir aux besoins des imams, sous l'autorité d'un mufti, et couvrir les dépenses liées à l'exercice du culte, bref un système de type concordataire, mais fondé sur des relations quasi exclusives entre l'État et l'islam.

Aux Antilles françaises, la présence de l'islam est beaucoup plus récente. Il a pu se développer parfois en liaison avec les protestations des Noirs américains, en particulier autour du mouvement des « Black Muslims ». Mais il semble bien qu'il ait aussi été importé... de France. En effet, des Antillais installés en métropole, ayant à connaître des situations sociales difficiles, et parfois en butte au racisme, malgré leur citoyenneté française de longue date, ont rencontré la fraternité de communautés musulmanes, en particulier la chaleur confrérique de l'islam d'Afrique noire, et se sont convertis. Rentrés au pays, ils sont devenus les propagateurs de leur nouvelle foi et ont constitué de petites communautés, très minoritaires, mais vivantes et soudées, souvent hostiles au « pouvoir blanc » et à la société coloniale traditionnelle.

Ceci nous amène à évoquer maintenant le cas des Français de souche, ou au moins de longue date, convertis à l'islam et dont le nombre est évalué à 30 000 environ. Les conversions répondent à diverses motivations, souvent complexes, mais que nous allons essayer de distinguer pour la clarté de la présentation.

De nombreux Français de souche ont rencontré l'islam à travers des musulmans et le problème se pose en particulier à propos du mariage. L'accroissement des mariages « mixtes », plus exactement entre chrétiens (ou athées) et musulmans est la traduction du mixage social et de l'exogamie de fait, liée aux nombreuses possibilités de rencontres dans une société ouverte. C'est d'ailleurs ces rencontres entre jeunes musulmanes et non musulmans, avec des modes, des mentalités et des coutumes bien différents qui suscitent les récriminations des fondamentalistes et des intégristes qui craignent de voir la jeunesse leur échapper. On sait que toutes les religions ont mis des barrières pour empêcher, ou au moins rendre très difficiles, les unions entre croyants de religions différentes, le principal problème étant d'abord de déterminer la religion que devra embrasser la progéniture. On sait que dans l'islam le mariage d'une non-musulmane (chrétienne ou juive) avec un musulman est possible, car dans ce cas la descendance restera musulmane. Au contraire, le mariage d'une musulmane avec un non-musulman est prohibé, car l'épouse tomberait sous la « domination » de son mari et serait contrainte d'abjurer sa foi. C'est souvent dans ces termes, mais aussi avec toutes les pressions du milieu familial, que se fait le choix des époux, lorsque l'on n'est pas musulman. Certes des formules de mariages interreligieux ont été élaborées, en particulier par le Service des relations avec l'islam, afin de permettre à chacun des conjoints de conserver sa foi et de s'engager dans une démarche d'amour sous le regard de Dieu, en faisant pleinement confiance à son partenaire et en respectant sa différence. Mais ces formules n'ont pas encore reçu d'approbation officielle de la part des autorités religieuses, en particulier musulmanes, et elles restent un pis-aller. Souvent, le mariage interreligieux s'accompagne de la conversion à la religion d'un des conjoints, celle qui est la plus affirmée, celle en faveur de laquelle s'exerce le plus le poids de l'entourage familial, ou celle qui est la plus intransigeante ; c'est le plus souvent en faveur de l'islam que s'effectuent ces conversions. Elles peuvent certes être de complaisance ou de facilité, mais elles peuvent aussi être l'occasion d'un véritable cheminement spirituel permettant la découverte de l'islam et débouchant sur un acte de foi total et plein de confiance.

Il y a eu aussi de nombreuses conversions à l'islam de la part d'intellectuels, découvrant la profonde spiritualité de l'islam, la force de ses convictions autour de l'unicité de Dieu ou la richesse de l'expérience mystique. Cette découverte s'est faite par l'intermédiaire de connaisseurs de l'islam qui ont su enthousiasmer leurs élèves comme Jacques Berque, mais surtout à partir de la quête spirituelle de Louis Massignon qui, tout en restant chrétien, a rendu hommage à la démarche spirituelle de l'islam et qui a souligné les similitudes entre christianisme et islam, par exemple autour de la légende des sept dormants d'Éphèse, thème oriental, que l'on retrouve en Bretagne, dans un pèlerinage où se rejoignent chaque année chrétiens et musulmans. Des disciples de Massignon, on retiendra surtout René Guenon qui a insisté sur la mystique et le soufisme et qui a fait découvrir ses richesses à de nombreux chrétiens qui se sont convertis. Bien sûr les chemins de la conversion sont individuels et nous ne prétendons pas suivre chaque expérience. Pourtant, on découvre un attrait pour l'islam, religion des peuples colonisés, dominés par l'Occident, chez de nombreux intellectuels, comme Roger Garaudy, qui y ont vu, après l'effondrement du communisme, un lieu de contestation de l'ordre établi où continuer leur combat. On a davantage une recherche spirituelle dans le cas du prince Pallavicini, de Yacoub Roty, écrivain longtemps président de l'Association « Vivre l'islam en Occident », de Guiderdoni, animateur de l'émission de télévision « Connaître l'islam », de Didier Ali Bourg, responsable de la FNMF, de Youssouf Leclercq qui a animé les manifestations hostiles à l'édition en France des *Versets sataniques* de Salman Rushdie, ou de Maurice Béjart, le grand maître de la danse contemporaine en France. Bien sûr les motivations, les démarches comme les engagements de ces convertis à l'islam sont bien divers, pourtant leur place emblématique dans l'islam de France est très importante ; ils ont eu le mérite de donner leur voix et leur notoriété ainsi que leurs capacités intellectuelles aux sans voix, aux immigrés musulmans, que l'on n'écoutait pas, et à poser en termes intellectuels, souvent directement compréhensibles dans la pensée française, le problème de la légitimité de l'islam dans le concert des religions et de sa place dans la société française.

La majorité des musulmans résidant en France, même si leur proportion tend régulièrement à diminuer, par les différentes voies de naturalisation et d'acquisition de la nationalité française que nous venons d'évoquer, demeurent des ressortissants de pays étrangers, bénéficiant d'un titre de séjour, de nature et de durée de validité variables. Leur nombre toutefois reste difficile à évaluer avec précision, mais on peut l'estimer à encore près des deux tiers des musulmans résidant en France. Mais pour établir leur nombre, on part des statistiques officielles de ressortissants des différents pays considérés comme musulmans à travers les données fournies par l'Office des migrations internationales (OMI) ou la Direction des populations et migrations. Ces chiffres sont déjà contestés en ce qui concerne les ressortissants résidant légalement sur le territoire national (auxquels il faudrait ajouter bien sûr les clandestins sans titre de séjour ou les bénéficiaires de visas de courte durée, dits de tourisme, qui comptent s'établir plus durablement en France pour exercer un emploi ou pour rejoindre une partie de leur famille). Mais on prend par exemple tous les Marocains, en oubliant que beaucoup de Juifs marocains, pourtant installés en France depuis longtemps, ont conservé la nationalité marocaine, ou tous les Turcs, en négligeant les différentes minorités comme les alaouites ou les chrétiens. On est encore beaucoup moins renseigné sur le degré d'adhésion à l'islam et sur les caractéristiques de la pratique religieuse de ces ressortissants.

Pourtant ces données, malgré les limites que nous venons de souligner, permettent de distinguer l'importance relative des différentes communautés musulmanes issues de l'immigration. Les Maghrébins sont de loin le groupe majoritaire, les Algériens en tête, suivis des Marocains, et plus loin des Tunisiens, en rapport d'ailleurs avec l'importance démographique de leur pays. On pourrait aussi y ajouter le petit groupe des Mauritaniens, puisque leur pays fait partie de l'Union du Maghreb arabe. Cependant, ces données ne tiennent pas compte des diversités internes de ces pays : forte proportion de Noirs, souvent anciens esclaves, en Mauritanie, surtout au sud, et de façon plus importante forte individualité des Berbères qui ont certes été très largement arabisés, en particulier au Maroc, mais qui constituent encore des groupes berbérophones importants en Algérie en particulier (Kabylie). Ces diversités de population qui peuvent avoir des impacts sur les pratiques religieuses (rôle des pèlerinages sur les tombeaux de saints locaux, réseaux confrériques à base ethnique, voire tribale) se combinent avec le degré plus ou moins grand de l'européanisation qui se traduit en particulier par le maintien du rôle culturel du français dans les villes et dans les classes intellectuelles aisées, malgré des campagnes pour l'arabisation de la jeunesse qui ont souvent été soutenues par les milieux musulmans traditionnels. Cette immigration originaire du Maghreb conserve des liens familiaux et des intérêts très étroits avec le pays d'origine, qui se ressourcent régulièrement par le retour lors des vacances ou par l'accueil de membres de la famille qui désirent faire leurs études ou travailler en France. On y reconnaît aussi des attitudes diverses vis-à-vis de l'islam, le souci de la modernisation parmi les couches les plus occidentalisées ouvertes sur la France et le monde, les adeptes d'un islam traditionnel, voire fondamentaliste parmi les couches rurales populaires et les élites traditionnelles, la revendication islamiste souvent violente dans les couches éduquées, victimes de la crise économique et de la mondialisation, cherchant à retrouver par l'affirmation islamique leur identité, et faisant de l'islam leur drapeau pour revendiquer leur libération face à un néocolonialisme dont ils se sentent les victimes.

Les musulmans originaires d'Afrique noire constituent un groupe de plus en plus important mais dont on a longtemps méconnu l'identité et les spécificités. Les Noirs installés en France sont essentiellement originaires d'Afrique, si l'on excepte les citoyens français originaires des DOM-TOM, mais à côté de l'importance des groupes chrétiens ou animistes, on n'avait peu prêté attention jusque-là aux aspects religieux, et en particulier à l'implantation en France de l'islam d'Afrique noire, du Sénégal, du Niger ou du Mali en particulier..., jusqu'à ce que l'on découvre le rôle de solidarité que jouent les confréries, ou l'influence des marabouts, à travers des reportages et des films sur des quartiers parisiens comme la Goutte d'Or, et que l'on dispose d'études sociologiques, comme celles de Mustapha Diop. Cet islam où l'aspect coutumier et les chefferies ont encore un rôle important (voir en particulier les oppositions à l'introduction de la monogamie, malgré les efforts de l'actuel président sénégalais, provenant des structures sociales traditionnelles, et en particulier de certains de ses ministres, pour lesquels la polygamie est aussi un signe de pouvoir et d'alliances, renforçant l'ethnicité) a plutôt un rôle conservateur et modéré, tant qu'il parvient à reconstituer en France ses structures. En revanche, des familles musulmanes noires, isolées et déstructurées peuvent voir facilement leurs enfants enrôlés dans des mouvements de tendance islamiste, en rupture avec la famille traditionnelle, dans la création de solidarités nouvelles, chaleureuses, qui permettent d'échapper à la dévalorisation raciste dont ils sont victimes.

Un autre groupe musulman important par le nombre mais aussi par ses comportements particuliers est le groupe turc[1] avec environ 170 000 ressortissants, essentiellement dans l'est de la France mais aussi dans le Massif central, en particulier dans des emplois forestiers. Le groupe turc se mélange rarement avec les Français d'origine et même, sauf pour des rencontres de responsables, avec les autres groupes musulmans. Les ressortissants turcs installés en France sont souvent peu cultivés, voire illettrés, mais surtout ils découvrent la culture française en arrivant en France, mis à part une petite élite francisée, puissante économiquement, originaire d'Istanbul ou de la côte de la mer Égée. Ils ont souvent découvert l'Europe à travers l'Allemagne où ils ont parfois séjourné, où demeure une partie de leur famille et où sont implantées les principales organisations encadrant l'émigration turque. Les ressortissants turcs[2] souvent installés en zone rurale, dans des petites villes et bourgades, ont des stratégies spécifiques d'intégration sociale par l'acquisition de logements, par le développement de commerces, par la création de relations économiques avec le pays d'origine à travers des entreprises d'import-export ou des agences de voyages. La réussite de certains d'entre eux se combine avec une forte endogamie et le souhait d'un développement séparé : ainsi que l'a montré une étude de

1. Voir *Enjeux de l'immigration turque en Europe, les Turcs en France et en Europe,* sous la direction de Alain Jund, Paul Dumont, Stéphane de Tapia, Ciemi, Paris, L'Harmattan, 1995, 318 p.

2. On consultera également Asiatiques et Turcs. Deux communautés multiples, *Mignants Formation,* n° 101, juin 1995, Paris, Centre national de documentation pédagogique, 184 p.

l'Observatoire régional de l'intégration de Strasbourg, c'est le groupe où le pourcentage de déclarations volontaires pour l'acquisition de la nationalité française chez les jeunes nés en France ayant atteint l'âge de la majorité avait été le plus faible. Cette communauté a, de plus, introduit en France ses divisions internes, avec les problèmes nationaux liés aux Kurdes, ce qui fait que la France peut être la cible d'attentats terroristes du PKK visant les intérêts turcs qui y sont installés, mais aussi avec les oppositions politiques entre les laïcs gouvernementaux entretenant un réseau d'imams officiels et d'enseignants de langue turque, en particulier dans le cadre des ELCO, et les partis islamistes, plus ou moins intransigeants. Les structures traditionnelles d'un islam opposé à la modernité amènent des conflits à l'intérieur des familles entre les générations, ou entre filles et garçons, à propos du port du foulard ou des relations avec des non-musulmans dans la vie courante. On peut souligner que la plupart des jeunes filles qui portent le foulard en classe se trouvent actuellement en Alsace, sans doute à cause des spécificités du statut des cultes, et qu'il s'agit en majorité de jeunes filles d'origine turque chez qui le foulard fait partie du vêtement traditionnel et ne signifie pas nécessairement une affirmation identitaire ou un signe de réislamisation. Il importe en tout cas, dans les réflexions sur l'intégration de l'islam en France, de tenir compte des spécificités de l'islam turc qui persisteront encore longtemps, ce qui interdit d'envisager une structure totalement unifiée ou la construction de mosquées-cathédrales regroupant dans une même capitale régionale les musulmans de toutes tendances et de toutes origines.

A côté des groupes que nous venons d'évoquer, il existe en France d'autres communautés plus marginales par le nombre en particulier, des Pakistanais, des Indiens ou des Indonésiens, qui sont surtout présents au Royaume-Uni ou aux Pays-Bas à cause des liens qui demeurent avec la puissance coloniale. Ces groupes n'ont aucune prétention à diriger l'islam de France mais souhaitent conserver leur originalité et des pratiques spécifiques. On peut rappeler que l'islam indonésien par exemple s'est implanté relativement récemment et coexiste avec d'autres communautés religieuses dans un climat de relative tolérance. L'islam pakistanais est beaucoup plus fondamentaliste et tend à favoriser des campagnes de réislamisation, à travers les tournées de missionnaires du Tabligh qui développent un islam traditionnel, éloigné de l'engagement politique, et sans désir d'affrontement direct avec l'Occident et en particulier avec les États-Unis dont ils ont été les alliés, par exemple en Afghanistan. Ce rapide survol doit simplement nous rappeler que l'islam en France est une véritable mosaïque, « un agrégat inconstitué de peuples désunis » pourrait-on dire en reprenant la formule de Mirabeau pour décrire la France de l'Ancien Régime, et que sa progressive unification et sa lente organisation ne pourra se faire qu'à travers son intégration en France, ce que d'aucuns refusent pour conserver leur pouvoir ou pour s'opposer à une modernisation et à une occidentalisation qu'ils redoutent ou dénoncent comme absolument contraires aux principes fondamentaux de l'islam. C'est bien ce paradoxe qui explique souvent leur agressivité : l'islam n'aura vraiment sa place en France que par son intégration dans le cadre français de la laïcité et du libre exercice des cultes, dans le pluralisme et la démocratie.

La diversité même de ces groupes explique, en grande partie, la difficulté que les associations et les communautés musulmanes éprouvent pour se doter d'une structure commune, d'autant plus que leurs responsables, comme les autorités des pays d'origine, poursuivent des stratégies différentes.

CHAPITRE II

Le rôle des pays d'origine et des États musulmans

Les pays d'origine ont, bien sûr, des responsabilités directes vis-à-vis de leurs ressortissants : pour défendre leurs droits, pour leur délivrer des titres, pour organiser les élections et maintenir des liens culturels avec eux, ils entretiennent un important réseau consulaire. Mais, bien souvent, leur action va au-delà de cette prise en charge administrative. Les travailleurs immigrés représentent une source importante de revenus et de devises pour le pays d'origine : certes, le regroupement familial a, en partie, tari ces sources de revenus, mais il y a encore des flux d'argent importants vers la famille élargie ; le travailleur immigré revient souvent au pays en vacances, y apporte des cadeaux, y achète des biens, parfois, y fait construire une maison dans l'espoir d'un retour pour la retraite. L'action des pays d'origine se situe d'abord en direction des enfants, sur le plan éducatif, par le réseau des enseignants de langue et culture d'origine, et par le soutien aux activités culturelles des associations. L'islam faisant, tout à la fois, partie de la culture et de la vie quotidienne, le soutien aux activités religieuses des associations et l'envoi d'imams se sont développés dans cette perspective, et avec la volonté de maintenir le lien avec les ressortissants. L'islam, et parfois même sous des formes hostiles aux gouvernements en place, a été soutenu comme un facteur identitaire puissant, empêchant l'intégration totale dans la société française aboutissant à l'acquisition de la nationalité française. Les dispositions d'acquisition de la nationalité française, pour les jeunes étrangers de 16 à 21 ans résidant en France depuis plus de cinq ans, par déclaration de volonté, avaient révélé les pressions contradictoires qui s'exercent sur les jeunes et le pourcentage, plus faible, de déclarations dans des communautés plus repliées, plus récemment installées en France, où le poids de la religion peut être très important (port fréquent du foulard chez les jeunes filles), comme la communauté turque.

Le contrôle de la communauté nationale, par l'intermédiaire d'imams gouvernementaux, que l'on appelle parfois des « imams d'ambassade », qui bénéficient d'une rémunération assurée et relativement élevée en tant que fonctionnaires du culte à l'étranger, peut être un moyen de maintenir la cohésion de la communauté, voire de récupérer des ressortissants qui auraient tendance à s'assimiler. On connaît, par exemple, la volonté du roi du Maroc de conserver ses ressortissants et d'éviter leur intégration en France.

Suivant la place officielle que joue l'islam dans ces pays d'origine à majorité musulmane, suivant la conception que chaque pays d'origine a de l'immigration en France et de son avenir, suivant les moyens aussi qu'il est prêt à y consacrer, on a une grande diversité des modalités d'interventions, en particulier dans le domaine religieux. Souvent, il s'agit d'un contrôle étroit des associations musulmanes qui se créent parfois, selon un critère purement national, à travers un financement direct (subventions à la construction d'une mosquée, par exemple, du Maroc pour la mosquée d'Évry) ou à travers la prise en charge d'un imam, mis à la disposition de la communauté. Cependant, l'influence peut être plus diffuse, lorsqu'il s'agit d'imams indépendants, mais non moins réelle, parce que la plupart des imams ont été formés à l'étranger dans des centres de formation théologique en Égypte (Université El Azahr du Caire), au Maroc ou en Tunisie avec la Zitouna.

Cette situation pose le problème du statut des imams en France mais aussi dans l'islam. Il y a, dans l'islam, plusieurs conceptions de l'imamat. L'une, très politique, fait de l'imam un chef politique avec une mission califale, en particulier depuis la suppression du califat. L'autre insiste sur le rôle doctoral et magistériel de l'imam que l'on pourrait comparer au rôle de décisionnaires des grands maîtres du judaïsme (et qui précise, par exemple, les conditions pour prononcer une fatwa), et sur la fonction cultuelle qui consiste à diriger la prière. C'est cette dernière fonction qui est mise en évidence dans les communautés musulmanes en Occident et qui fait considérer l'imam comme un « ministre du culte »[1].

Mais, au regard du droit social[2], les imams ne sont pas dans une situation uniforme, car il y a beaucoup de différences entre les imams, et encore moins dans une situation d'égalité vis-à-vis des autres cultes. Beaucoup d'imams[3] exercent leurs fonctions à temps partiel de façon bénévole, et ont un autre emploi : ils sont ainsi affiliés au régime général de la Sécurité sociale, voire à un régime particulier comme celui des fonctionnaires, au titre de cet emploi. Parmi les imams qui exercent cet emploi en étant rémunérés à temps plein, un certain nombre, en particulier des imams rémunérés par leurs pays d'origine, cotisent au régime général et sont considérés comme des salariés d'une association, comme c'est le cas en France pour la plupart des pasteurs et des rabbins. Mais les cotisations sont très élevées et ne peuvent pas toujours être assumées par les associations musulmanes indépendantes. Une cinquantaine d'imams seulement (sur plus de 500 exerçant à plein temps) sont affiliés au régime spécial de Sécurité sociale des cultes créé par la loi de 1978, c'est-à-dire aux deux caisses, la CAMAC pour l'assurance maladie et la

1. Michel Reeber, La fonction d'imam, *Revue de droit canonique*, « Ministres et lieux du culte », t. 47/2, Strasbourg, 1997, p. 329 à 338, et sa communication lors du Colloque personnel culturel d'encadrement religieux des populations musulmanes en France : « Approches sociojuridiques, société, droit et religion en Europe », Strasbourg, CNRS, 15 mai 1997.

2. Pour tout ceci, v. communication de Franck Fregosi, chercheur au CNRS, *ibid.*

3. Communication de M. Frédéric Buffin, directeur de la CAMAC-CAMAVIC, *ibid.*

CAMAVIC pour la couverture du risque vieillesse et le versement des retraites. Pour ces deux caisses, l'interlocuteur privilégié pour la prise en charge des imams est la Mosquée de Paris, puisque la plupart des imams affiliés relèvent de son autorité. Pourtant, alors même que le décret instituant les conseils d'administration de ces deux caisses a prévu, à côté d'une très large majorité de représentants du culte catholique et des congrégations catholiques pour lesquels ce régime a été initialement conçu, un siège pour un représentant du culte musulman, ce siège est toujours vacant. Le culte musulman devra donc choisir librement le régime social auquel il désire s'affilier. Mais le plus inquiétant est qu'actuellement, à cause des difficultés financières de beaucoup d'associations musulmanes indépendantes, un nombre important d'imams, avec leur famille, ne relèvent d'aucun régime de protection sociale, ce qui est pourtant obligatoire, et la base de notre pacte républicain et de notre système de solidarité ; souvent ils n'en sont même pas informés. Parfois, ils ont été affiliés quelques mois, à leur arrivée, pour bénéficier d'un titre de séjour, mais ils sont rapidement désaffiliés, à leur insu, avec tous les risques financiers que cela comporte, et ils connaissent ainsi une situation d'exclusion de fait du pacte social français.

Ceci pose également le problème de la formation des imams en France. A partir des trois projets que nous avons évoqués et qui se sont constitués au début des années 1990, on peut dire que deux centres fonctionnent réellement. En effet, la Faculté de théologie musulmane créée par la Mosquée de Paris et inaugurée, à l'époque, par M. Pasqua, ministre d'État, ministre de l'Intérieur et de l'Aménagement du territoire, a dû cesser ses activités, même si officiellement un certain nombre de ses étudiants sont en stage à l'étranger : les frais de fonctionnement étaient trop élevés et la Mosquée de Paris n'a pu obtenir les subventions escomptées, en particulier du ministère de l'Éducation nationale. Il reste donc l'Institut européen des sciences humaines de Bouteloin, à Saint-Léger de Fougeret, dans la Nièvre, le plus ancien, dépendant de l'UOIF, et l'Institut d'études islamiques de

Paris, qui s'appelait au début Université islamique de Paris, installé dans les locaux de la Ligue islamique mondiale, mais qui a dû modifier son titre pour se conformer aux dispositions de la loi de 1875 sur l'enseignement supérieur qui limite très strictement l'appellation d'université lorsqu'il s'agit de l'enseignement libre. Les deux établissements ont une structure pédagogique relativement semblable avec chacun trois départements, instituts, ou facultés, l'un assurant d'abord une formation en arabe (l'Institut de langue arabe de Bouteloin) avec deux cursus parallèles, pour les arabophones et pour les francophones, un autre département donnant une formation théologique fondamentale (formation longue à Paris, Faculté européenne des études islamiques à Bouteloin), le troisième ayant plus une visée pratique, soit professionnelle (l'Institut de formation des imams et éducative à Bouteloin), soit pédagogique appelée connaissance de l'islam à Paris que l'on pourrait comparer à un catéchisme supérieur pour adultes. Cependant, les deux instituts ont un fonctionnement bien différent, lié d'ailleurs à leur localisation et à leur recrutement. Bouteloin fonctionne beaucoup plus comme un séminaire résidentiel : il regroupe au total 225 étudiants (dont la moitié sont inscrits à l'Institut de langue arabe) et 99 suivent la scolarité à plein temps sur place. Le coût de la scolarité, avec les frais de pension, s'élève à 35 000 F par an mais, grâce à des bourses, l'étudiant n'acquitte que 12 000 F. L'inscription pour des cours par correspondance est de 4 000 F par an. En revanche, l'Institut d'études islamiques de Paris fonctionne plus comme un institut de formation pour adultes au travail, les week-ends, et parfois en cours du soir ; aussi les frais de scolarité sont-ils bien moins élevés : 840 F par an et 1 150 F pour des études par correspondance. Ces deux établissements n'ont pas encore véritablement formé d'imams exerçant en France : la première promotion va sortir de Bouteloin, tandis que l'Institut de Paris offre plutôt une formation supérieure complémentaire pour des cadres communautaires. Ils sont, en tout cas, bien loin de répondre aux besoins, d'où différents projets qui ont été soumis aux autorités françaises, soit à partir de centres d'islamologie, comme l'IREMAM de

Marseille autour du Pr Bruno Étienne, soit autour des Facultés de théologie catholique et protestante de Strasbourg avec le Pr Étienne Trocmé[1]. Ce dernier a rédigé un rapport préconisant la création d'une faculté de théologie musulmane dans le cadre d'une université d'État qui a été présenté au Conseil de l'Université des sciences humaines de Strasbourg, appelé à se prononcer sur ce projet en vue de l'inscrire dans le projet de contrat quadriennal avec l'État[2].

Les besoins sont loin d'être satisfaits car tous les imams exerçant en France ont reçu l'essentiel de leur formation et, en tout cas, toute leur formation en théologie musulmane à l'étranger : en 1990, sur les 500 imams recensés, exerçant leur fonction à plein temps et rétribués, seuls 4 % étaient citoyens français. Il n'est pas étonnant, dans ces conditions, que les associations musulmanes soient amenées à faire appel à des imams étrangers, et à solliciter l'aide des États étrangers devant leur difficulté à réunir les sommes nécessaires pour leur assurer un traitement, même limité au niveau du SMIC.

La présence d'imams étrangers peut présenter de nombreux inconvénients. A cause de la distance culturelle et de leur méconnaissance des problèmes concrets vécus par leur ouailles, et parfois de leurs difficultés matérielles, voire de leur refus de s'intégrer, on constate assez souvent des tensions avec la communauté qui est censée les accueillir, et souvent les employer officiellement. Les imams payés par des États étrangers sont souvent soupçonnés d'être à la solde de leur gouvernement pour encadrer leurs ressortissants, voire pour exercer sur eux un contrôle policier : on a vu de tels imams rejetés par leur communauté, voire mis à la porte de leur mosquée, ce qui entraîne alors l'appel aux autorités françaises et aux forces de l'ordre pour délo-

1. Francis Messner, Création d'un enseignement de théologie musulmane et statut des facultés de théologie en droit local, in *Revue du droit local*, Strasbourg, n° 24, mai 1998, p. 22 à 28.

2. Rapport à M. le Président Albert Hamm au sujet du développement des sciences des religions à l'Université des sciences humaines de Strasbourg dans le cadre du prochain contrat d'établissement, Strasbourg, 1996, 10 p.

ger l'intrus, dénoncé car il n'a pas de titre de possession ou d'affectation incontestable dans les locaux de l'association.

Ces données expliquent les difficultés que les associations musulmanes de base éprouvent pour conquérir leur autonomie sur le plan financier et pour s'organiser en se regroupant. Il existe de nombreux moyens pour maintenir un pouvoir de plus en plus largement contesté, que ce soit pour l'organisation du pèlerinage à La Mecque, avec des participants français pris sur le contingent algérien, que ce soit pour le rôle d'interlocuteur privilégié des pouvoirs publics que joue la Mosquée de Paris, que ce soit pour le marché de la viande halal, pour l'organisation des aumôneries dans les prisons et les hôpitaux ou pour l'affiliation des imams au régime de Sécurité sociale des ministres du culte.

CHAPITRE III

Une répartition géographique inégale

Les communautés musulmanes restent encore très inégalement réparties sur le territoire, même si leur présence tend à se généraliser et si leur enracinement régional s'affirme de plus en plus.

La géographie de l'islam en France reste fort proche de la carte de l'immigration, avec des concentrations dans les grandes villes et dans les zones industrielles, d'où l'impression des « banlieues de l'islam » et de « l'islam des banlieues », avec de très fortes concentrations dans les villes nouvelles et les grands ensembles d'habitat social, à proximité des noyaux urbains des agglomérations de plus de 100 000 habitants. Cette impression doit pourtant être nuancée à plusieurs titres. D'abord, l'immigration en général, et les immigrations musulmanes en particulier ne se sont pas installées seulement dans les immeubles récents des banlieues, mais souvent dans des quartiers dégradés ou des zones anciennes des centres-villes, donc dans du locatif privé, parfois dégradé, aux loyers relativement bas. Les zones de résidence se sont aussi largement étendues à l'ensemble du territoire, y compris aux zones rurales : il n'y a pas de département où il n'existe pas de communauté musulmane. Certes, la proportion de musulmans est relativement faible dans le grand ensemble de l'arc atlantique, sauf dans les zones industrielles, en particulier autour des principales villes et des estuaires, et dans le Massif central. Mais, même dans les régions rurales de la France profonde, il s'est constitué des communautés musulmanes, liées à des emplois dans les travaux forestiers et dans l'agriculture.

Les grandes concentrations demeurent liées aux principales zones de la deuxième révolution industrielle (les mines et la sidérurgie, ayant surtout fait appel à une main-d'œuvre d'origine européenne, Italiens, Polonais, Espagnols...) et aux emplois peu qualifiés du tertiaire. La grande région parisienne regroupe largement plus du tiers des musulmans en France : on a, bien sûr, en mémoire les ouvriers spécialisés de l'automobile, mais ils ont été recrutés dans toutes sortes de secteurs industriels et souvent relégués vers les périphéries pour l'habitat, contrairement, par exemple, aux Portugais qui, employés comme concierges, responsables d'entretien, femmes de ménage, ont eu tendance à résider à proximité de leurs employeurs en centre-ville, ce qui a favorisé le mélange social, et souvent une intégration et une émulation par la réussite scolaire.

Aujourd'hui, la situation sociale des musulmans s'est bien diversifiée : beaucoup recherchent des emplois dans les services et le commerce, et deviennent souvent petits propriétaires ; ils occupent les quartiers délaissés de l'Est parisien, mais ils sont aussi très nombreux dans les zones nouvelles d'habitation, de Bobigny à Mantes-la-Jolie, d'Évry à Pontoise... Les problèmes sont accentués lorsque ces zones nouvelles jouxtent des noyaux villageois anciens entourés d'un habitat résidentiel pavillonnaire de classe moyenne. Le contraste est souvent trop fort et amène à parler de ghettos où l'on trouve les fortes concentrations de population immigrée, surtout d'origine maghrébine, qui a développé ses codes, ses modes de vie, son langage, avec un taux très élevé de chômage, la faiblesse des ressources, le retard scolaire. Les points de contact avec le monde extérieur à cet univers de la banlieue en difficulté (avec toute la gradation des zonages actuels de la politique de la ville, ZUS, ZRU, zones franches et parfois quartiers aidés par un programme communautaire européen, le PIC Urban) deviennent des points de frictions, sinon d'affrontements. Il s'agit, en premier lieu, des grandes surfaces, symboles de la société de consommation avec leurs tentations par la publicité, leurs attraits et leurs refus pour les plus pauvres qui en sont rejetés, avec leurs immenses parkings de la civilisation de l'automobile, désertés la nuit, qui en font autant de champs d'aventures et d'affrontements sporadiques avec les forces de sécurité au sens large, vigiles, pompiers, policiers. Beaucoup de heurts dans les banlieues débouchent sur la mise à sac et le pillage des grandes surfaces, ce qui est beaucoup plus rare pour les petits commerces, visés plus directement par une petite criminalité qui les incite à fuir, entraînant la disparition des services de proximité et du lien social. Un autre lieu symbolique de tension est, de plus en plus, l'école avec ses codes de conduite différents, la nécessité d'un certain ordre pour travailler convenablement, la présence d'un matériel audiovisuel et informatique tentant qui peut expliquer les dégradations ou effractions dans les écoles maternelles et primaires. Le collège, et surtout le lycée, apparaissent comme des lieux de sélection et d'exclusion qui, par leur fonctionnement, empêchent l'accession au monde du travail pour les enfants d'immigrés qui ne parviennent pas à acquérir le niveau de qualification requis, ce qui ne permet plus de se contenter de vendre sa force de travail non qualifiée, comme l'ont fait plusieurs générations d'immigrés avant eux. D'où des opérations « punitives » contre des établissements secondaires, souvent de nuit, mais aussi des interventions de « grands frères », à l'intérieur de l'établissement, à la suite de sanctions mal comprises, interprétées comme injustes, vexatoires ou discriminatoires. De plus, les abords des établissements deviennent les lieux des trafics de drogue, souvent bien plus rémunérateurs que le travail honnête, décourageant ceux qui veulent s'en sortir, tandis que les drogués sont amenés à se procurer de la marchandise en pratiquant le racket sur les plus jeunes ou les plus faibles. L'école, malgré les moyens mis en œuvre dans les ZEP, l'appui des volontaires du service ville, la présence des appelés dans la police et, surtout, l'admirable courage de beaucoup d'enseignants qui permettent de dire que l'État reste présent, dans ces quartiers, même lorsque beaucoup d'autres services publics ont baissé les bras, apparaît souvent désarmée pour lutter contre ces problèmes de société dont elle ne peut être tenue pour responsable. Alors, l'école essaie de résister à la tempête. Dans ces situations difficiles, l'islam peut apparaître comme un problème supplémentaire devant lequel elle est mal armée, qu'elle ne peut résoudre et qui vient fragiliser la communauté scolaire par les risques de division qu'il peut engendrer, se rajoutant aux diversités nationales, ethniques et culturelles. Les enseignants de l'école publique n'ont pour la plupart pas été formés pour aborder sereinement la place des religions dans la société, puisque l'école primaire était censée garder la religion et les ministres du culte à l'extérieur de ses locaux, de ses programmes et de ses préoccupations. Pourtant nombre d'enseignants reconnaissent que des contacts sont possibles avec des responsables musulmans et que l'islam ouvert et tolérant est préférable à l'islam des caves, de la clandestinité et de la revendication islamique. Souvent, la présence d'associations et de responsables musulmans a contribué à offrir aux jeunes des possibilités d'activités, et à faire reculer la consommation puis le trafic de drogue. Mais, la question du foulard, comme auparavant celle de la politique à l'école, a profondément divisé la communauté éducative qui s'est trouvée confrontée, directement et seule, à une responsabilité qui concernait l'ensemble de la société et de la nation : quelle place donner à l'islam dans le paysage religieux français ? Et, plus précisément, peut-on laisser s'exprimer des revendications identitaires et s'exposer des signes ostentatoires qui peuvent parfois être porteurs de refus conscients des lois de la République ?

Cette solitude du monde scolaire face à ce problème a entraîné de nombreuses crispations et des attitudes diverses, voire polémiques, qui n'ont guère contribué à la sérénité du débat et à l'élaboration d'une solution juridique et politique largement acceptée.

La région marseillaise, mais plus largement l'ensemble du littoral méditerranéen, est aussi une région qui compte de nombreuses communautés musulmanes, souvent d'ailleurs d'implantation ancienne. La proximité géographique, les similitudes climatiques, la culture méditerranéenne, l'intensité des échanges depuis l'époque coloniale ont favorisé l'installation de musulmans, essentiellement d'origine maghrébine. C'est d'ailleurs la région qui a été la plus directement concernée par les événements liés à la décolonisation et à l'accueil de rapatriés originaires du Maghreb, en particulier d'Algérie, ce qui n'a pas été sans entraîner des tensions entre communautés pouvant expliquer des comportements politiques extrémistes. La mentalité coloniale a laissé des traces, et ce sont souvent les plus défavorisés des colons, ceux qui ont eu le plus de mal à s'intégrer, qui ont posé leurs valises au plus près de ce qu'ils considéraient comme leur pays, mais sans espoir de retour, ce qui nourrit bien des ressentiments et amène souvent à rejeter les Maghrébins, toujours considérés comme responsables de leurs propres malheurs. C'est là que les traces d'une décolonisation dramatique pour les musulmans eux-mêmes restent les plus visibles : de nombreux harkis et supplétifs de l'armée française s'y sont naturellement installés ; à cause de la faiblesse des possibilités d'emplois industriels, ils ont continué à vivre des aides publiques et se sont parfois maintenus en communautés fermées et revendicatives, à la fois incapables de s'intégrer, depuis plusieurs générations, à cause du traumatisme subi, du rejet dont ils furent victimes et du système d'assistance, voire du clientélisme qui s'est appuyé sur leur drame et sur leur choix de la France, face à des coreligionnaires dont ils commencent seulement à se rapprocher à cause des situations semblables vécues sur le territoire français.

La situation économique de cette région laisse apparaître un chômage élevé dont les populations d'origine immigrée sont souvent les premières victimes, avec en particulier un taux de chômage des jeunes pouvant être le double de celui des français d'origine des mêmes classes d'âge, les nombreuses possibilités d'emplois temporaires et intérimaires dans les services venant en partie compenser les effets. Malgré des tensions certaines que souligne, par exemple, l'ampleur du vote d'extrême droite dans de nombreuses cités méditerranéennes, il existe des formes de sociabilité qui favorisent l'intégration. La proximité culturelle créée par l'aire méditerranéenne ainsi que de longues périodes de relations et d'échanges, même s'ils ont été souvent conflictuels, ont facilité un vivre ensemble, ou, au moins, une coexistence qui se traduit par les emprunts culinaires (c'est là que le couscous, les merguez et l'agneau apparaissent comme les éléments de cette symbiose) et par des rapprochements de musiques, de sons et de rythmes de vie.

Dans la région lyonnaise, avec ses annexes du sillon rhodanien et les pôles de Grenoble et de Saint-Étienne, c'est, au contraire, l'emploi industriel qui a été le facteur déterminant de l'installation des musulmans qui ont d'ailleurs, peu à peu, remplacé des immigrations plus anciennes d'Italiens, d'Espagnols ou de Portugais qui ont réussi leur intégration ou sont rentrés au pays. L'industrie mécanique, la chimie, le textile et le bâtiment ont eu très largement recours à cette main-d'œuvre qui, installée d'abord dans les centres dégradés des villes, en a été souvent chassée par les opérations de réhabilitation et par la spéculation immobilière, et s'est concentrée dans les zones d'urbanisation nouvelle, avec le logement social des années 1960-1970, d'où ce phénomène des banlieues dont l'actualité a permis de retenir les noms : les Minguettes à Venissieux, Vaulx-en-Velin, Bron, Rillieux-la-Pape... phénomène de quartiers difficiles, parfois en déshérence, que l'on rencontre également aux abords de villes moyennes de la région, comme Romans. C'est dans ces cités que s'est élaboré un islam longtemps marginal, clandestin, qui a du mal à s'organiser et à présenter ses revendications. Dans un terreau social où se mêlent le chômage, les formes diverses d'exclusion, le racisme et le sentiment d'injustice, peut se développer aisément la réaction islamiste qui apparaît comme un recours et une source de valorisation en fournissant des repères identitaires. L'itinéraire de Mohamed Kelkal, s'il est bien sûr singulier, n'en est pas moins assez exemplaire d'un engrenage conduisant de l'échec d'une promotion possible par l'école vers la délinquance et, de là, à la réhabilitation par la religion, débouchant sur l'engagement « révolutionnaire » et sur l'action terroriste. C'est peut-être dans cette région que l'on voit le plus nettement le clivage social à l'intérieur des communautés musulmanes. D'un côté, des musulmans qui ont réussi, qui cherchent une reconnaissance et une visibilité, des notables bien intégrés qui ont été à l'origine du projet de grande mosquée à Lyon, avec l'espoir de contrôler les musulmans des banlieues. De l'autre, des communautés éclatées, préférant se regrouper autour des mosquées de quartiers, cherchant à prendre leur destin en mains, et en rupture parfois ouverte avec une société qui a du mal à leur faire de la place. Et, recouvrant tout ceci, le jeu des influences extérieures, les États musulmans finançant la construction de la mosquée et entretenant les imams officiels, comme les courants revendicatifs et révolutionnaires, créant, autour d'un islam radical, une force de contestation et un ensemble de contre-sociétés.

Les communautés musulmanes du nord et de l'est de la France, de ces zones frontalières liées au Benelux, à l'Allemagne et à l'axe rhénan lotharingien, transition vers l'Europe centrale, sont issues de la seconde révolution industrielle et ont d'abord servi, dans les mines, la sidérurgie et le textile, de relais à une immigration plus ancienne, latine, mais aussi polonaise. Les concentrations sont importantes dans beaucoup de cités du Nord, autour de Lille par exemple, mais aussi dans les centres de la Lorraine industrielle ou à proximité des villes d'Alsace comme Strasbourg, parfois au centre même de la cité comme à Mulhouse où l'emploi a été largement apporté par le développement de Peugeot. C'est dans l'est de la France que l'on rencontre les communautés turques les plus importantes où elles constituent même, dans le Bas-Rhin, le premier groupe par le nombre de ses ressortissants. Les Turcs se sont souvent installés dans des villes moyennes et des bourgs centres ; leur implantation est plus récente que celle d'autres groupes immigrés et ils sont souvent handicapés par une mauvaise maîtrise de la langue française et une moindre intégration sociale, avec une tendance au repli communautaire. La solidarité est forte, la pression sociale sur les jeunes filles importante ; beaucoup d'entre elles portent habituellement le voile et sont étroitement surveillées par leurs frères. Il existe pourtant des voies de promotion collective spécifiques, avec une forte tendance à l'acquisition du logement (au lieu du recours au logement locatif social), de commerces, voire de petites entreprises. Ce sont les enfants d'origine turque qui ont eu le moins tendance à recourir, quand ils y avaient droit, à la possibilité d'acquisition de la nationalité française par déclaration (moins de 50 % des bénéficiaires potentiels).

Dans ces régions, la fermeture des mines, la crise de la sidérurgie et du textile ont entraîné de véritables sinistres dont les immigrés ont été souvent les premières victimes. D'autres emplois ont été créés dans les services et les nouvelles industries mais il s'est agi le plus souvent d'emplois qualifiés. Cela implique un taux de chômage élevé mais aussi des exemples de réussite sociale d'enfants d'immigrés par l'école et l'université, plus nombreux chez les jeunes filles. On a donc des situations très contrastées. C'est sans doute dans le Nord que les communautés musulmanes sont le mieux structurées et qu'elles ont commencé à trouver leur place dans l'espace social, avec une certaine forme de reconnaissance officielle. Dans l'Est, la présence de la communauté turque, elle-même déchirée par des tensions politiques, la montée du parti islamiste et le problème kurde, débouchant sur le terrorisme, complique encore la recherche d'interlocuteurs et l'aboutissement des projets de mosquée qui se font jour à Strasbourg ou à Mulhouse, tandis que le projet de création d'un centre de formation de théologie musulmane à Strasbourg répond plus à une problématique nationale qu'à une demande locale.

Il existe encore de vastes zones où l'immigration est faible et où l'implantation de communautés musulmanes est récente. Pourtant, même dans des bourgades, voire des villages de la France « profonde », la présence de musulmans est de plus en plus fréquente et l'on voit se constituer de petites communautés créant leurs propres associations et établissant leurs salles de prières, sinon leurs mosquées, dans les plus petites sous-préfectures et dans les centres ruraux. Et cette implantation de l'islam sur l'ensemble du territoire, si elle se fait le plus souvent sans véritable problème, marque profondément les mentalités et contribue au sentiment qu'il a acquis désormais une dimension nationale.

D'une façon générale, le Grand Ouest, en particulier la Bretagne, la Haute Normandie, le Poitou-Charentes, compte une faible proportion d'immigrés. Ils se concentrent autour des grandes villes et en particulier des conurbations de fond d'estuaire telles Rouen, Nantes ou Bordeaux. De même, les zones rurales du Massif central ou du Sud-Ouest, les zones de dépopulation ou de faible dynamisme économique ont attiré peu d'immigrés. Pourtant, on a de plus en plus souvent recours à eux et en particulier à des travailleurs turcs pour les travaux forestiers. De même, dans les zones d'élevage où se sont concentrés les plus gros abattoirs répondant aux normes sanitaires européennes, on rencontre des sacrificateurs rituels musulmans pour répondre aux besoins de la clientèle en France, mais aussi aux exigences de l'exportation vers les pays arabes musulmans. Il existe ainsi une diaspora musulmane relativement faible sur de vastes étendues, mais qui a tendance à se renforcer et à s'organiser, modifiant le paysage religieux et culturel de nos bourgs. La présence des immigrés musulmans dans des régions qui n'avaient pas été marquées par les deux premières révolutions industrielles témoigne à la fois du développement de nouvelles formes d'industries, de haute technologie, beaucoup plus indépendantes des approvisionnements en énergie et en matières premières et de l'économie des transports de pondéreux, et de l'évolution de l'emploi des immigrés dans de nouvelles branches d'activités en particulier tertiaires qui permettent d'autres formes d'intégration et imposent de nouvelles relations pour maintenir le ciment de la conscience nationale et éviter que la fracture sociale ne se double de fractures géographiques et ethnicoculturelles.

CHAPITRE IV

De rapides évolutions sociales, pourtant freinées par la crise et le chômage

L'emploi, comme les structures sociales des travailleurs immigrés et tout particulièrement des musulmans, a été profondément bouleversé depuis le recours très large à l'immigration pour la reconstruction et le développement économique des Trente Glorieuses, au point que l'on oublie souvent l'apport de cette main-d'œuvre qui a été indispensable pour la modernisation et le développement du pays.

Les musulmans, dans les années 1950 et 1960, ont été surtout recrutés comme manœuvres et comme OS dans les industries de la deuxième révolution industrielle (travail posté, travail à la chaîne, « le travail en miettes » de Fridemann). Or, beaucoup d'emplois manuels, en particulier dans l'industrie, le bâtiment et les travaux publics (plus que dans les services), ont été supprimés, tandis que le travail à la chaîne a quasiment disparu comme mode d'organisation du travail, même dans l'automobile où les OS ont laissé la place à des emplois plus qualifiés, autour de techniques plus élaborées (conception et production assistées par ordinateur, par exemple). C'est dans les activités productrices de masse, aux emplois les moins qualifiés, dans la sidérurgie, le textile, les chantiers navals, l'automobile, qui étaient de gros employeurs de main-d'œuvre immigrée, souvent d'ailleurs pour peser sur les salaires et les coûts de production, que l'emploi a le plus reculé. La « fin des OS », par suite de nouvelles méthodes de travail, mais surtout par l'automatisation permettant des hausses de productivité et le remplacement des hommes par des machines, comme par les délocalisations pour beaucoup d'entreprises de main-d'œuvre, a directement touché les travailleurs immigrés. A cause de leur faible niveau de qualification, de leur faible maîtrise du français écrit, ces travailleurs n'ont pas pu être reconvertis dans les nouvelles activités et se sont souvent retrouvés au chômage, ce qui a contribué à dévaloriser leur image auprès de leurs enfants et à saper les fondements du pouvoir paternel de forme patriarcale. Les enfants de ces populations immigrées, ceux qu'on appelle la seconde génération, ont souvent un niveau de formation relativement bas, quand ils ne font pas partie des exclus du système scolaire dont ils sont souvent sortis sans diplôme : ils sont très largement victimes du chômage et de la précarisation de l'emploi.

Pourtant, il existe toujours des emplois de manœuvres ou de services (nettoyage par exemple, gardiennage aussi) où l'on recrute de la main-d'œuvre d'origine immigrée avec une faible qualification, des contrats à durée indéterminée et surtout du travail temporaire et des intérims, voire des petits boulots, genre CES. L'emploi féminin, dans les populations d'origine musulmane, a longtemps été limité pour des raisons psychosociologiques, la femme devant rester à la maison, s'occuper du foyer et des enfants, tandis que le chef de famille apportait l'argent du ménage. Avec l'appoint des allocations familiales, le taux de fécondité restant élevé chez les « primo-arrivants », le système a pu fonctionner convenablement dans les années 1970, malgré les difficultés d'insertion et les problèmes de logement liés, en particulier, à l'exiguïté des logements sociaux, les normes HLM n'ayant pas prévu des familles très nombreuses, mais étant le plus souvent fixées au maximum de quatre enfants par couple. Sur le plan financier, les vacances au pays restaient possibles et l'on pouvait dégager quelques surplus qui permettaient de faire bonne figure et de faire croire, à ceux qui étaient restés, que l'on s'en sortait bien, et que l'on avait réussi dans la société de consommation.

Avec le chômage, qui atteint souvent les enfants mais qui dévalorise d'abord la fonction du père de famille, ce système s'est effondré : les réserves diminuent, il n'est plus toujours possible de rentrer au pays, même pour suivre l'inhumation d'un défunt, les cadeaux deviennent difficiles, l'image de la réussite se détériore. L'emploi féminin se développe dans les services et les travaux ménagers, parallèlement à la réduction de la taille de la famille et à l'intégration du modèle social français : le revenu de complément apporté par le travail, même temporaire, de la femme devient une nécessité. Pourtant, il faut faire tomber bien des barrières psychologiques, même si les voies de l'intégration passent de plus en plus par les femmes.

Ce sont les milieux musulmans traditionnels, avec le niveau culturel le plus bas, qui se trouvent le plus rapidement victimes du chômage et qui résistent aux évolutions familiales, au travail féminin, à l'émancipation des jeunes, alors que le pouvoir patriarcal est ébranlé par la perte du pouvoir économique. C'est dans ces milieux déstructurés que la propagande de réislamisation et les théories islamistes peuvent faire facilement des émules. Mais les disciples de l'islamisme se recrutent souvent parmi les jeunes qui veulent rompre avec le monde de leurs parents, qui ont été confrontés avec l'école et le monde moderne, qui en ont été exclus et qui cherchent à faire de l'islam une arme de revanche sociale et politique. La religion devient alors un lieu de resocialisation et de restructuration qui offre une identité valorisante. Les propagandistes sont souvent d'une origine plus élevée, maniant les techniques de communication et de persuasion les plus modernes, dans une stratégie de conquête du pouvoir, au profit d'États ou de mouvements internationaux cherchant à déstabiliser les démocraties libérales occidentales assimilées à l'oppression, à l'impérialisme et au mal absolu.

Il ne faudrait pourtant pas véhiculer l'image misérabiliste de populations musulmanes issues du sous-prolétariat ouvrier, victimes du chômage et de l'exclusion dont les problèmes se confondraient avec « le mal des banlieues » et ses déviances, drogue, viol, prostitution, délinquance, violences urbaines : cette image faisant des musulmans des délinquants en puissance rejoint les vieilles peurs vis-à-vis des « classes populaires, classes dangereuses » et nourrit trop aisément le « délit de faciès », contribuant au sentiment de rejet et d'exclusion, voire d'injustice, que ressentent beaucoup de jeunes musulmans d'origine immigrée, en particulier lorsqu'ils ont été victimes de discrimination à l'embauche, à l'accès au logement, voire à l'entrée dans les discothèques. Il y a au contraire des voies de promotion réussie et l'on constate une très nette diversification sociale par rapport à la structure des populations immigrées des années 1960, essentiellement constituées d'ouvriers (OS et manœuvres). Parallèlement aux mutations économiques de la France s'est produit une très nette tertiarisation des musulmans en France. D'autre part, le niveau scolaire et culturel a beaucoup progressé en l'espace d'une génération ; alors que, dans les années 1960, il fallait souvent partir de l'alphabétisation de populations arabophones qui, le plus souvent, n'avaient pas la maîtrise de l'arabe classique écrit, l'alphabétisation ne concerne plus que les primo-arrivants en nombre fort réduit, à la suite des mesures d'arrêt de l'immigration. La scolarisation des jeunes musulmans est presque totalement achevée, ce qui n'est pas le cas des enfants du Quart Monde, des SDF ou des nomades. Pourtant, beaucoup d'enfants, issus de l'immigration, connaissent encore des difficultés scolaires qu'expliquent souvent les conditions économiques, l'exiguïté du logement, la présence d'une nombreuse fratrie, l'environnement culturel souvent limité que compensent difficilement les moyens pédagogiques consacrés aux ZEP (zones d'éducation prioritaire). Mais, les taux de retards ou d'échecs scolaires, malgré le handicap supplémentaire que représente pour ces jeunes le problème linguistique, sont très proches de ceux des jeunes Français d'origine, issus d'un milieu social équivalent.

La sélection s'opère ensuite à la fin du collège, où l'on voit un nombre plus important de jeunes issus de l'immigration quitter le système scolaire, souvent sans diplôme, ou s'orienter vers des filières professionnelles. Leur exclusion des lycées classiques explique des réactions de rejet, voire des dégradations commises à l'encontre de leurs bâtiments dans les banlieues difficiles.

Cependant, de plus en plus de jeunes issus de l'immigration entrent aujourd'hui au lycée et poursuivent des études longues. A l'université, ils retrouvent des étudiants étrangers venus dans l'espoir de s'établir en France par la suite. En l'espace d'une génération, on constate une élévation très nette du niveau de diplômes et plus généralement du niveau culturel des jeunes musulmans. Il en résulte qu'un nombre croissant de jeunes musulmans, après leurs études universitaires, entrent dans les professions libérales et dans l'encadrement des entreprises et, s'ils ont pu devenir citoyens français, dans la fonction publique, par exemple dans l'enseignement, voire la recherche.

Cette promotion par les études concerne un nombre de plus en plus important de médecins, d'ingénieurs, de professions libérales, de cadres. Certains conservent des liens privilégiés avec leurs pays d'origine (ou celui de leurs ascendants), en y établissant des activités de production, en accueillant leur clientèle, ou en développant avec eux des relations commerciales ou des agences de voyage spécialisées, vers le monde arabe ou la Turquie. Cependant, ces « intellectuels », s'ils n'ont pas rompu avec la pratique musulmane, n'ont guère tendance à s'investir pour organiser et animer la vie communautaire dont ils constitueraient pourtant les cadres naturels.

On voit aussi le développement de PME-PMI, utilisant de préférence une main-d'œuvre de même origine nationale et religieuse, profitant de sa situation de dépendance économique et juridique pour l'employer à moindre coût, avec des horaires plus importants que la réglementation ne le permettrait, voire en développant des formes de travail clandestin ou non déclaré.

Depuis une vingtaine d'années, on a assisté au développement de commerces indépendants possédés par des musulmans. Il s'est d'abord agi de répondre à des besoins spécifiques de coreligionnaires (boucherie halal) ou de répondre aux souhaits de consommation de la clientèle dans des zones de forte concentration de population immigrée. Mais bientôt ces commerces ont su conquérir les consommateurs français ; ils se sont établis dans tous les centres urbains, profitant en particulier de leurs possibilités d'ouverture tardive. Il y a eu petit à petit organisation de réseaux de distribution spécifiques dont certains proposent des produits de qualité, voire de luxe, et élargissent donc leur clientèle.

Ce sont ces voies de promotion et cette diversification socio-professionnelle qui manifestent que l'intégration des populations musulmanes en France est en marche, même si elle est trop lente aux yeux des intéressés et retardée par de nombreux freins.

CHAPITRE V

Les divisions idéologiques

La pratique religieuse nous intéresse plus directement parce qu'elle est plus facilement repérable pour l'étude sociologique à travers des possibilités de quantification, et parce qu'elle a un impact direct à la fois sur les rapports que l'islam peut entretenir avec l'ensemble de la société française et sur des problèmes de réglementation, voire d'ordre public. Mais sur le plan théologique proprement dit, et sur les relations entre foi en science, entre tradition et monde moderne, l'islam en France présente une extraordinaire diversité, que l'on ne rencontre sans doute pas dans la plupart des pays musulmans.

Cette diversité est bien sûr permise par les libertés de croyance et d'opinion offertes par la laïcité française, où les pouvoirs publics n'interviennent pas dans l'organisation des cultes et encore moins dans leur doctrine ou leurs modes d'expression. Elle se retrouve dans les autres cultes où l'on distingue aussi des conservateurs, des fondamentalistes, des réformateurs, voire des consommateurs occasionnels de religion à la carte et des nouvelles formes de religiosité que la sociologie a bien repérées. Et, en ce sens, l'islam en France reproduit des courants que l'on connaît aussi dans le catholicisme, le protestantisme ou le judaïsme. Ce phénomène est encore renforcé pour l'islam par la diversité d'origine socioculturelle des musulmans en France et par l'absence d'autorité capable de définir une norme et de constituer un magistère à partir duquel on repère des réflexions, voire des déviances. De plus, l'islam en France est directement confronté à la modernité, sans avoir eu le temps, et sans disposer toujours des moyens intellectuels et humains, d'élaborer une réflexion sur ce que doit être la foi et la pratique musulmanes dans une situation radicalement nouvelle, sur le plan historique, d'une société laïque, pluraliste, où l'islam est minoritaire.

La grande majorité des musulmans pratique, dans la discrétion, un islam serein, consistant d'abord dans le respect des rites souvent mêlés d'ailleurs à des coutumes locales. Il s'agit de l'islam des fêtes, de l'islam des grands passages de la vie, de l'islam des prières et parfois du pèlerinage. Cet islam a su s'adapter plus ou moins consciemment, mais de façon pragmatique, aux situations locales ; par exemple, lorsqu'il n'y a pas de boucherie halal, il est possible de se servir en viande casher chez le boucher juif, surtout s'il est originaire lui-même d'Afrique du Nord, ou l'on achète des poulets vivants pour les abattre rituellement. C'est ce qu'on pourrait appeler un islam conservateur, même si les justifications théologiques, voire les connaissances de base du Coran sont absentes : les parents reproduisent en France, en les adaptant à la situation nouvelle, des rites et des conduites qu'ils ont pratiqués dans leur jeunesse, persuadés qu'ils suivent alors la voie droite et qu'il faut le moins possible y apporter de changement. Il s'agit surtout de rester fidèle à un islam hérité, sans autre revendication que de pouvoir le vivre en paix.

A partir de ces pratiques, et avec la nécessité de s'adapter aux lois de la République, une formalisation théologique a été effectuée ces dernières années pour affirmer la compatibilité de l'islam avec nos institutions et réclamer un statut d'égalité avec les autres cultes pratiqués en France. La Charte du culte musulman remise à M. Charles Pasqua, ministre de l'Intérieur, est caractéristique de ces tentatives. Si elle a été essentiellement élaborée sous l'égide de la Mosquée de Paris, elle émane d'un comité où étaient présents la plupart des courants et des organisations de l'islam en France. Tous ont accepté de souscrire à l'ensemble de ses affirmations, en particulier sur le rôle de la modernité et sur le respect dû aux lois de la République dans le domaine religieux, lorsque la législation civile viendrait à contredire des prescriptions coraniques. Pourtant la Charte du culte musulman représente bien la voie moyenne dans laquelle se situent, *volens nolens,* la plupart des musulmans de France au sujet du respect de la laïcité et de la séparation de la sphère civique et de la sphère religieuse, reléguée dans le domaine individuel et privé. Le principal problème réside dans la prise en compte de l'exigence collective et communautaire de l'islam qui aboutit à investir, même partiellement, la sphère publique. En effet, si la plupart des musulmans de France pratiquent un islam modéré et serein et s'ils acceptent les lois de la République, le pluralisme religieux et la laïcité, ils ont des revendications spécifiques à porter face à une société qui présente souvent une image déformée de l'islam et où de nombreuses difficultés subsistent pour la pratique concrète de l'islam, que ce soit pour la construction de mosquées, pour la désignation des imams, pour la création de carrés musulmans, pour la viande halal ou pour les aumôneries.

La tendance spontanée de nombreux musulmans, sans doute renforcée par de mauvaises habitudes tirées des pratiques coloniales, est de se tourner vers la puissance publique pour régler tous les problèmes internes à la communauté et pour asseoir la légitimité des véritables représentants de l'islam avec qui négocier les modalités d'insertion des musulmans dans la communauté nationale. Les musulmans ont du mal à comprendre que ce rôle qu'ils voudraient voir jouer par les pouvoirs publics pour organiser leur culte n'est pas possible dans la logique de la loi de séparation des Églises et de l'État qui constitue la liberté des cultes dans un État libre et qui ne permet pas la négociation d'un quelconque accord de type concordataire avec une collectivité religieuse.

Les musulmans laïcs, favorables à une totale séparation du religieux et du politique, s'appuyant sur les exemples étrangers de la Tunisie ou de la Turquie, où la loi civile s'est voulue radicalement distincte de la loi religieuse, dans un programme de modernisation, liée à l'occidentalisation, se rencontrent essentiellement parmi les intellectuels et les universitaires. Souvent cette laïcité proclamée s'accompagne d'une distance vis-à-vis des pratiques religieuses, de leur adaptation à la vie courante, voire de leur rejet, alors qu'ils ont souvent un attachement profond à la culture arabo-musulmane, insistant en particulier sur les grandes périodes de rayonnement culturel, autour du rationalisme et de la tolérance, par exemple lors de l'âge d'or espagnol, ou autour de penseurs comme Averroès. L'idée est de réconcilier l'islam et la modernité et de permettre un renouveau intellectuel de l'islam dans un sens rationaliste. Parmi les musulmans attachés à la laïcité, on trouve des universitaires comme le Pr Arkoun, des écrivains comme Sadek Sellam, différents mouvements de gauche, liés à la franc-maçonnerie ou au Parti socialiste, comme « Islam et République ».

Pourtant la majorité des musulmans de France ne sont pas prêts à abandonner les pratiques de l'islam et à prôner un islam laïc : ils sont en fait sereinement conservateurs des rites, tout en essayant de les vivre le mieux possible dans une société pluraliste, très différente de celle qu'ils ont connue dans leur pays d'origine. Ils sont politiquement modérés ou non engagés, respectueux des lois de la République, en tout cas, soucieux d'éviter tout conflit et désireux d'apparaître comme de bons citoyens ou des étrangers modèles. Ils souhaitent toutefois que les problèmes concrets liés à la pratique religieuse soient pris en compte par les pouvoirs publics et que leur place soit reconnue dans la société française. C'est alors que se pose le problème de la représentation de l'islam en France, de la désignation de la personnalité ou des structures, susceptibles de porter légitimement la parole des musulmans français. Longtemps restés sans voix, puis condamnés au silence, les musulmans se rendent compte que la société est plus ou moins prête à les écouter, mais qu'ils ont du mal à se faire entendre par leurs divisions et que leurs anathèmes réciproques donnent souvent une impression de cacophonie. Ces modérés conservateurs acceptent les principes républicains mais ne veulent pas modifier l'islam traditionnel, tout au plus adapter ses formes d'expression à la lumière de la raison, en s'inspirant à la fois de la philosophie grecque, du rationalisme musulman de l'époque d'Averroès et de l'*Aufklärung* européenne ; c'est l'attitude de la Mosquée de Paris. On insiste sur l'apport de l'islam dans la science médiévale et dans la culture mondiale ; on souhaite une nouvelle ouverture des portes de l'interprétation ; mais on refuse ce qui pourrait constituer un réveil ou une révolution religieuse qui risquerait d'amener des divisions à l'intérieur de l'islam sunnite, au-delà des quatre écoles juridiques, dont on affirme d'ailleurs l'égale valeur. On se méfie de tout mouvement de réveil que l'on assimile vite avec le whahabisme, responsable de la coupure avec le monde moderne et soutien de tous les mouvements fondamentalistes en rupture avec l'Occident, avec les Lumières et avec le monde moderne. On peut remarquer que la *Charte du culte musulman* en France représente une synthèse entre le courant républicain laïc et ce courant modéré néoconservateur qui veut maintenir l'unité d'un islam de tradition.

Les fondamentalistes s'attachent au strict respect des obligations tirées du Coran et des hadiths, mais plus encore de la sunna et de la législation islamique (la « sharia ») considérée comme immuable, univoque, non susceptible d'accommodements, ou d'adaptations en fonction des circonstances et des évolutions historiques. Cette sharia doit d'abord être respectée par les musulmans eux-mêmes, aussi bien dans leur vie morale, sexuelle, matrimoniale, que dans leurs modes vestimentaires ou leurs relations avec les frères musulmans et avec le reste du monde (les non-musulmans, comme les infidèles). Elle doit aussi être, dans toute la mesure du possible, respectée par les États musulmans (d'où une action politique pour éliminer les dirigeants marxistes, laïcs, ou libéraux) mais aussi, par les États où résident des musulmans qui doivent pouvoir respecter tous leurs rites, au nom de la liberté religieuse... qu'il n'est bien sûr pas question de respecter dans les États musulmans, en particulier en Arabie Saoudite, gardienne des lieux saints de l'islam, malgré la « déclaration islamique des droits de l'homme », à laquelle cette tendance ne manque pas de se référer dès lors qu'il s'agit de revendiquer pour les musulmans de nouveaux droits ou la protection contre les « blasphémateurs » et les critiques de l'islam.

Le fondamentalisme ne constitue pas en France un courant uni et il inspire divers mouvements, avec des différences importantes dans la doctrine, les pratiques, les relations à établir avec le monde moderne et les non-musulmans. Il y a toute une gamme de nuances dans le piétisme, la rigueur morale pouvant aller jusqu'à l'ascétisme, la place assez limitée, réservée à la spiritualité et à la mystique dont on se méfie, car elle est susceptible de conduire à des déviances, voire à l'anomie, au nom de la brûlure de l'amour divin qui transcende les règles et les rites.

« Foi et Pratique », issu du Tabligh, né au Pakistan, est un mouvement caractéristique de ce développement du fondamentalisme, par la propagande en faveur d'un retour à l'islam et à ses pratiques, dans des milieux musulmans coupés de la connaissance du Coran et de l'islam. Il s'appuie sur des prédicateurs itinérants qui vont de communautés en communautés pour réveiller la foi religieuse et pour enseigner le Coran. Le Tabligh n'est pas en soi un mouvement politique ; il transcende les divisions entre États musulmans : il s'adresse à la base, pour transformer la vie des croyants et pour leur permettre d'être de meilleurs musulmans. Cependant, il joue incontestablement, en Occident, un rôle social important qui conduit à rejeter la modernité et à ressouder la communauté autour de comportements spécifiques débouchant sur une identité et sur un rigorisme qui ne facilitent guère l'intégration des populations concernées.

D'une façon générale, les grands centres de formation religieuse dans le monde musulman, que ce soit Al Azar ou la Zitouna, sont divisés entre les fondamentalistes qui s'appuient sur les textes pour imposer une législation religieuse et les rationalistes qui examinent la connaissance religieuse à la lumière de la raison, qui veulent réaliser l'union entre la foi et la raison et qui acceptent une vision dynamique de l'interprétation, permettant de s'adapter aux circonstances nouvelles, ce qui fonde les justifications des courants modernistes. Ces grands lieux de formation religieuse et d'élaboration de la doctrine et de la pensée musulmanes actuelles sont de plus en plus dominés par une vision fondamentaliste et par un refus d'ouvrir à nouveau les portes de l'interprétation. Cette évolution ne manque pas d'avoir des répercussions en France même, car la plupart du personnel religieux a été formé dans cette optique qui implique un conformisme d'action mais aussi une volonté de conserver les formes de pensée, l'ancienneté servant d'argument d'autorité aux dépens de l'innovation. C'est pourquoi, à des degrés divers, on retrouve des tendances fondamentalistes dans la plupart des grands mouvements musulmans en France, aussi bien à l'UOIF qu'à la FNMF, et même de façon certes minoritaire, dans les réseaux de la Mosquée de Paris.

Cependant, le principal soutien du fondamentalisme est à rechercher dans l'action de l'Arabie Saoudite et des organisations qu'elle a mises sur pied, comme la Ligue islamique mondiale. Son antenne française, le BOLIM (Bureau d'organisation de la Ligue islamique mondiale), d'abord association étrangère, puis association déclarée de la loi de 1901, a pour mission de soutenir, moralement et financièrement, les mouvements et les entreprises de tendance fondamentaliste. En tant que bailleur de fonds, le BOLIM a été très courtisé ; il a aussi été très critiqué pour des interventions souvent soumises à des considérations politiques, favorisant en particulier des mouvements et des États proches de l'Arabie Saoudite.

L'idéologie de l'Arabie Saoudite, le wahhabisme, est un mouvement de réveil rigoriste et piétiste du XVIIIe siècle qui a cherché à s'opposer à l'affadissement et aux compromissions de l'islam des villes et des marchands, pour retrouver la pureté de l'islam des origines, dans le désert d'Arabie. La force du wahhabisme fut, à l'origine, de savoir profiter du rayonnement des Lieux saints de l'islam et d'avoir pu organiser et influencer les pèlerinages dans la voie d'un ressourcement, d'un retour, voire d'une conversion vers une vraie vie musulmane. La puissance financière de l'Arabie Saoudite actuelle, tirée des revenus du pétrole, lui a permis de devenir le principal pourvoyeur de fonds des organisations musulmanes les plus fondamentalistes, sans parvenir d'ailleurs à les unifier sous sa direction et à faire cesser leurs rivalités et leurs anathèmes réciproques.

Les fondamentalistes et les islamistes peuvent se retrouver sur certaines revendications d'un islam intégral et sur un certain nombre de pratiques et de coutumes vestimentaires, à commencer par le port du foulard pour les femmes, même si ce marquage identitaire prend des formes différentes suivant les traditions et selon les pays. Les deux mouvements peuvent se retrouver sur la condamnation des femmes sans voile, comme de mauvaises musulmanes, voire des femmes de mauvaise vie, mais le prosélytisme intense pour porter le foulard caractérise plus spécifiquement les islamistes. De même pour les hommes, le port de la barbe est devenu une caractéristique des islamistes que l'on appelle pour cette raison, par dérision, « les barbus ». De même la condamnation contre Rushdie, l'auteur des *Versets sataniques*, pour blasphème, à la suite de la fatwa des ayatollahs d'Iran, réunit aisément les deux tendances, même si l'on peut rencontrer des nuances dans la condamnation, et surtout dans l'énoncé de la sentence et ses modalités d'exécution. Tous considèrent que les lois de la République doivent s'effacer devant les exigences d'un islam qui est prioritaire, avec des exigences absolues, qu'il s'agit d'abord de faire respecter, en particulier dans un milieu non musulman considéré comme pervers et porteur de toutes les tentations pour un musulman livré à lui-même. C'est le rôle de l'« oumma » de le sortir de son isolement, de le défendre et de l'amener à respecter scrupuleusement les lois de l'islam, conçu d'abord comme un corpus de préceptes et de prescriptions.

Pourtant, dans leur visée politique, comme dans leur vision du monde, les islamistes diffèrent totalement des fondamentalistes. Pour eux, il ne s'agit pas seulement de respecter un islam intégral, il s'agit d'opérer une révolution pour réaliser sur terre la cité islamique telle qu'elle a été conçue par le Prophète. Il convient de renverser toutes les puissances idolâtres et même les usurpateurs du pouvoir que peuvent être les souverains saoudiens et la quasi-totalité des chefs d'États musulmans qui ont pactisé avec Satan, c'est-à-dire avec l'Occident et l'impérialisme américain. Comme tout mouvement révolutionnaire, l'islamisme se divise sur les moyens à employer pour réaliser son programme, la subversion armée, le terrorisme, ou l'acceptation du verdict des urnes dans un processus de transition démocratique. De même, se pose assez vite la question des alliances : dans quelle mesure et jusqu'où s'allier aux fondamentalistes, au risque de pervertir la pureté révolutionnaire et la sainteté du combat mené autour du thème du djihad ?

Le fondamentalisme, au contraire, est essentiellement conservateur des structures politiques et sociales existantes, comme le montre le rôle du wahhabisme en Arabie Saoudite. Mais, en Europe, l'action des fondamentalistes vise d'abord à un retour à l'islam, à la réislamisation de groupes musulmans qui, longtemps, ont vécu dans l'ignorance, voire dans l'abandon de l'islam au quotidien. En ce sens, il est un retour sur le passé et comporte des aspects réactionnaires comme le retour de la femme au foyer, le retour aux modèles anciens. Pourtant, il remplit d'abord une fonction identitaire pour des populations qui ont perdu leurs repères et qui, victimes de la crise, se sentent exclues, par leur origine et par leur situation culturelle, d'une civilisation moderne qui les fascine mais qu'ils savent ne pouvoir intégrer pleinement et dont ils se sentent confusément les victimes. C'est pourquoi la réislamisation représente un projet et répond à des besoins individuels et collectifs non satisfaits, en permettant de se sentir fiers de ce que l'on est, de revendiquer ce que la société hostile décrie, de mettre en avant la morale, la pureté, la sexualité contrôlée, le refus de la drogue et des perversions... tout en soudant une communauté et en lui donnant la cohésion d'un groupe aux convictions affirmées.

Sur ce terrain encore, les fondamentalistes rencontrent souvent les islamistes qui, eux, refusent d'utiliser la religion comme un refuge, mais qui proposent de canaliser la révolte des banlieues vers un projet politique en mobilisant les groupes réislamisés. En s'appuyant sur l'islam comme marqueur identitaire, ils en font un drapeau pour une action politique visant au renversement de l'ordre établi et à l'instauration d'un ordre islamique nouveau, où les opprimés pourront imposer la loi de l'islam, la sharia, et prendre leur revanche, en exerçant le pouvoir à leur profit.

Les mouvements islamistes sont encore plus difficiles à repérer à cause de leur diversité, et en particulier de leurs divergences sur les moyens d'action. Il n'existe pas d'organisation susceptible de regrouper toutes les tendances islamistes ; les groupes terroristes en particulier se doivent d'être cloisonnés. Cependant, il est possible de repérer les mouvements islamistes par leur propagande et la diffusion d'œuvres venues de l'étranger, par l'écrit, les cassettes audio ou télévisuelles, l'appui qu'elles peuvent accorder à certains responsables islamistes recherchés dans leur pays d'origine qui demandent l'asile politique. Ils organisent en France des sanctuaires de repli et des bases arrière, pourvoyeuses d'armes et d'hommes pour mener des opérations sur la ligne de front, de l'Afghanistan à l'Algérie. Ils entretiennent des relations avec des organisations islamistes étrangères, légalistes ou terroristes, de l'Iran des ayatollahs à l'Algérie du FIS ou du GIA, en passant par l'Afghanistan des talibans, ou par les milices chiites libanaises.

L'influence de la mouvance islamiste ne peut être mesurée en fonction de l'importance des militants ou du nombre des associations qui s'en réclament, mais en tenant compte de l'impact de ses idées et de l'aura dont jouissent les combattants de l'islam dans une partie de la jeunesse. Ils sont, en effet, porteurs des espoirs révolutionnaires et des perspectives de changement pour des populations en mal d'intégration ou carrément exclues de la société. Ils savent faire respecter l'islam et constituent donc souvent des vecteurs de valorisation par compensation. D'autre part, aussi bien en fonction des conflits qui déchirent les États musulmans tutélaires que par rapport à la situation française et aux valeurs républicaines de laïcité et de démocratie, les autres associations musulmanes sont obligées de se définir et de se positionner face aux mouvements islamistes. Les associations modérées sont amenées à prendre leurs distances, à se démarquer, mais sans toujours parvenir à une condamnation claire, des buts, comme des méthodes des islamistes, en France, mais surtout dans les pays musulmans déchirés par des guerres civiles. On peut parler d'une certaine fascination de la violence islamiste dans d'assez larges couches de la population musulmane, ce qui empêche parfois de régler les problèmes concrets et immédiats de l'islam en France et d'apporter des solutions, en termes d'organisation, mais aussi de projets de formation et d'encadrement dont les jeunes musulmans ont besoin.

Les confréries jouent au contraire, le plus souvent, un rôle modérateur et conservateur, privilégiant des formes traditionnelles de spiritualité et de solidarité, souhaitant bien sûr établir des réseaux d'influence jusque dans les sphères dirigeantes de plusieurs États africains, mais ne cherchant pas la conquête du pouvoir ou même la remise en cause des formes constitutionnelles de l'État républicain en France. Cependant elles ont souvent une action secrète, voire clandestine ; elles ne sont pas structurées en associations déclarées mais constituent le plus souvent des associations de fait que Moustapha Diop a étudiées pour la région parisienne. Elles sont diverses, parfois divisées, mais on repère de grandes structures internationales, comme la Tidjaniya ou la Senoudjia. Leur influence est particulièrement marquée en Afrique noire et les confréries, avec les marabouts et les devins, recréent en France des structures bien connues dans les pays d'origine, avec des réseaux de clan et d'ethnie fondés sur la solidarité de ses membres. Même dans les communautés algériennes, voire à la Mosquée de Paris, la visite d'un responsable d'une grande confrérie, comme la Tidjaniya, considéré souvent comme un sage, voire comme un saint aux pouvoirs thaumaturges et charismatiques, ne passe pas inaperçue. L'islam des confréries, dont les réseaux restent mal connus en France, continue à jouer un rôle de contre-société qui est un frein à l'intégration mais qui joue dans un sens conservateur des élites traditionnelles et des coutumes. Les confréries, avec leur rôle d'assistance sociale et de réseau de solidarité, peuvent également devenir des lieux de promotion sociale grâce à l'entraide et à la tontine, et se transformer en sociétés de pensée, ouvertes sur l'avenir, mais aussi en sectes captatrices autour de gourous charismatiques.

Les courants mystiques traversent des organisations diverses, mais aussi des confréries, comme le soufisme des derviches tourneurs de Turquie. La mystique n'influence pas des masses musulmanes importantes ; l'islam vécu en France est d'abord un islam pratique, concret, plus qu'un islam spéculatif, à cause d'abord de l'origine sociale de ses adeptes, qui ne sont pas majoritairement des intellectuels mais plutôt des travailleurs. Pour eux l'islam est vécu dans la quotidienneté ici-bas et non pas dans un hors-du-monde que permettraient de grandes écoles, ou des centres, comme celui de Konya en Turquie.

Pourtant l'islam mystique a attiré nombre de convertis que l'on rencontre surtout parmi la classe moyenne supérieure, les cadres, les intellectuels et les artistes. Ce courant, qui ne saurait caractériser bien sûr l'islam de France, a des racines anciennes : il s'est développé autour d'orientalistes comme Louis Massignon et un de ses disciples, René Guénon, qui a fondé une véritable école de pensée aux ramifications fécondes. Beaucoup de musulmans convertis ont découvert l'islam à l'étranger, à travers des mouvements mystiques, ou dans des groupes de spéculation philosophique en France : l'islam par son monothéisme intransigeant, mais aussi par son éthique exigeante et par son souci de répondre aux besoins spirituels de l'individu intégré dans une communauté qui peut s'étendre aux dimensions du monde par son caractère universaliste, ne tenant pas compte des différences de race et encore moins de nation, apparaît comme un recours face au déclin d'un Occident matérialiste qui a perdu le sens des valeurs. On peut rattacher de nombreux musulmans en vue à ce courant, Maurice Béjart, Roger Garaudy, Yacoub Roty, fondateur du mouvement « Vivre l'islam en Occident », Youssouf Leclercq, qui a joué un grand rôle dans la FNMF, le prince Palavicini, issu d'une des grandes familles de l'aristocratie romaine, M. Guiderdoni, responsable actuel de l'émission musulmane « Connaître l'islam » sur Antenne 2... Bien sûr, les courants mystiques ne favorisent pas *a priori* un investissement dans l'action politique quotidienne ; pourtant ces convertis ne se désintéressent pas du monde dans lequel ils vivent et ils tirent de leur engagement de néophyte des conclusions différentes sur leurs critiques de l'Occident et des valeurs républicaines et laïques.

La France a une grande tradition universitaire dans le domaine de l'orientalisme et de l'islamologie, et depuis longtemps : sans remonter au Collège de France ou à Salomon Munk, on peut évoquer Henri Corbin et Jacques Berque. Les islamologues d'origine musulmane se sont multipliés ces dernières années et nous évoquerons les plus grands maîtres, Mohamed Arkoun, Ali Merad, Guellouz tandis que, venus d'origines diverses, on rencontre Maxime Rodinson, Bruno Étienne, Gilles Keppel, Olivier Roy... pour ne citer que quelques noms les plus célèbres. Mais l'islamologie universitaire n'a guère d'impact direct sur la réflexion théologique musulmane en France qui reste encore trop peu développée. Elle ne parvient pas à cimenter les différents courants musulmans en les tournant vers un projet global pour donner un sens à l'existence de communautés musulmanes dans un pays pluraliste et démocratique, où les musulmans font l'expérience de l'existence minoritaire et de la confrontation avec des valeurs et des modes de vie uniformisés par les modèles de consommation de la société libérale.

A cause de la faiblesse des centres de formation théologique, actuellement en fonction en France, et dont nous avons parlé plus haut, il n'y a pas de lieu institutionnel d'élaboration théologique et de vie spirituelle ; les mosquées, et les écoles coraniques qui leur sont liées, sont d'abord des lieux de consommation de sens religieux, avec la reproduction des formules traditionnelles qui ont fait leurs preuves... ailleurs. C'est pourquoi la France s'ouvre largement à des penseurs musulmans qui se sont fait un nom à l'étranger. Les prédicateurs d'Afrique du Nord, mais surtout d'Égypte, se répandent grâce aux cassettes enregistrées et aux émissions spécialisées, comme « La Voix de l'Islam » ou, plus généralistes, comme Radio Orient, sans parler des différentes radios locales musulmanes ou issues de l'immigration. Certains théologiens étrangers se spécialisent dans un discours à destination de l'Europe occidentale et quelques-uns d'entre eux, comme Tariq Ramadan, ont acquis une autorité qui les amène à participer à des rencontres interreligieuses, tout en suscitant beaucoup d'intérêt dans les communautés locales, alors que les islamologues de tradition universitaire, a-religieux ou laïques, ne parviennent pas à les influencer.

CHAPITRE VI

Les grandes associations : de la rivalité à la coopération ?

Il existe plus d'un millier d'associations musulmanes déclarées selon la loi de 1901, et quelques dizaines d'associations cultuelles islamiques de la loi de 1905. Ce recensement qui, évidemment, n'est fait que sur la base du nom de l'association, et même pas à partir d'une analyse du but ou de l'objet déclaré, ne saurait être exhaustif : il laisse de côté, par leur nature, les associations de fait, mais aussi bon nombre d'associations caritatives ou éducatives locales qui ont choisi de se présenter, sous un autre patronyme ou sous une référence pieuse. De même, certaines amicales regroupant des personnes originaires du même pays, de la même région, ou de la même ville, en reproduisent les traditions religieuses, sans qu'apparaisse dans leur nom la référence musulmane. La plupart des associations musulmanes qui se créent actuellement forment d'abord des associations locales indépendantes qui ont pour but d'organiser le culte et la vie religieuse. Cependant, ces associations locales, même lorsqu'elles sont suffisamment structurées et puissantes pour prendre en charge un imam, se tournent vers des organisations plus puissantes pour régler d'autres problèmes, comme la nourriture halal, les problèmes d'inhumation... Plus profondément, ces associations locales sentent la nécessité de se réunir pour assurer une représentation commune auprès des collectivités locales ou des administrations. A la fin des années 1980, se sont constituées, pour répondre à ces préoccupations, des fédérations régionales. Parallèlement à ce mouvement parti de la base, on a vu les grandes associations nationales s'efforcer de contrôler les communautés locales et de les regrouper sous leur autorité, dans leur rivalité de puissance.

Mais quelles sont ces grandes associations, quelles sont leurs orientations et quels sont leurs moyens d'action ?

LA MOSQUÉE DE PARIS ET SES TENTATIVES AVORTÉES D'UNIFICATION

La Mosquée de Paris reste l'institution la plus ancienne, la plus prestigieuse et celle qui s'appuie sur le réseau le plus complet géographiquement et le plus large potentiellement, regroupant à la fois les Français musulmans descendants de harkis et de supplétifs de l'armée française et les immigrés originaires du Maghreb. Cependant, son inféodation à l'Algérie l'a peu à peu coupée de ses soutiens naturels, d'abord de beaucoup de musulmans restés fidèles à la France et hostiles à l'indépendance de l'Algérie sous l'égide du FLN, qui l'avaient soutenu ardemment, autour de la direction de Si Hamza Boubakeur, désigné par le gouvernement français, mais aussi des ressortissants des autres États du « Maghreb uni », de la Tunisie et surtout du Maroc qui ont cherché à créer des associations concurrentes et à conserver des liens avec leurs ressortissants. D'autre part, de graves dissensions internes, la constitution de groupes de fidèles, attachés aux différents recteurs successifs qui n'ont eu de cesse de se jeter l'anathème, de nombreux problèmes de gestion, grossis par de multiples accusations, suivies de procès devant toutes sortes de juridictions, en particulier en matière de droit du travail, à la suite de licenciements ou pour le versement des cotisations sociales, ont largement contribué à la discréditer. L'actuel recteur, Dalil Boubakeur, qui, à travers différents conseils consultatifs et conseils des imams, avait essayé de prendre le *leadership* de l'islam en France, avec l'appui de M. Pasqua, ministre d'État, ministre de l'Intérieur et de l'Aménagement du territoire, qui lui avait un temps concédé le monopole de la viande halal, est aujourd'hui contesté. Il l'est par d'anciens partisans de la Mosquée, regroupés par exemple autour des fidèles du cheikh Abbas, à commencer par son fils Soheib, éloigné de Paris, avec le titre prestigieux du grand mufti de Marseille et soutenu par une avocate, Mme Djaouida Jazaerli, coprésidente du groupe d'amitié islamo-chrétien. Il l'est aussi par d'anciens Français musulmans, comme le préfet Ourabah ou Mme Mamri. Dépendant des financements de l'Algérie pour assurer le fonctionnement de la Mosquée, le recteur a dû longtemps accepter les services d'un personnel peu sûr, souvent peu compétent en matière religieuse, issu parfois des services de police et de renseignements algériens, peu capable de gérer une entreprise importante, aux ramifications complexes, avec un personnel nombreux, cherchant en France un refuge ou une sinécure, en tout cas pléthorique par rapport aux moyens alloués. Lorsqu'il a voulu « faire le ménage » et se séparer de certains responsables du personnel comme M. Rabah Dramchini, Dalil Boubakeur a dû faire face à une véritable fronde. Les personnes évincées ont multiplié les procès et Alger a fait connaître sa mauvaise humeur. Certains milieux algériens auraient même songé à remplacer Dalil Boubakeur, en désignant un recteur algérien plus favorable aux thèses gouvernementales et faisant du combat politique contre le FIS sa priorité. Mais une telle opération serait évidemment délicate : elle rencontrerait aussitôt l'opposition du gouvernement français qui ne pourrait accepter une nouvelle fois la désignation d'un recteur algérien et elle supposerait, sur le plan juridique, l'accord bien improbable de Dalil Boubakeur qui, selon les statuts de la Société des Habous, préside les différents organes de cette association, les convoque à sa guise, et peut encore compter sur la fidélité de la majorité de ses membres. Le gouvernement algérien s'est donc contenté de faire connaître sa réprobation et de resserrer un peu plus le nœud financier qui alimente la Mosquée. Toutes ces querelles ne contribuent pas au rayonnement de la Mosquée. Même si officiellement Dalil Boubakeur nomme ou agrée plus d'une centaine d'imams, et un nombre plus important encore de sacrificateurs, il ne peut compter sur leur fidélité absolue, puisqu'il ne les paye qu'indirectement. Beaucoup d'imams en profitent pour prendre leur autonomie et certains ne répondent plus aux convocations ou affichent, dans leur communauté, leur distance par rapport aux directives de la Mosquée de Paris. Pourtant, dans beaucoup de communautés modérées de province, le lien n'est pas véritablement rompu et la Mosquée de Paris demeure une référence que l'on fait volontiers valoir quand cela peut être profitable, vis-à-vis des autorités locales, en particulier pour se dédouaner d'éventuelles accusations de fondamentalisme ou d'islamisme. Malgré toutes ses compromissions, la Mosquée de Paris garde sur le territoire une certaine aura qui avait été un moment renforcée par l'adoption de la Charte du culte musulman en France et par le monopole de la viande halal.

Par exemple, la nouvelle mosquée Avicenne du Petit-Bard, à Montpellier[1], une des plus importantes de France, avec une capacité d'accueil de 2 350 personnes et réalisée grâce à l'appui de la municipalité, est gérée par Khatir Nedroni, président de l'Association des musulmans du Languedoc-Roussillon, très lié à la Mosquée de Paris, proche de feu cheikh Abbas, l'ancien recteur, et son imam a été nommé par la Mosquée de Paris. Cette situation a révélé les « conflits de représentation, de génération et d'orientation de l'islam de France dans son entier ». En effet, les responsables de la communauté marocaine, majoritaire à Montpellier, Mohamed Guerrouch et Hocine Tahri, critiquent la gestion algérienne de la nouvelle et prestigieuse mosquée, où ne figure qu'un seul Marocain, jugé peu représentatif, dans un conseil d'administration où siègent plusieurs membres de la

1. Article de Henri Tincq, *Le Monde*, 1er janvier 1998, p. 6.

famille du président. Les opposants conservent la gestion des trois salles de prières anciennes de Montpellier, tandis que se diffuse, surtout chez les jeunes, une conception plus radicale de l'islam, diffusée avec des moyens modernes, par l'association « Projets de bienfaisance islamique en France », selon laquelle la loi religieuse est supérieure à la loi civile, autour de cheihk Khalid, un imam venu de Tripoli au Liban, qui a pris le contrôle en 1987 de la mosquée Touba, de la rue Bernard-Délicieux. C'est peu dire que le consensus ne règne pas dans la gestion de l'islam à Montpellier et que les autorités ont du mal à arbitrer ces conflits. « J'ai aidé les musulmans à avoir une vraie mosquée, souligne Georges Frêche. A présent, en tant que maire attaché à la laïcité, il ne m'appartient pas de m'occuper de leurs affaires intérieures. »[1]

Mais si un tel refus d'ingérence des autorités publiques dans les affaires internes de la communauté musulmane peut être affiché au niveau local, tant que ses divisions n'entraînent pas de troubles à l'ordre public, il est plus difficile à admettre au niveau national, où la présence d'un interlocuteur, quel qu'il soit, favoriserait le règlement de nombre de dossiers concernant la vie quotidienne des musulmans, pour lesquels il est nécessaire d'avoir des autorités habilitées à dire ce qui est légitime en matière religieuse, et permettrait par exemple que le culte musulman soit représenté à l'Élysée lors de la présentation des vœux des autorités religieuses au président de la République[2].

Après la mise en sommeil du CORIF et la nomination de Dalil Boubakeur, citoyen français, mais avec l'appui de l'Algérie, à la tête de la Mosquée de Paris, c'est cette institution qui, avec les encouragements des autorités françaises de l'époque, a tenté de fédérer les musulmans de France.

Après avoir obtenu le soutien d'Abdallah Turki, président du Conseil supérieur islamique saoudien, Dalil Boubakeur avait

1. *Ibid.*

2. Saïd Branine et Michel Renard, Sortir du Ghetto... Bilan d'une introuvable « représentation ». État des lieux du paysage islamique en France, in *Islam de France*, Paris, L'Harmattan, n° 1, 1998, p. 17 à 22.

créé, en avril 1993, avec l'UOIF, le Tabligh et l'AEIF (les « étudiants »), la « Coordination nationale des musulmans de France ». La FNMF participa même aux débats de la Coordination, sans doute sous l'impulsion de la Ligue islamique mondiale, mais elle la quitta dès le mois de juin, à cause semble-t-il de la mainmise algérienne dénoncée par le Maroc. Mais en l'absence du soutien financier promis par l'Arabie Saoudite, Dalil Boubakeur préféra regrouper, en novembre 1993, les partisans de la Mosquée dans un Conseil consultatif des musulmans de France. C'est l'adoption de la Charte du culte musulman en France, sous son impulsion, qui « justifia » sa transformation en « Conseil représentatif » des musulmans de France en décembre 1994, ce qui mécontenta les autres partenaires de la Coordination, en particulier l'UOIF.

En effet, dans la course à la légitimité, ou au moins à la légitimation par les pouvoirs publics, la Mosquée de Paris pensait marquer un point décisif avec la « réception » de la Charte du culte musulman par M. Charles Pasqua, ministre d'État, ministre de l'Intérieur et de l'Aménagement du territoire, le 10 janvier 1995. Pour Dalil Boubakeur, la Charte n'était pas seulement l'aboutissement d'une évolution historique, politique et sociale qui, en quelques décennies, avait fait passer l'islam en France d'une religion tolérée à une religion acceptée, elle était véritablement le texte fondateur d'une ère nouvelle pour les musulmans de France.

Le recteur pense alors que la Charte va cimenter l'unité des musulmans et de l'islam de France, « organisé par et pour lui-même », autour de la Mosquée de Paris bénéficiant du soutien de l'État. Ce fut, au contraire, la cause et le signal de l'éclatement de la coordination : Dalil Boubakeur faisait la preuve qu'il ne parvenait pas à rassembler tous les musulmans autour d'un « contrat » avec la France, faisant partie désormais du Dar-Al-Ahd (terre du contrat ou d'alliance). La Charte devait être comprise comme un régulateur de toutes les tensions qui peuvent se faire jour à l'intérieur de la communauté, et entre la communauté et les pouvoirs publics. Mais parmi les partenaires de la Coordination, certains récusent cette idée d'un islam rationaliste et moderne et ce rôle de régulation, tandis que d'autres refusent que cette régulation se fasse au bénéfice de la Mosquée de Paris, c'est-à-dire pour eux, de l'Algérie.

D'ailleurs une nouvelle Coordination nationale des musulmans de France se crée officiellement, le 2 juillet 1995, présidée par Mohamed Zeina de la Fédération des associations islamiques d'Afrique, des Comores et des Antilles, cheikh Hammami de Foi et Pratique, Abdallah Ben Mansour de l'UOIF, Khalil Merroun de la mosquée d'Évry et Abderrahmane Dahmane de la Mosquée de Paris, qui venait alors de rompre avec Dalil Boubakeur. Dès l'automne 1995, cependant, cette nouvelle association doit faire face aux défections de Merroun et de Dahmane, et au désengagement de Foi et Pratique.

En décembre 1995 se crée, autour de Mme Khali et de Abderrahmane Dahmane, le Haut Conseil des musulmans de France (HCMF), nouvelle tentative de créer une instance musulmane, à partir de responsables communautaires de nationalité française, répondant ainsi aux vœux du gouvernement. Le HCMF s'est surtout fait connaître dans la campagne pour la libération des moines de Tibéhirine (Algérie), officiellement otages du GIA, avant d'être exécutés, et par la publication d'une fatwa condamnant cet enlèvement[1]. Mais il se divise rapidement. Dahmane et plusieurs imams rejoignent la Mosquée de Paris, en février 1997, tandis que plusieurs responsables, dont le réalisateur Mohamed Mebtoul, continuent à se prévaloir de son autorité... Le HCMF avait permis au ministre de l'Intérieur, Jean-Louis Debré, de contester l'emprise algérienne sur la Mosquée de Paris et sur une large partie de l'islam de France, en favorisant plutôt l'influence marocaine. Il visait aussi à déstabiliser Dalil Boubakeur qui avait

1. La fatwa a été préparée par Dhaou Meskine, imam d'origine tunisienne, formé à l'Université de Ryad, responsable de l'école « Réussite », à Aubervilliers, qui œuvre pour l'intégration des jeunes de cette banlieue. Publiée le 7 mai 1996, avec des références coraniques incontestables, elle déclare que l'enlèvement des moines par le GIA ne peut être justifié par l'islam. Cette première prise de position religieuse pose la question de l'autorité religieuse musulmane en France : qui est habilité à prononcer des avis théologiques (fatwas) ?

eu les faveurs de M. Charles Pasqua et avait soutenu la candidature de M. Balladur à l'Élysée... La campagne sur la « transparence de la gestion des mosquées » marque alors la contestation par les fidèles de nombreux dirigeants de mosquées, comme Khalil Merroun, à Évry, qui aboutira à la désignation d'un nouveau recteur Laredj Nizar, émaillée de plusieurs contestations et épisodes judiciaires. Elle vise surtout la Mosquée de Paris dont le budget, évalué à plus de 4 millions de francs, n'est jamais publié, car l'essentiel des ressources provient de l'Algérie qui ne tient pas à souligner sa contribution quasi exclusive.

Pour contrer ses adversaires, Dalil Boubakeur s'appuyait déjà sur un Conseil des imams, regroupant les imams nommés par la Mosquée de Paris ou proches d'elle, avec en particulier le mufti de Lyon, Abdelhamid Chikhane, et le mufti de Marseille, Soheib Bencheikh, fils de feu cheikh Abbas, soutenu par une association de cadres musulmans modernistes, le Corail. Boubakeur répliqua à la campagne du HCMF en créant, en septembre 1996, un nouvel organisme, le Conseil supérieur des mosquées de France, qu'il vint présenter au Président Jacques Chirac qui le félicita pour cette initiative. Mais la tension avec les autorités reprendra lorsque Dalil Boubakeur, mécontent de ne pas avoir été invité à l'Élysée pour la cérémonie pour 1997, lancera un communiqué vengeur.

La volonté de rationalisation de la gestion du personnel de la Mosquée avait abouti à la création d'une section syndicale. Deux employés ont assigné, en 1997, la Société des Habous devant le Conseil des prud'hommes, l'un parce qu'il était menacé de licenciement pour avoir refusé de s'occuper de la toilette des morts à laquelle il avait été affecté, l'autre parce que son salaire avait été diminué, à la suite de l'échec de ses tentatives d'organiser le prélèvement de la taxe halal au profit de la Mosquée de Paris...

Malgré tous les aléas des relations avec les pouvoirs publics, malgré les divisions internes que connaît la Mosquée de Paris, son recteur reste souvent la référence, lorsqu'il faut par exemple désigner des aumôniers dans les prisons pour l'administration pénitentiaire. L'autorité religieuse légitime est en cause : c'est pourquoi la Mosquée de Paris avait condamné la fatwa de Dhaou Meskine concernant l'enlèvement des moines de Tibéhirine, sans se prononcer sur le fond. Son vice-recteur avait alors déclaré : « Une fatwa obéit à des règles bien précises d'une législation coranique. Or, nous sommes ici dans le droit français, qui sépare strictement la religion et la République » ; la laïcité servait ainsi à refuser la validité de toute décision religieuse en France. Et les autorités publiques, tout en condamnant l'« islam des caves » restent à la recherche de l'autorité légitime et de l'interlocuteur introuvable.

A côté de la Mosquée de Paris, et souvent en concurrence, voire en opposition avec elle, se sont constitués, dans les années 1980, des mouvements puissants qui n'ont toutefois jamais pu faire reconnaître leur représentativité exclusive.

L'UOIF

Le plus important et le plus structuré est sans doute l'Union des organisations islamiques de France (UOIF), fondée en 1983. De tendance fondamentaliste et proche des Frères musulmans modérés, ses références doctrinales sont puisées chez un Libanais sunnite, cheikh Fayçal Mawlaoui, et chez un théologien égyptien, Youssef al Qaradhaoui. Elle s'affirme respectueuse des lois des pays d'implantation, ce qu'elle justifie par la théorie du « Dar-Al-Ahd », la terre du contrat, remise à jour par Manna al Qattane, qui avait été développée par l'imam Mohamed Chaibani dans son *Kitab Siyar al Kebir (Grand traité du droit des gens)* qui la doit à l'imam Abou Hanifa[1]. L'UOIF rassemble plus de

1. Le Centre de Bouteloin a organisé plusieurs séminaires sur « le statut des musulmans dans un État non musulman »... Les avis exprimés alors par les cheikhs Fayçal Mawlaoui et Youssef al Qaradhaoui, et soutenus par le mufti d'Arabie Saoudite, cheikh Abdelaziz Ben Elbaz, reprennent des positions traditionnelles.

200 associations et parvient à organiser des rassemblements de masse, en particulier autour de Noël, chaque année, au Bourget, avec plus de 20 000 participants. Pourtant elle ne contrôle aucune des principales mosquées (sauf celle de Lille, dirigée par Omar Lasfar), alors que, dans la division actuelle de l'islam, elles jouent un rôle de plus en plus actif, et constituent des pôles de rayonnement régional. Mais depuis son siège de La Courneuve, l'UOIF réalise un travail en profondeur, sur le terrain, dans les banlieues et les salles de prières des quartiers, surtout dans la région parisienne. Sous l'impulsion du Tunisien Abdallah Ben Mansour et, aujourd'hui, des Marocains Thami Breze, son président, et Fouad Alaoui, son secrétaire général, elle cherche à trouver une voie nouvelle, mais sans rouvrir les portes de l'« ijtihad », de l'interprétation, en s'appuyant sur des précédents, permettant une symbiose entre l'islam fondamentaliste traditionnel et la République laïque.

C'est le thème de nombreux séminaires organisés l'été à l'Institut européen des sciences humaines de Bouteloin à Saint-Léger-de-Fougeret dans la Nièvre autour de Mawlaoui et Qaradhaoui, et de rencontres avec des spécialistes d'histoire des religions et de la laïcité à Paris. L'UOIF s'appuie aussi sur un mouvement actif, les Jeunes Musulmans de France (JMF), et elle édite une feuille d'information, *La lettre de l'UOIF*.

Les apports théoriques les plus intéressants concernent les obligations tirées de la sharia qu'un musulman doit respecter envers un État non musulman. Il semble bien que l'UOIF ait évolué, sous la contrainte des réalités, d'un fondamentalisme strict à la prise en compte des spécificités françaises. Cette évolution peut être suivie dans les inflexions du programme de formation des imams à Bouteloin, où la place des autres religions pratiquées en France, et l'appel à des intervenants extérieurs, universitaires et responsables religieux non musulmans, n'ont fait que se développer.

LA FNMF

Le troisième pilier de l'islam de France est constitué par la Fédération nationale des musulmans de France (FNMF), créée en 1985, en opposition à la direction algérienne de la Mosquée de Paris. Mais cette opposition doctrinale donnait à la FNMF des origines nationales et culturelles fort hétéroclites. Elle regroupait des Français convertis, comme Daniel Youssouf Leclercq ou Yacoub Roty, des représentants de l'islam turc, comme Mustapha Dogan, et des Marocains, comme Khalil Merroun, responsable fondateur de la mosquée d'Évry. Peu à peu, ses différentes composantes ont pris leur autonomie, en particulier les associations turques, puissantes dans le nord-est de la France. Elle est actuellement réduite à un noyau dur de responsables marocains liés au Bureau de l'organisation de la Ligue islamique mondiale (BOLIM), association par laquelle transitent les financements saoudiens. Son responsable dans la région parisienne est Chai'r Khouchaïban qui souhaiterait reprendre la mosquée d'Évry à son nouveau recteur, Laredj Nizar. Présidée par Mohamed Béchari, elle conserve quelques bastions à Saint-Étienne et dans l'Est ; elle se fait connaître encore par des communiqués de presse et dispose d'un bulletin intérieur, *Lumière*.

LES AUTRES MOUVEMENTS

Le mouvement « Foi et Pratique » pour la propagation de l'islam, ou Jama'at al Tabligh, d'après son nom d'origine, venant du Pakistan, occupe dans ce paysage un espace original. C'est sans doute, par ses prédicateurs et ses militants, le mouvement le plus actif dans la réislamisation des banlieues. Présent dès le milieu des années 1970, dirigé par le Tunisien Hammami, aujourd'hui installé à Tunis, puis, par un autre Tunisien, Salah Ben Mahmoud, il contrôle diverses mosquées, comme la mosquée Abou Bakr, la mosquée Omar, rue Jean-Pierre-Timbaud, à Paris XIe, et la mosquée Al-Rahma à Saint-Denis. Son but n'est pas de revendiquer la représentation légitime de l'islam de France mais de conquérir les esprits, en développant la pratique de l'islam. Aussi « Foi et Pratique » n'apparaît-il guère dans les questions d'organisation du culte musulman, mais son influence morale, plus que politique, lui a permis d'être présent dans les différents regroupements tentés par l'islam de France.

De nombreux autres mouvements échappent à ces regroupements et acquièrent plus d'autonomie à cause de l'affaiblissement des trois principaux mouvements. Les jeunes sont un enjeu politique vu leur nombre, leur dynamisme et leurs problèmes spécifiques d'intégration dans la société française. Même les Jeunes Musulmans de France de Hassan Iquioussen commencent à prendre une certaine autonomie par rapport à l'UOIF qui les avait parrainés. Le dynamisme des associations de jeunes à Lyon, avec le Groupement pour la jeunesse et l'entraide de Kamel Mansour et l'Union des jeunes musulmans de Yamine Makri, éclipse le rayonnement de la nouvelle mosquée dirigée par le mufti Abdelhamid Chikhane, qui regroupe les notables et surtout les fidèles d'une autre génération. Les conférences de Tariq Ramadan, théologien d'origine égyptienne, petit-fils du fondateur des Frères musulmans, ont un succès certain parmi les jeunes de Présence musulmane.

D'autres associations sont apparues, montrant le souci des musulmans d'occuper tout le champ du social, avec des orientations très diverses, caritatives souvent, mais aussi modernistes, avec les associations de femmes musulmanes ou l'Association des familles musulmanes qui a reçu l'appui des associations familiales protestantes, à travers Jeanne-Hélène et Pierre Patrick Kaltenbach, ou les Scouts musulmans, dont les débuts ont été aidés et encadrés par les Scouts de France catholiques.

L'absence de structuration nationale a favorisé la constitution de fédérations régionales et d'associations locales puissantes cherchant à représenter l'islam auprès des pouvoirs publics, et à négocier avec eux les modalités de l'abattage rituel ou l'accès dans les prisons et les hôpitaux, ou souhaitant obtenir des municipalités un appui pour la construction de mosquées ou la création de carrés musulmans dans les cimetières. C'est parfois les responsables locaux qui ont poussé à ces regroupements, afin de faciliter leur dialogue avec l'islam et d'avoir un interlocuteur représentatif pour réaliser un projet de mosquée dont ils ressentent le besoin, comme ce fut le cas à Strasbourg et à Mulhouse, avec des résultats souvent mitigés.

Les grandes mosquées de la région parisienne, comme de province, deviennent des acteurs importants de la vie musulmane, des pôles de regroupement et de pouvoir qui prennent de plus en plus d'autonomie. Mais leur gestion est souvent contestée pour son manque de transparence et l'on note, ces dernières années, des conflits de générations et des rivalités pour en prendre le contrôle : des associations dissidentes se créent pour contester devant les tribunaux les titres d'occupation de l'association propriétaire, ou les modalités de désignation de leurs dirigeants, tandis que des coups de force, comme à Évry, permettent de modifier provisoirement les équipes occupant les lieux. Il est rare que l'on puisse parler de gestion tranquille de cet islam visible, où les notables fondateurs des grandes mosquées s'en considèrent comme les propriétaires inamovibles, parfois même héréditaires, alors que d'autres forces cherchent à y faire leur place. Ces contestations et cette agitation contrastent avec l' « islam des caves » et celui des petites salles de prières dans les quartiers où il s'agit surtout de permettre une pratique collective, souvent autour d'origines communes, où les enjeux de pouvoir sont bien moins présents.

Parmi ces centres actifs de vie musulmane, on trouve la mosquée de Marseille avec Hadj Alili, celle de Lille avec Omar Lasfar, celle de Strasbourg avec Mohamed Boussouf, celle d'Évry avec Laredj Nizar, ou celle de Montpellier avec Khatir Nedroni, région où le petit-fils du Bachaga Benhamida, Slimane Berry, a constitué un réseau d'influence parmi les Français musulmans. La mosquée de la rue de Tanger (Paris XIXe), autour de son directeur algérien, membre de la « branche d'Aix-la-Chapelle » des Frères musulmans, Larbi Kechat, un moment assigné à résidence à Folembray, à la suite des attentats terroristes à Paris, sert aussi de référence à de nombreux musulmans et participe à de nombreuses rencontres islamo-chrétiennes. Mais ces dirigeants sont eux-mêmes contestés, à l'intérieur même de leur institution, ou dans leur région. A Marseille, Soheib Bencheikh, fils de feu cheikh Abbas, nommé grand mufti en 1995 par Dalil Boubakeur, en remerciement de ses services, cherche à se faire reconnaître par les autorités et à tirer à son profit le projet de grande mosquée dont le besoin à Marseille a été souvent reconnu. Auteur d'une thèse remarquée à l'École pratique des hautes études sur « L'islam et la laïcité », Soheib Bencheikh veut donner une image moderne de l'islam, en déclarant non obligatoire le foulard islamique ou le sacrifice des moutons lors de l'Aïd el Khébir. Ayant relayé l'opération « Chorba pour tous », organisée par l'Union des familles musulmanes (UFM), lors du ramadan, il tente de lancer une expérience de cours religieux de catéchisme musulman pour répondre au besoin de savoir de jeunes musulmans qui, très souvent, ne sont plus arabophones. Ces tentatives se heurtent aux oppositions des musulmans des Comores et d'Afrique noire, à la résistance de Hadj Alili, et aux hésitations des responsables à mettre des locaux à sa disposition car ils accepteraient à la rigueur de soutenir un cycle de conférences sur l'islam, mais non un véritable centre de formation.

Les divisions au niveau local ne facilitent pas l'action, souvent bienveillante, des municipalités pour offrir aux musulmans des conditions décentes d'exercice de leur culte, en allant au-delà des strictes obligations tirées de la loi de 1905. Par exemple, le centre culturel islamique de Rennes a été édifié, dès 1980, par la municipalité pour offrir gratuitement un espace de rencontres et d'activités culturelles sur près de 700 m². « Le but était de permettre aux travailleurs maghrébins qui avaient largement contribué à la construction des quartiers périphériques de Rennes de disposer d'un lieu où ils puissent vivre et exprimer leur culture musulmane. » Cette expression culturelle pouvait inclure une dimension cultuelle, dans le respect de la légalité républicaine, des principes de laïcité de l'État, et en particulier de la séparation de l'État et du culte. « La Ville a souhaité que ce lieu soit celui des Rennais de culture musulmane, un lieu de connaissance et de reconnaissance et un lieu d'ouverture vers les autres Rennais. »[1] L'occupation est gratuite ainsi que les fluides (environ 18 000 F par an), ce qui correspond à l'aide accordée aux cultes affectataires par les municipalités propriétaires des édifices du culte qui, avant 1905, faisaient partie du patrimoine des établissements publics du culte. De plus, la municipalité de Rennes a décidé une subvention de 60 000 F par an environ, pour assurer le fonctionnement des activités de l'association qui gère le centre culturel islamique.

Mais cette subvention n'a pu être versée à cause de dissensions au sein de l'Association culturelle des musulmans de Rennes (loi de 1901) qui gère le centre islamique et de contestations de plus en plus fortes de sa légitimité. Devant ces critiques, et la création de nombreuses autres associations de musulmans liées « à la persistance de conceptions nationalitaires qui tendent à prévaloir pour s'attribuer la gestion du centre et en écarter les autres »[2], la ville de Rennes a essayé de faire prévaloir l'intérêt général pour faire fonctionner le centre, « en tant que citoyen de notre ville ». La solution n'est pas facile à trouver, malgré (ou à cause de) l'intérêt de la structure de fonctionnement du centre que la municipalité a offerte aux musulmans. « Il faudra sans doute encore de nombreuses réunions pour dégager la structure de gestion adéquate et laisser mûrir l'émergence de dirigeants assumant des choix responsables et rassembleurs. C'est un travail de persuasion et d'éducation à la citoyenneté qui s'inscrit dans une nécessaire durée mais nous ne regrettons pas le choix initial

1. Interview de Gérard Hamon, conseiller municipal de Rennes, La construction du centre culturel islamique est le résultat d'une volonté politique, in *Islam de France*, Paris, L'Harmattan, 1998, p. 67.

2. Gérard Hamon, *ibid.*, p. 67.

et, Rennes étant une ville bretonne, est un lieu traditionnel de persévérance. »[1]

Les polémiques autour de la gestion du centre islamique de Rennes ont amené la constitution de nombreuses associations d'échanges et de dialogue, comme l'Association culturelle et sportive - échanges - dialogues - éducation, avec une commission sociale qui s'occupe des prisonniers et des malades dans les hôpitaux, et une commission chargée de l'enseignement, avec des cours de français et de rattrapage scolaire pour favoriser l'intégration des jeunes. Cette association, l'ACSEDE, est une réponse au blocage du centre islamique et marque la volonté de construire un projet durable et global pour les musulmans de Rennes, en se donnant trois ans pour desactions, valables pour l'islam de France, qui reprennent beaucoup de problèmes actuels de l'islam au quotidien :

— « défense de la confession islamique par l'enseignement religieux, les livres de découverte de l'islam, les conférences, la défense de dossiers nationaux comme les lieux de culte, les cimetières, les mariages, la toilette mortuaire, la viande halal, le hadj, la gestion de la zakat, la culture sacrée, etc. » ;
— « le culte et ses implications dans la vie quotidienne en France : établissement d'un code de conduite, d'adaptation aux conditions spécifiques de l'État français, mise en exergue des repères fondamentaux dans l'exercice d'un culte détaché des influences étrangères, réalisation de supports audiovisuels adaptés, émissions religieuses didactiques, etc. » ;
— « la culture : promouvoir tout ce qui contribue à donner du monde de l'islam une image favorable, réhabiliter la pensée islamique au travers d'ouvrages de synthèse, de réflexion et ou de traductions, création d'établissements d'enseignement privé de qualité sous contrat avec l'Éducation nationale, création de bourses pour les bons élèves afin de donner une image positive et créer une émulation »[2].

1. Gérard Hamon, *ibid.*, p. 68.
2. Yahia Baamara, L'islam en France, vu de Bretagne, in *L'islam en France*, Paris, L'Harmattan, 1998, *op. cit.*, p. 71 et 72.

Il s'agit bien de traduire au niveau national les efforts menés localement pour « dépasser les logiques nationalitaires qui paralysent toute organisation sereine des musulmans rennais »[1]. Le dialogue se développe avec l'ensemble de la cité et, sur le plan religieux, Yahia Baamara a participé au titre de l'ACSEDE à l'Association interreligions de Rennes pour affirmer la volonté des musulmans de vivre leur spécificité spirituelle en harmonie avec la société française non musulmane. Parallèlement, les femmes musulmanes de toutes origines et de toutes nationalités se sont regroupées pour développer des activités, en veillant à l'application des principes du Coran et de la Sunna, en créant l'Association sportive et culturelle des femmes musulmanes de Rennes, qui ont développé en particulier des cours de religion à destination des femmes et des jeunes filles, chaque dimanche matin, à la mosquée. « On voit comment, à la base, en dépassant les clivages nationalitaires, les musulmans essaient de répondre aux besoins de connaissance de l'islam et d'échanges avec les non-musulmans. »[2]

Ces divisions, on les retrouve à la mosquée de Lyon. Déjà contestée de l'intérieur par le Collectif des associations musulmanes de la mosquée de Lyon, animé par Brahim Djoudi, elle doit faire face, en effet, à une scission à l'intérieur du Conseil islamique Rhône-Alpes (CIRA), propriétaire de la mosquée. Le CIRA dispose de 99,5 % (le reste étant détenu par l'ACLIF) d'une SCI présidée par Rabah Khelif et dont le gérant est Khamel Kabtane. Très vite, sont nées des accusations de malversations et, depuis l'automne, quatre membres sur sept du bureau du CIRA, entraînés par Kamel Senhadji et par Nadji Chelabi, sont entrés en dissidence, reprochant à Khelif et à Kabtane l'absence de transparence de leur gestion et, plus encore, de considérer la mosquée de Lyon comme leur patrimoine personnel. Ils réclament une nouvelle équipe et une réforme complète des statuts :

1. Saïd Branine, La solidarité des musulmans bretons de l'ACSEDE, *ibid*, p. 70.
2. Béatrice Martin, L'Association sportive et culturelle des femmes musulmanes de Rennes, in *Islam de France*, *op. cit.*, p. 73 et 74.

« C'est anormal que les consulats des pays musulmans nomment des représentants au conseil d'administration de la mosquée ! »[1]

Face à cette situation, certains maires n'hésitent pas à aller de l'avant. Soucieux avant tout de répondre aux besoins des populations. Les deux mosquées de Montpellier, l'une, celle du quartier des abattoirs, dans une église désaffectée, donnée par l'évêché dans les années 1970, l'autre rue de la Gerbe, ouverte vers 1990, ne répondaient plus aux besoins. Le maire, Georges Frêche, a décidé de construire, pour 4 millions de francs, une grande mosquée de 2 300 places avec un parking intérieur de 200 places qui reste propriété de la ville pour être louée à une association, dirigée par Khatir Nedroni qui en assure la gestion. Ce sont les musulmans qui ont pris en charge l'aménagement intérieur (tapis, minbar, mihrab, faïences, céramiques et mosaïques, pour le décor de la fontaine aux ablutions). Pour lui, c'est une démarche que l'on pourrait étendre au niveau national pour rendre aux musulmans leur dignité, à condition de le faire sans provocation[2].

On ajoutera que les associations musulmanes d'outre-mer restent en dehors de ces conflits et, s'appuyant sur les situations locales, gèrent leurs problèmes directement. On notera le cas particulier de Mayotte où la très grande majorité des habitants conservent le statut personnel et celui de La Réunion où les musulmans, qui représentent 5 % de la population, ont une place reconnue et des situations enviables dans les classes moyennes faisant partie de la diversité ethnique et culturelle de l'île, disposent d'une association représentative dirigée par M. Amodé, fonctionnaire territorial.

1. Relance de la querelle à la mosquée de Lyon, in *Islam de France*, *op. cit.*, p. 79 à 81.

2. Georges Frèche, « J'ai construit une mosquée à Montpellier ». Sortir l'islam du ghetto, in *Islam de France*, p. 76 à 79, propos recueillis par Michel Renard.

CHAPITRE VII

Les problèmes de l'islam au quotidien

La situation d'émiettement de l'islam de France semble devoir perdurer et empêcher le règlement d'une série de problèmes quotidiens qui apparaissent de façon récurrente et que l'on traite au coup par coup : la construction des mosquées, les circuits de la viande halal, les carrés musulmans, les aumôneries, la formation religieuse... sans même parvenir à les régler, sinon localement et de façon ponctuelle, alors qu'une approche globale par les musulmans, comme par les pouvoirs publics, semblerait préférable, et de toute façon plus opératoire.

LA FORMATION DES CADRES RELIGIEUX

Le premier dossier est celui de la formation des cadres religieux et des imams, autour d'un institut théologique de niveau universitaire, centré sur une prise en compte des réalités françaises, libre de toute obédience étrangère, capable d'élaborer des réponses nouvelles à la situation nouvelle que vivent les musulmans dans une république laïque, en développant l'interprétation des textes par une élaboration théologique fondée sur l'effort de recherche, l'ijtihad. Le besoin de cadres religieux a amené la création de trois centres, l'Institut européen des sciences humaines de Saint-Léger-de-Fougeret, dans la Nièvre, lié à l'UOIF, le seul qui ait mené à leur terme les formations d'imams, la Mosquée de Paris et l'Institut islamique de Paris XVe. Cependant, ces centres concurrents ne répondent qu'imparfaitement aux besoins globaux des musulmans en France. Il serait souhaitable de former des imams en France, capables de poursuivre un dialogue avec les autorités et avec les autres confessions, mais les pouvoirs publics ne savent pas comment intervenir. Ce souhait répond en particulier à une préconisation du Haut Conseil à l'intégration qui, dès 1992, assignait comme buts à un institut supérieur islamique « la réflexion et la connaissance de la culture islamique » et « la réinterprétation de la tradition musulmane dans le contexte français »[1]. Depuis plusieurs années, la question de la participation des fonds publics à la formation universitaire et théologique des imams et des cadres religieux musulmans a suscité différents projets, soit dans le cadre de l'université, à Aix, à Paris, à Lyon et surtout à Strasbourg, soit à l'extérieur, par le biais de conventionnements avec des centres universitaires privés, comme c'est déjà le cas pour l'Institut catholique de Paris ou les facultés de théologie protestante. A la demande du ministère de l'Éducation nationale, le Pr Trocmé, ancien doyen de la Faculté de théologie d'État de Strasbourg, a réalisé un rapport préconisant, dans le cadre de l'Université de Strasbourg, la création d'un centre de formation en théologie musulmane. Le rapport dont la presse s'est fait l'écho a été présenté officiellement au conseil de l'Université des sciences humaines et sociales de Strasbourg, qui n'a pas, pour l'instant, arrêté sa position. De

1. On se reportera avec profit aux différents rapports du Haut Conseil à l'intégration, et en particulier aux travaux menés sous l'impulsion de Jean Gaeremynck sur l'intégration des musulmans de France, sous son aspect religieux et culturel, dont les pistes restent toujours d'actualité et n'ont pas été suffisamment explorées.

toute façon, c'est bien au plus haut niveau de l'État qu'il appartient de donner une suite éventuelle à ce rapport, et de décider de l'aide publique qu'il serait possible d'apporter à la formation des imams. Il ne suffit pas de rejeter d' « éventuelles universités islamiques » dont l'appellation fait doublement problème[1], par rapport aux cinq « universités catholiques » créées par la loi du 12 mai 1875, alors que la loi du 18 mars 1880 réserve à l'État le monopole de la collation des grades et l'usage du label « université ». Il convient de préciser dans quel cadre peuvent être enseignées, à l'université, les sciences des religions et ce que pourrait être, à côté des deux facultés de théologie catholique et protestante de l'Université des Sciences humaines de Strasbourg, un véritable enseignement de théologie, confessionnellement marqué autour d'une recherche du sens. Jean-Paul Willaime[2] précise les conditions nécessaires pour que les « professeurs soient religieusement profilés », mais que leur nomination soit indépendante de toute autorité religieuse, que les études soient ouvertes à tous, que les données établies par les sciences de religions soient intégrées dans la réflexion théologique, et que la théologie « soit une problématisation de questions de tous – universelles en ce sens –, même si c'est sur un fond d'une prise en charge spécifiée »[3]. Il estime, en revanche, que l'université ne doit pas prendre en charge la formation professionnelle des ministres du culte, même si elle peut y apporter son concours, car celle-ci relève de la responsabilité propre des organisations religieuses qui doivent les recruter librement, en fonction de leurs conceptions et de leur orientation. Alors que le ministère de l'Intérieur et le ministère de l'Éducation nationale prévoient l'ouverture d'un centre national d'études sur l'islam, sous la forme d'une structure

1. Émile Poulat, *La solution laïque et ses problèmes, faits et représentations*, Berg International, Paris, 1997, 300 p, p. 138.

2. Jean-Paul Willaime, Sciences des religions et théologies à l'université. Pour une clarification, in *Universitas in Theologia, théologia in universitate*, TVZ, 1997, p. 51 à 60 (Festschrift für par Hans Heinrich Schmid, Zum 60. Geburtstag).

3. Pierre Gisel, Christianisme et Postmodernité, in *Études théologiques et religieuses*, numéro hors série du 9e Centenaire de la Faculté de théologie protestante de Montpellier, 1996, n° 120.

universitaire ouverte aux étudiants de niveau licence ainsi qu'aux chercheurs, à la charnière de l'enseignement et de la recherche, l'Université catholique de Lille va ouvrir une formation intitulée « Histoire et sciences sociales de l'islam » avec des intervenants très divers, Mohamed Arkoum, Ali Mérad, Bruno Étienne, Franck Fregosi, Sadek Sellam et Michel Morineau, sous la coordination de Leïla Babès, professeur de sociologie des religions à l'Université catholique de Lille. Pour le président de cette Université, Gaston Vandecanlaere, le but de ce cycle d'enseignement, qui débouchera sur un certificat mais non sur un diplôme reconnu, est double : « Notre intention première était de rendre possible, pour les jeunes musulmans issus de l'immigration, une appropriation de leur culture d'origine, afin qu'ils puissent en être fiers. Puis, nous avons pensé que beaucoup d'organismes de notre région, tels que services sociaux, syndicats ou entreprises pourraient être intéressés par une telle formation. »[1]

Les musulmans vivent leur foi au quotidien dans la sérénité, et souvent de façon individuelle et cachée, sinon honteuse. La revendication musulmane est le fait d'une minorité bruyante, parfois agissante, mais elle n'est que la partie visible d'un islam caché sinon immergé, ce qui ne veut pas dire, au contraire, que cet « islam des caves » ne pose pas de problèmes et ne soit pas un frein à l'intégration des musulmans et qu'il n'apparaisse pas, par les ghettos qu'il suscite, comme contraire à une véritable laïcité où l'islam a « toute sa place à la table de la République ».

LE DIFFICILE RESPECT DES PRESCRIPTIONS RELIGIEUSES

Reprenons rapidement certaines de ces difficultés que peut rencontrer un musulman dans sa vie quotidienne. Nous verrons

1. La « catho » de Lille ouvre une formation sur l'islam, *Le Monde*, 27 juin 1998, p. 9.

ensuite les prises de conscience de nombreux dirigeants et les différentes réactions face à une situation qui apparaît de plus en plus comme intolérable, voire scandaleuse, en tout cas incompatible avec la laïcité et les valeurs de la République.

Les difficultés commencent à propos du calendrier religieux et des prescriptions qui y sont liées. D'abord, ce calendrier est très largement différent du temps officiel, laïcisé certes depuis la Révolution, mais dont le rythme est calqué sur le calendrier chrétien, et plus précisément catholique romain, si l'on excepte le bref épisode du calendrier révolutionnaire qui avait voulu rompre, à travers le découpage des mois liés aux saisons et aux travaux des champs, et celui des décadies, avec le rythme des dimanches et des fêtes religieuses. Le calendrier musulman est essentiellement un calendrier lunaire ; l'incertitude sur la fixation des dates des fêtes, qui dépend de l'observation des astres par les autorités religieuses et qui pouvait s'expliquer dans une société de nomades du désert, ne facilite pas les choses, ni pour le croyant musulman, obligé de choisir entre des dates différentes suivant le pays d'allégeance, de l'Arabie Saoudite au Maroc, tant qu'aucune autorité n'aura imposé une date unique pour la France, ni pour les pouvoirs publics qui doivent les recevoir. Les principales fêtes musulmanes commencent tout juste à donner droit à des autorisations officielles d'absences, à l'instar des fêtes israélites, orthodoxes, arméniennes, ou bouddhistes. La période du ramadan est, depuis quelques années, saluée par des messages de sympathie de la part des pouvoirs publics. Ainsi, Jean-Pierre Chevènement a-t-il adressé, le 29 janvier 1998, un message aux musulmans pour la fête de l'Aïd el Fitr :

« A l'occasion de la fin du mois de Ramadan et de la fête de la Rupture du Jeûne, qui constituent pour les musulmans le terme d'un temps fort, marqué aussi bien par l'effort sur soi et la quête spirituelle que par le partage, l'ouverture aux autres, et le pardon, je veux exprimer à tous nos concitoyens musulmans, ainsi qu'à l'ensemble des musulmans de France, ma sympathie et mes vœux de bonheur et de prospérité.

« Je profite de l'occasion qui m'est ainsi offerte, pour leur redire la volonté du gouvernement de donner à l'islam la place qui lui revient, en l'intégrant pleinement à la communauté nationale, dans les mêmes conditions que les autres cultes plus anciennement installés dans notre pays, comme l'exige la laïcité de la République, et notamment les dispositions de la loi de 1905.

« J'ai déjà eu l'occasion à plusieurs reprises de souligner la légitimité de l'aspiration des musulmans à disposer de lieux de culte décents et appropriés. Les municipalités peuvent aider à combler le retard de l'islam de France dans ce domaine. Elles doivent être encouragées à le faire.

« Dans le droit fil d'une tradition très ancienne, la France s'attachera aussi à ce que ceux de ses ressortissants qui effectuent le pèlerinage aux Lieux saints de l'islam, puissent le faire dans les meilleures conditions, et bénéficient le cas échéant, de l'aide et de l'appui de ses autorités consulaires.

« Enfin, les conséquences d'une absence d'organisation et d'instances véritablement représentatives de l'islam de France desservent les musulmans. L'État les encouragera à trouver une réponse à cette question difficile. Je veux redire une fois encore qu'il ne souhaite pas imposer ses choix en la matière. C'est aux musulmans eux-mêmes, notamment à ceux qui sont citoyens français, qu'il appartient de se rassembler pour construire un islam ouvert à la modernité, au sein de la République. »

Le respect du ramadan entraîne des contraintes, tant pour les élèves qui ont atteint la majorité religieuse que pour les travailleurs, parce que le jeûne quotidien peut affaiblir les performances et les capacités d'attention. Pourtant c'est une question de choix : le jeûne n'a pas empêché Badre Din Zioini de devenir, sous la neige, champion d'Auvergne de cross-country, le 25 janvier 1998. La contrainte du jeûne pèse sans doute moins fort sur le plan du travail que le respect du shabbat. Il en est de même pour la pratique des cinq prières quotidiennes dont les horaires peuvent être modifiés, en cas de nécessité. Le pèlerinage pose d'abord un problème d'organisation et de reconnaissance par l'Arabie Saoudite de l'autonomie des musulmans de France par rapport aux pays d'origine : c'est sans doute un problème politique, qui nécessite et engage des discussions diplomatiques avec Riyad, pour que soit admis un véritable contingent français, indépendant du contingent algérien[1]. Déjà, en 1987, la Commission Dominati avait obtenu que l'islamologue Abdel Magid Turki accompagne une délégation de pèlerins français à La Mecque.

L'Aïd el Kébir provoque souvent des réactions d'incompréhension parmi nos concitoyens, que les protestations indignées de certaines associations de protection des animaux[2] ne font qu'exacerber, avec des accusations de barbarie et des fantasmes de moutons massivement égorgés dans les baignoires des logements HLM. Cette fête pose un problème immédiat d'organisation et de réglementation, car elle entraîne une concentration de la demande. Il importe que l'on sorte du provisoire et que les sacrifices d'animaux puissent avoir lieu, sous contrôle sanitaire, dans des abattoirs, et non plus de façon clandestine, dans des espaces tolérés, sans base juridique. Mais elle pose plus largement le problème de l'abattage rituel musulman. Face à une multiplicité de sacrificateurs rituels agréés par les préfets, à la demande d'associations concurrentes, il conviendrait qu'il existât une habilitation nationale de sacrificateurs professionnels à plein temps, ce qui assainirait le circuit de la viande halal et offrirait une source de revenus réguliers pour les structures communautaires. Après l'échec des diverses tentatives des pouvoirs publics

1. On évalue à 10 000 le nombre de musulmans de France qui accomplissent le pèlerinage ; l'Arabie Saoudite a délivré 14 000 visas dans ce but en 1997. D'après un sondage réalisé en 1994, 4 % des musulmans déclarent avoir fait le pèlerinage, 55 % espèrent le faire, 32 % n'en ont pas l'intention.

2. Au titre de la Fondation qu'elle préside, Mme Brigitte Bardot a écrit, le 9 janvier 1998, à tous les préfets, pour dénoncer les conditions d'abattage des millions d'animaux sacrifiés chaque année selon le rite musulman et leur demande de ne plus accorder de dérogation à l'interdiction de l'abattage en dehors des abattoirs en s'appuyant sur le décret du 1er octobre 1997 relatif à la protection des animaux au moment de leur abattage ou de leur mise à mort ; elle souhaite, en outre, que les animaux soient étourdis avant l'égorgement alors que le décret prévoit explicitement l'abattage rituel sans étourdissement.

et de l'essai du monopole accordé à la Mosquée de Paris, ce problème pendant renvoie directement à l'organisation de l'islam en France. Force est cependant de constater que les musulmans ont plus de difficultés à se procurer de la nourriture halal que les israélites à respecter les règles de la casherout.

Dans le cadre du décret du 1er octobre 1997 sur l'abattage des animaux qui précise « la mise à disposition de locaux, terrains, installations, matériel ou équipement en vue de procéder à un abattage rituel en dehors d'un abattoir est interdite », la fête de l'Aïd el Kébir fait l'objet de dispositions particulières pour un meilleur respect de la réglementation en matière de protection animale, d'hygiène alimentaire, de protection de l'environnement et de sécurité publique, qui ont fait l'objet d'une circulaire conjointe du ministre chargé de l'Agriculture et du ministre de l'Intérieur, en date du 27 mars 1997. Une note du ministère de l'Agriculture, signée par le directeur général de l'administration, en date du 12 janvier 1998, dresse le bilan de l'Aïd el Kébir 1997, sur la base des réponses des préfets à un questionnaire du 10 juin 1997. La date de la fête avait été fixée au 17 avril 1997 par la Mosquée de Paris, mais plusieurs associations ne la suivirent pas, ce qui a amené des célébrations le 18 avril : de toute façon, les sacrifices de l'Aïd peuvent s'étaler sur plusieurs jours. Au cours de nombreuses réunions organisées par les préfets, en présence parfois des associations de protection animale, il a fallu déterminer les abattoirs mis à disposition (133 au total), prévoir des sites dérogatoires pour pallier l'absence d'abattoirs dans le département, ou leur saturation (91 sites dérogatoires au total, dans 5 départements), déterminer les sacrificateurs habilités par l'une des trois mosquées agréées, fixer les frais d'abattage et arrêter les horaires d'ouverture et de fermeture des sites. Pour mieux contrôler les ventes d'animaux, 55 marchés ont été spécifiquement organisés dont 47 sur le site d'abattage afin de limiter les conditions inadaptées de transport des animaux dans des véhicules particuliers. Pour les deux marchés organisés loin des lieux d'abattage, une autorisation a été remise à chaque acheteur pour qu'il puisse acheminer sans problème son mouton jusqu'à l'abattoir le plus proche. L'Aïd a officiellement entraîné le sacrifice de 88 958 animaux, en baisse par rapport à 1996, où l'on approchait les 120 000, dont 394 bovins qui sont, eux, en nette augmentation. Dans cinq abattoirs seulement on a pratiqué l'étourdissement préalable, pour 315 ovins, comme le recommande la circulaire... Il y a eu des difficultés pour l'habilitation des sacrificateurs pour l'Aïd. Seulement 146 sacrificateurs habilités sur 279 sacrificateurs recensés – sans doute pour une raison financière, la carte d'habilitation devant être achetée auprès des mosquées agréées, mais aussi parce que ces trois mosquées ne représentent pas toutes les communautés, en particulier pas la communauté turque. Pour éviter le problème de retrait des abats spécifiques (retrait de la tête des ovins originaires du Royaume-Uni, retrait de l'encéphale, de la moelle épinière, et des yeux des ovins de plus de 12 mois, ainsi que de la rate des animaux de tous âges), seuls les ovins d'origine française, d'un âge inférieur à 12 mois, ont été autorisés et la plupart des animaux ont été contrôlés par les services vétérinaires à leur entrée sur le site, 25 saisies sur carcasses ont été opérées et seulement 20 relevés d'infraction ont été effectués par les services vétérinaires et les services de police, dont 14 pour abattages clandestins. La concertation des intervenants a permis une amélioration de la situation. Les difficultés se concentrent en fait essentiellement sur la région parisienne, à cause de l'importance de la demande et du manque d'abattoirs. Il est encore difficile de faire respecter toutes les prescriptions réglementaires (c'est pourquoi il est nécessaire de prévoir des sites organisés en dehors des abattoirs, pour mieux contrôler et encadrer ce qui reste très dérogatoire), tandis que la division des communautés musulmanes explique le nombre insuffisant de sacrificateurs habilités pour la fête.

Les grand rites de passage, naissance, circoncisions, mariage ne posent pas de problèmes particuliers aux musulmans de France qui sont, au contraire, confrontés à des difficultés spécifiques face à la mort. D'abord, les structures hospitalières sont mal adaptées et le personnel soignant n'est souvent pas formé aux prescriptions spécifiques de la toilette mortuaire, que la communauté n'arrive pas encore à prendre globalement en charge. Se pose ensuite le problème de l'inhumation. Elle a une charge symbolique forte ; beaucoup de musulmans souhaitent être inhumés dans leur pays d'origine. Il s'y ajoute une connotation religieuse : la France reste une terre étrangère, sinon une terre infidèle, par rapport au Dar al islam. Ceci nécessite une réflexion théologique sur le statut religieux de la terre de France, à partir du problème de la légalité du séjour de musulmans en terre « chrétienne », comme l'a tenté Abdel Magid Turki, une redéfinition, dans le cadre de la laïcité, de l'islamitude et des notions traditionnelles de dar al islam, de dar al ahd (pays du pacte) et de dar al sohl (pays allié), avec Al-Shaybani[1], et l'élaboration d'une théologie de la minorité comme le préconise Soheib Bencheikh. Mais le rapatriement des corps, souvent organisé par les pays d'origine et prévu à l'avance avec des compagnies d'assurance, entraîne des frais importants. Les musulmans vont être de plus en plus nombreux à être enterrés en France : ceci nécessite le développement de carrés musulmans dans les cimetières, créés à l'initiative des municipalités.

Dans différents moments de l'existence, les musulmans sont livrés à eux-mêmes et sont confrontés à l'absence ou à l'insuffisance d'aumôneries dans de très nombreuses institutions publiques qui en ont développé pour d'autres religions, l'école, l'armée, les hôpitaux, les prisons... Or, dans l'islam, l'aspect communautaire de la pratique a une grande importance, et cette pratique doit être nourrie de la lecture du Coran et de l'enseignement du prophète. Les lieux de formation sont encore très déficients et les écoles coraniques de quartier, malgré leur succès, pallient très difficilement les carences de la transmission par les familles. Il manque de centres d'élaboration théologique et de centres de formation des imams, du personnel religieux et des cadres communautaires.

1. Jean-Paul Charnay, Que devient une religion réduite à l'Observance rituelle ? L'islam sans institution musulmane est-il possible ?, in *Islam de France*, Paris, L'Harmattan, *op. cit.*, p. 31 à 42.

« L'ISLAM DES CAVES » ET LE BESOIN DE MOSQUÉES

C'est sans doute le manque d'édifices du culte qui est le plus flagrant et qui justifie l'expression d' « islam des caves ». Longtemps en effet, les musulmans ont dû se contenter de salles de prières dans des foyers, dans des locaux provisoires, dans des églises désaffectées qui leur étaient louées, d'appartements ou de caves dans les ensembles HLM, voire de casernes ou de hangars abandonnés. Cette situation est en train d'évoluer rapidement et les grandes villes se dotent peu à peu de véritables mosquées, parfois même avec minaret (mais sans muezzin, alors que la réglementation des cloches des édifices cultuels a pu être établie à la suite de compromis entre les autorités religieuses et les municipalités). A côté de la Mosquée de Paris, on dénombre aujourd'hui une dizaine d'édifices de plus de 1 000 places, la mosquée de la rue de Tanger, la mosquée d'Évry, la mosquée de Fareberswiller dans l'Est, la mosquée de Lyon, la mosquée de Rouen, la mosquée de Montpellier ; des projets sont élaborés à Marseille et à Strasbourg mais aussi à Mulhouse, Nantes, Bordeaux, Orléans... Cependant, ces projets de grandes mosquées ne font pas toujours l'unanimité de la population concernée[1]. Leur gestion contestée suscite des rivalités entre générations, car elles drainent surtout les notables. Beaucoup de musulmans préfèrent se réunir par affinité et pays d'origine, dans des salles de prières de quartier, où la solidarité et la convivialité s'expriment plus aisément. Le manque d'édifices du culte musulman, la revendication de nombreux musulmans, soucieux de donner plus de décence à leur pratique et plus de visibilité à leur religion, amènent les municipalités à intervenir, mais elles sont souvent désar-

1. Un projet de mosquée à Perpignan a amené le Front national à réclamer un référendum que le maire, Jean-Paul Alduy, a refusé comme contraire à la Constitution.

mées devant l'absence d'interlocuteurs et les divisions des associations musulmanes. Pourtant, elles ne sont pas démunies lorsqu'elles veulent soutenir un projet : elles peuvent mettre un terrain à disposition par le biais du bail emphytéotique ou subventionner les parties non strictement cultuelles de l'édifice (salles de conférences, de réunions ou d'enseignement...). L'exemple du soutien apporté par le maire de Montpellier à la construction de la mosquée de sa ville montre qu'il n'est pas nécessaire de remettre en question la loi de 1905, pour permettre des subventions publiques pour la réalisation d'édifices du culte, comme le suggérait le rapport Marchand pour l'intégration des populations immigrées. Encore faut-il qu'il y ait une volonté politique qui réponde à une demande organisée.

Et pourtant, malgré l'insuffisance des mosquées par rapport aux besoins, la situation évolue rapidement. En 1970, à côté de la Mosquée de Paris, il n'existait qu'une centaine de lieux de culte musulmans. Prenant conscience des besoins des musulmans, mais aussi de leur précarité économique et de la fragilité de la situation des primo-arrivants, différentes organisations d'église mirent à leur disposition une vingtaine d'églises ou de chapelles, par des dons, ventes ou prêts[1].

En 1995, on comptait environ 2 000 associations islamiques qui, le plus souvent, gèrent des lieux de culte, sous la forme d'associations déclarées de la loi de 1901. Il n'y avait cependant qu'une soixantaine de véritables mosquées, dont huit seulement de plus de 1 000 places. La mosquée de la rue de Tanger, la plus vaste, peut accueillir 5 000 fidèles, mais il s'agit d'un hangar transformé en lieu de culte et de prières et en centre culturel...

Cependant, ce mouvement de création de lieux de culte musulman, parallèle à un mouvement similaire en Europe occidentale (avec l'ouverture au total de 2 000 mosquées ou salles de

1. Cf. Présence musulmane en France, diversité, mutations et perspectives, *Dossiers du SRI*, n° 2, Paris, 1997, carte n° 1, p. 28 : Soutien de l'Église catholique à l'exercice du culte islamique en France de 1962 à 1995. Source C. de Galembert, *L'attitude de l'Église catholique à l'égard des musulmans en France et en Allemagne*, Paris, thèse soutenue à l'IEP, 1995.

prières, de 1975 à 1985), a contribué à inscrire le fait musulman dans le paysage français. Il n'y a plus guère de sous-préfectures ou même de petit centre rural qui n'ait pas au moins une salle de prières musulmanes. Le fait musulman est présent sur l'ensemble du territoire, même s'il reste surtout un phénomène urbain.

La carte de l'implantation des mosquées en France[1] qui serait encore plus parlante si elle prenait en compte non seulement leur nombre absolu, mais le nombre total de places montre bien les grandes concentrations musulmanes, région parisienne, région marseillaise, région lyonnaise, Nord - Pas-de-Calais, Nord-Est, alors que les zones rurales et, d'une façon plus générale, la moitié ouest du pays sont moins directement concernées.

Les premières salles de prières ont été organisées au début des années 1970, par des nouveaux immigrés, dans des conditions précaires. Comme pour les populations concernées, l'installation devait être provisoire : aménagement d'une cave HLM, réutilisation et transformation légère d'anciens hangars, garages, locaux commerciaux ou industriels, parfois de casernes désaffectées comme à Mulhouse. C'était, au propre comme au figuré, l' « islam des caves ». Les hommes s'y retrouvaient après le travail, pour y prier et s'y rencontrer...

Cette installation provisoire masquait la sédentarisation d'une population encore mal intégrée. Mais le provisoire perdure et cette situation paraît inadmissible, vingt-cinq ans plus tard, pour les jeunes musulmans de la seconde génération, formés et intégrés en France. Dans les années 1980, le culte musulman est sorti peu à peu des caves ; il a aménagé des petits pavillons ou des locaux gérés par des associations de quartiers regroupant quelques centaines de familles : à côté de la salle de prières, on trouve des salles de réunions et surtout de formation, où se déroule l'école coranique. Pendant longtemps, les locaux étaient prêtés ou loués, souvent par des associations cultuelles ; de plus en plus les associations musulmanes ont souhaité acquérir ces bâtiments

1. Source *Le Monde*, 13 octobre 1994, *in* Présence musulmane en France, *Dossiers du SRI*, n° 2, 1997, p. 29.

ou édifier une mosquée dans le style du pays, en particulier lorsqu'il s'agit de communautés anciennement installées. C'est, en particulier, le souhait des personnes âgées qui souhaitent reproduire en France ce qu'elles connaissaient dans leur jeunesse, à l'étranger. La question linguistique est aussi un obstacle : les jeunes préfèrent fréquenter des mosquées où la prédication est assurée en français. Ces mosquées peuvent servir de référence pour les nouvelles générations : la mosquée Adda'wa, rue de Tanger à Paris, dirigée par Larbi Kechat, a ouvert un centre culturel qui organise chaque samedi des conférences fréquentées par environ 200 jeunes sur la laïcité, sur islam et République, sur le sida, etc.

Il y a une demande précise de visibilité et de construction de nouveaux édifices du culte. Mais la demande se diversifie : les responsables très enracinés, les notables, préfèrent de grandes mosquées, permettant à tous les musulmans, de toutes origines, d'une même ville, de se rassembler, et de servir de vitrine de l'islam. Les jeunes des banlieues réclament, au contraire, des mosquées de proximité, lieux de rencontres et de convivialité, permettant de former les enfants, et plus structurées en fonction des cultures et des nationalités d'origine.

Pourtant, la demande de mosquées continue à se heurter à de nombreux obstacles. Les refus municipaux s'appuient sur différents motifs juridiques. Parfois, on peut constater un véritable détournement du droit de l'urbanisme et des abus de pouvoir, lorsque des élus refusent de signer des permis de construire pour de simples considérations d'opportunité ou des motivations d'ordre public qui, avec une vision sécuritaire de l'islam, servent de simples prétextes. S'y ajoutent des problèmes bien réels : division des communautés musulmanes et insuffisance des moyens de financement direct des associations musulmanes. Pourtant, il ne faut pas oublier que, lorsque la mosquée est construite, les polémiques s'estompent et que beaucoup de mosquées ont pu être réalisées sans soulever de problème particulier, dans le bassin minier du Nord ou à Chalon-sur-Saône, par exemple.

LA PLACE DE L'ISLAM DANS L'ÉTAT RÉPUBLICAIN ET SON MANQUE D'ORGANISATION

Sur le plan juridique, l'islam a du mal à trouver sa place dans l'État de droit. Pour des raisons historiques, l'islam n'a jamais fait partie des cultes reconnus dans le cadre « napoléonien » du Concordat et des Articles organiques subséquents, même s'il y a eu durant la période coloniale des formes de reconnaissance de l'islam. En 1830, le général de Bourmont promettait de respecter en Algérie la religion « mahométane » : il protégea le culte « hanifien » mais confisqua les habous, biens de maimmorte, qui servaient à son entretien[1] et, en septembre 1830, le général Clauzel promulgua la réunion aux domaines de ces biens, tandis qu'en 1844 et en 1858, la législation mit fin à l'inaliénabilité des propriétés des « congrégations religieuses ». Ceci posa le problème de l'entretien du culte, et les assemblées financières furent donc amenées à rémunérer les « agents du culte »[2]. Il fallut attendre les décrets de septembre 1907 pour que soit assurée en Algérie, conformément aux principes de la loi de 1905, l'indépendance du culte musulman. Mais par arrêté du gouvernement général, les cultuelles musulmanes restèrent pendant plus qu'un quart de siècle présidées par des Français non musulmans ou des musulmans naturalisés, considérés comme apostats ! L'affaire de la circulaire Michel, en février 1933, du nom du secrétaire général de la préfecture d'Alger (Michel présidait le Comité consultatif d'Alger !), qui interdisait aux Oulémas de

1. Comme la Révolution s'empara des biens du clergé pour en faire des biens nationaux, avant de promulguer, de façon unilatérale, en 1791, la Constitution civile du clergé... qui fut aussitôt condamnée par Rome.

2. Toutefois on était loin de l'égalité religieuse puisque les subventions pour le culte catholique étaient mille fois plus élevées par tête d'habitant que pour le culte musulman. Cf. Sadek Sellam, La France et ses musulmans, in *Islam de France*, *op. cit.*, p. 12.

prendre la parole dans les mosquées officielles les amena à réclamer la séparation du culte musulman et la restitution des biens habous.

Cette indépendance ne fut obtenue qu'avec le statut organique de l'Algérie, voté en septembre 1947, par l'Assemblée nationale : Édouard Depreux, ministre de l'Intérieur, avait reconnu à la tribune que la France n'avait pas eu suffisamment de considération pour le culte musulman et avait promis qu'il serait désormais traité comme les « autres Églises ». Pourtant, l'article 56 du statut organique prévoyant la fin de la tutelle administrative sur le culte musulman ne fut pas appliqué, et il fallut attendre 1955 pour que Jacques Soustelle, conseillé par Vincent Monteil, et malgré les réserves d'Edgar Faure, impose enfin l'indépendance du culte musulman au moment où l'on parlait de l'indépendance tout court[1] ! Cette pratique explique que Guy Mollet ait pu se sentir autorisé à imposer d'autorité, en 1957, Si Hamza Boubakeur à la tête de la Mosquée de Paris...

Les rapports de la République avec l'islam dans ses protectorats ont été bien différents : respect et non-ingérence au Maroc, tutelle aux Comores... Le lieu n'est pas ici de rappeler ces souvenirs historiques, mais de souligner que l'islam, sous le drapeau français, n'a guère eu l'occasion de fonctionner véritablement dans le cadre des associations cultuelles de la loi de 1905.

La très grande majorité des associations musulmanes, qui se sont développées depuis la loi de 1981 qui a supprimé les restrictions administratives concernant les étrangers, sont des associations de la loi de 1901 qui offre beaucoup plus de souplesse pour organiser des activités variées et recevoir éventuellement des subventions publiques. En revanche, les musulmans, par leur structure sociologique, ne peuvent guère prétendre bénéficier des avantages, notamment fiscaux, attachés aux associations cultuelles de la loi de 1905. Le culte musulman n'a pas ainsi pu véritablement trouver son statut juridique, à la différence des autres cultes anciennement installés, mais aussi du bouddhisme,

1. Sadek Sellam, La France et ses musulmans, *ibid.*

qui a su se mouler dans le cadre des congrégations légalement reconnues. Cette fragilité juridique se retrouve en ce qui concerne les ministres du culte, non seulement au niveau des titres de séjour, puisque la plupart sont de nationalité étrangère, mais aussi en ce qui concerne leur couverture sociale. A peine une cinquantaine d'imams, en effet, relève du régime institué par la loi de 1978 pour les ministres des cultes et les membres des congrégations religieuses, et est affiliée à la CAMAC et à la CAMAVIC, essentiellement d'ailleurs des imams relevant de la Mosquée de Paris.

Ce ne serait pas particulièrement grave si les autres imams étaient affiliés au régime général, comme c'est le cas pour les pasteurs protestants. Mais beaucoup d'imams, salariés par des associations locales, ne sont pas convenablement assurés, car leur couverture sociale représente des charges trop importantes pour leur communauté. Cette marginalité ne facilite pas leur intégration dans le système de solidarité sociale entre générations et entre catégories sociales qui caractérise notre pays. De plus, le statut des imams, dont le nombre est évalué à 1 500, est très variable : certains sont salariés à temps plein, d'autres à temps partiel, et beaucoup sont bénévoles. Ceux qui ont le statut financier le plus avantageux sont salariés directement par leur pays d'origine dont ils constituent en quelque sorte des fonctionnaires à l'étranger. Mais la plupart d'entre eux ne maîtrisent pas le français... Et les communautés locales, surtout les jeunes, cherchent à acquérir leur autonomie par rapport à ces imams d'ambassade ou de consulats. C'est également vrai des communautés turques qui n'acceptent pas toujours les imams envoyés par le « Diyanet » (la Direction des affaires religieuses en Turquie).

De plus, les imams sont souvent contestés. Ils ne constituent pas un clergé, ils ne sont pas insérés dans une hiérarchie religieuse. Ils sont simplement « devant » la communauté, des croyants parmi d'autres, capables de diriger la prière communautaire du vendredi. C'est pourquoi, il y a souvent des imams « autoproclamés » qui espèrent ainsi bénéficier d'un statut, tandis que leur connaissance du Coran est parfois très sommaire. Même si l'imam est respecté, il n'a pas de pouvoir au sein de l'association qui l'emploie et qui est dirigée par un président et un secrétaire général qui sont, en général, plus intégrés que lui dans la société, et qui font l'apprentissage, parfois difficile, de la vie démocratique des associations.

Nous avons insisté sur la diversité des associations musulmanes, la Mosquée de Paris et son réseau, les grandes fédérations (l'UOIF et la FNMF), la Fédération des associations islamiques d'Afrique, des Comores et des Antilles, FAIACA, la Coordination des associations des musulmans des pays d'Afrique et de l'océan Indien, les associations turques... mais aussi les associations s'intéressant à diverses activités (Foi et Pratique ou Tabligh qui prône une vue très ritualiste de l'islam) ou regroupant diverses catégories de personnes (l'Union des femmes musulmanes ; les jeunes, l'Union de la jeunesse musulmane et les Jeunes musulmans de France ; les étudiants, l'Union islamique des étudiants de France devenue, en 1996, Étudiants musulmans de France ; les harkis avec le Conseil national des Français musulmans), les associations nationales, le Bureau de la Ligue islamique mondiale ouvert à Paris avec l'appui de l'Arabie Saoudite, les associations caritatives, comme le Secours islamique, les confréries (les Mourides du Sénégal, la Tidjaniyah... et les Amis de l'islam, association qui se réunit dans l'esprit de Cheikh Ben Tounès qui avait fondé, en 1948, à Mostaganem, une tarika soufie). Il y a aussi beaucoup d'associations locales qui gèrent simplement une salle de prières et qui ne sont pas reliées directement à une autre organisation ou qui, de toute façon, cherchent à conserver une large marge d'autonomie.

Il y a eu de nombreuses tentatives de regroupement de ces grandes associations, mais la plupart des projets ont été voués à l'échec. La Mosquée de Paris a été particulièrement active en ce domaine et l'on a eu, avec des fortunes diverses mais toujours éphémères, la création de fédérations qui se sont appelées Majlis, Haut Conseil, Conseil représentatif, Conseil consultatif, Coordination des musulmans de France. Ces tentatives se sont d'abord heurtées à des interventions extérieures de l'Arabie Saoudite, des

France… tout en sachant bien qu'ils ne peuvent se passer, pour l'instant, des imams et des subsides de l'étranger.

Les musulmans, sans doute marqués par les pratiques coloniales, ont cherché un appui auprès des pouvoirs publics ; ils ont souhaité que l'État intervienne pour régler leurs problèmes et leurs conflits internes et pour imposer une instance représentative. Les gouvernements français, tout en étant fondamentalement d'accord sur les grands principes de liberté religieuse et sur la place de l'islam en France, avec la nécessité pour les musulmans de s'organiser librement et de lutter contre les tutelles étrangères, ont hésité entre une vision purement sécuritaire et une politique plus volontariste, visant à organiser un islam de France compatible avec les lois et les valeurs républicaines. Pierre Joxe a réuni, le 6 mars 1990, quinze personnalités musulmanes désignées *intuitu personae* pour former le Conseil de réflexion sur l'islam de France (CORIF), chargé de conseiller les pouvoirs publics et de proposer des mesures concrètes facilitant la vie et l'intégration des musulmans en France. La plupart de ses membres auraient souhaité que ce conseil devienne représentatif, mais le ministre de l'Intérieur a toujours souligné que si les pouvoirs publics souhaitaient avoir des interlocuteurs représentatifs, ils ne pouvaient qu'inciter à l'organisation des musulmans. La représentativité ne se décrète pas, elle se constate, et seuls les musulmans, eux-mêmes, peuvent la déterminer.

Charles Pasqua a ensuite misé sur la Mosquée de Paris pour organiser, sous ses auspices, comme le recteur Dalil Boubakeur s'en faisait fort, un « islam gallican ». Il multiplia les signes de faveur à l'égard de la Mosquée, en lui confiant le monopole de la viande halal, en lui rendant plusieurs visites, en inaugurant, le 4 octobre 1993, l'Institut d'études supérieures de formation religieuse et théologique, destiné à former des imams français dans des locaux rénovés de la Mosquée de Paris, et en présidant à l'inauguration de la mosquée de Lyon, où il déclara : « L'islam est aujourd'hui une réalité française, parce que c'est, pour une grande part, une religion de Français. Aussi ne saurait-il plus seulement y avoir un Islam en France, il doit y avoir un islam de France. » Mais l'Union de la jeunesse musulmane indiquait aussitôt sa méfiance devant une mainmise algérienne : « Longue vie à cette Mosquée : quant à nous, nous souhaitons un islam détaché de toute intervention politique intérieure et extérieure. » Charles Pasqua avait demandé à la Mosquée de Paris de devenir le pôle fédérateur de l'islam en France, autour d'un islam aux couleurs de la France. Le 10 janvier 1995, Dalil Boubakeur remit solennellement au ministre de l'Intérieur, au nom du Conseil représentatif des musulmans de France, la Charte du culte musulman. Mais l'unité de façade vola vite en éclat et le ministre de l'Intérieur et son conseiller, André Damien, devaient vite constater que la Mosquée de Paris n'arrivait pas à se libérer de la tutelle algérienne et qu'elle n'avait pas réussi son pari de réunir autour d'elle la grande majorité des musulmans de France. Jean-Louis Debré en tirera les conséquences. Plus circonspect envers Dalil Boubakeur qui avait soutenu M. Balladur à l'élection présidentielle, il retira le monopole de la viande halal à la Mosquée de Paris et se tourna vers d'autres associations en réunissant, le 18 février 1997, dix sages. Il est revenu sur cette expérience, en écrivant, alors qu'il n'était plus aux affaires : « L'erreur est, en fait, d'avoir voulu créer un islam dépendant de l'autorité politique, c'est-à-dire un islam de France, comme il y a eu une Église de France dépendant de l'État par le Concordat. C'est aux musulmans eux-mêmes de prendre conscience de la nécessité d'une certaine représentation qui, sans parvenir à une unité que la République n'a aucune intention de leur imposer, leur permettrait de parler d'une voix forte des problèmes de religion qu'ils désirent aborder avec l'État. »[1] Il est certain que, pour

1. Jean-Louis Debré, *En mon for intérieur*, Paris, 1997, p. 96. Cf. Présence musulmane en France, *Dossiers du SRI, op. cit.*, p. 40.

vers le Grand Sanhédrin, l'autre provenant d'une vision erronée de l'islam, en cherchant à le faire entrer dans les cadres biens connus et rassurants d'une hiérarchie religieuse centralisée, sur le modèle de l'Église catholique. La communauté musulmane est appelée à s'organiser selon ses propres valeurs et ses traditions. Les jeunes ne veulent plus de mosquée algérienne ou de mosquée marocaine, mais des mosquées musulmanes en France. Il faut laisser du temps au temps, mais les pouvoirs publics ne peuvent pas se désintéresser du problème, d'autant que les musulmans cherchent aussi à s'organiser au niveau européen : en septembre 1996, quinze associations musulmanes ont créé un Conseil de coordination des musulmans d'Europe qui se veut « un espace de dialogue, de coopération et d'action commune à l'échelon européen. Le Conseil respecte le système légal en vigueur en Europe, et – en même temps – il est engagé dans l'islam et ses enseignements ».

S'il ne doit pas y avoir ingérence des pouvoirs publics dans l'organisation de l'islam, ceux-ci ont le devoir de veiller à ce que l'islam jouisse d'une parfaite égalité et qu'il puisse sans problème « s'asseoir à la table de la République », selon la belle formule de Jean-Pierre Chevènement. D'autant plus que beaucoup de problèmes qui marquent la vie des musulmans, mosquées, cimetières, aumôneries, centres de formation, viande halal, pour ne rappeler que les plus importants, relèvent directement de leur décision. Il convient en particulier de répondre aux besoins d'identité musulmane que manifestent les jeunes musulmans. Dans les années 1980, les jeunes issus de l'immigration ont mis en avant une revendication de dignité et d'égalité civique, sans référence musulmane qui aurait pu diviser le mouvement et qui devait rester dans la sphère privée...

Les « beurs » ont voulu lutter contre l'exclusion et le racisme en revendiquant leurs droits et en soulignant leur volonté d'intégration dans la société française, avec SOS Racisme et France Plus, ou les Jeunes Arabes de Lyon et de sa banlieue, à travers les grèves de la faim des Minguettes, la marche pour l'égalité ou le « mouvement des potes ». Ces dernières années, au contraire, les jeunes mettent en avant leur conviction, voire leur revendication musulmane, avec le slogan « Français, Musulmans aussi ». Il convient, après avoir obtenu les droits civiques, de faire reconnaître ses droits de musulman. C'est vrai pour certains militants de l'égalité civique, comme Toumi Djaïda, devenu un militant musulman très actif dans sa communauté de Vénissieux. C'est encore plus vrai pour une nouvelle génération qui n'a plus pour référence, comme ses pères, le pays d'origine et qui a rompu avec la référence ethnique. Ces jeunes affichent sans complexe leur volonté d'être français et leur identité musulmane. « Nous sommes nés en France, nous sommes français, nous avons été scolarisés en France. La culture française est notre culture, les valeurs de la France sont nos valeurs : liberté, égalité, fraternité, etc. C'est là que nous souhaitons être musulman. »

Affirmation et revendication des jeunes musulmans

Les jeunes musulmans constituent actuellement un enjeu déterminant. Ils commencent à prendre en mains leur propre destinée, refusant à la fois toute instrumentalisation, mais aussi les clichés qui entourent la religion musulmane et qui nourrissent de nombreuses peurs nées de la méconnaissance et de l'« étrange étrangeté » de « la troisième branche du tronc monothéiste »[1]. Malgré les difficultés économiques et les différentes formes de rejet dont ils peuvent être victimes, les jeunes musulmans sont, en effet, très largement intégrés dans la société française. Mais ils veulent être les acteurs de leur intégration et, en particulier, en négocier les modalités, sur le plan culturel et religieux, pour ne pas perdre leur identité dans une totale assimilation. La volonté de prise en charge de leur propre vie religieuse et de l'organisation de leur communauté est même à relier avec leur intégration. « Les jeunes veulent vivre leur islam et cela peut être interprété comme un refus d'intégration. Mais ces jeunes sont déjà intégrés, et ils se disent : nous allons vivre en France jusqu'à

1. Cesari Jocelyne, *Faut-il avoir peur de l'islam ?,* Paris, Presses de Sciences Po, 1997, 127 p.

logique de l'intégration. Si certains l'interprètent en sens inverse, c'est à cause de la scène internationale avec un islam politique qui se manifeste par la violence spectaculaire. La réalité ce sont des jeunes en quête de sens, qui veulent approfondir leur islam. Mais en face il n'y a pas beaucoup d'adultes qui soient capables de les orienter. »[1] Il y a bien un problème d'éducation et de transmission des valeurs : les imams ne parlent pas toujours français et surtout ne répondent pas aux questions des jeunes. C'est d'ailleurs ce vide qui explique les succès de Larbi Kechat, et plus encore de Tariq Ramadan. Les condamnations dont ces maîtres à penser ont parfois fait l'objet de la part des pouvoirs publics pourraient amener certains jeunes, ayant l'impression d'être rejetés par toute la société, à des conduites de rupture. Pourtant, comme le souligne le P. Christian Delorme, les communautés musulmanes ont connu un mouvement de désislamisation, parallèle à la déchristianisation, lié au matérialisme de la société de consommation : « Il y a une majorité de jeunes issus de l'immigration qui sont peu pratiquants, 30 % de jeunes issus de l'immigration se déclarent sans foi religieuse. Parallèlement, on observe un mouvement de retour et de redécouverte de la foi musulmane chez 10 à 15 % de ces mêmes jeunes, ce qui va sans doute, dessiner la figure de l'islam de France dans les quinze années qui viennent. »[2] Cet islam des jeunes se développe indépendamment des pays d'origine, et même des missionnaires du Tabligh ; il rejette souvent les imams envoyés, car il ne les comprend pas, et il se développe de façon autonome, autour de jeunes qui ont souvent fait des études, qui sont en voie d'intégration et qui viennent à l'islam de façon « autodidacte ». « Lorsque les jeunes s'affichent comme musulmans, on leur colle à tort l'étiquette d'intégristes. Beaucoup en souffrent et chez cer-

1. Rachid Benzine, Interview, in *Islam de France,* Paris, L'Harmattan, 1997, *op. cit.*, p. 122 : « La volonté des jeunes de vivre leur islam n'est pas un refus d'intégration. »
2. *Ibid.*, p. 123.

national, pour qui le problème [illegible] représentativité n'est pas prioritaire mais qui, sur le terrain, vit de prières et de spiritualité.

Et de plus, ces jeunes cherchent à se rassembler. Le 22 juin 1997, le Collectif des jeunes musulmans, regroupant sept associations sur Lyon et sa banlieue, organise une rencontre de plus de 500 jeunes sur les thèmes suivants : « Les musulmans entre le repli communautaire et l'assimilation forcée », « Éducation des enfants, quelles responsabilités ? », ou « Quel engagement politique ? ». Sans atteindre bien sûr les succès du rassemblement mondial des JMJ, autour du pape, les rassemblements de jeunes musulmans se multiplient : « 23 novembre 1996, des milliers de participants au forum des JMF, "Les jeunes et la croyance". Le 15 février 1997, encore 1 500 présents sur le thème : "La grandeur de l'islam". Les 29, 30 et 31 mars, une assistance de plusieurs milliers de personnes au Bourget pour le grand Forum annuel JMF, centré sur "l'islam dont on a besoin". Et le 24 mai, plus de 1 000 auditeurs prennent part au forum intitulé "Jeunes musulmans de France, des hommes, un pays, une histoire".[2] »

Ce fait « jeune musulman » est souvent mal compris, surtout si l'on assimile cette affirmation de l'identité musulmane à une adhésion à l'intégrisme. Les jeunes, par méfiance envers des médias qui donnent souvent une image déformée et catastrophiste de l'islam, ne sont guère favorables à une communication sereine. Michel Renard évoque trois enjeux pour ces jeunes qui ont en commun une foi effective et une observance qu'ils veulent combiner à une vie sociale normale. « D'abord quelles formes revêtira le témoignage musulman : piétisme privé ou obser-

1. *Ibid.*, p. 124.

2. Michel Renard, Jeunes musulmans de France. Quels choix vont opérer les jeunes musulmans ?, in *L'islam de France*, Paris, L'Harmattan, *op. cit.*, p. 83 à 85.

simple lifting des références traditionnelles des parents avec une polarisation sur le clivage halal/haram (yajuz/la yajuz) et la perpétuation d'un conformisme d'attitudes (qui a ses adeptes aujourd'hui) ? » ; ou reformulation expansive vers la pluralité de la pensée et de la spiritualité islamique, émancipation à l'égard d'une orthodoxie figée qui ne facilite pas la confrontation avec « la modernité et les références scientifiques ? », ce qui supposerait « la réouverture de l'ijtihad » ; enfin « Quelles relations cette "communauté" musulmane en formation va-t-elle nouer avec l'entourage et la société ? », communautarisme à l'anglo-saxonne ou dilution de la communauté et dissémination individuelle dans l' « espace communautaire » ? Ou bien un moyen terme à inventer, « combinaison originale d'une référence communautaire légitime (comme déjà les Juifs, les Arméniens, les Portugais, les Chinois...) support de l'identité religieuse dans la société et de modalités d'engagement citoyen n'effaçant pas la spécificité identitaire ? » Il y a bien en effet un problème d'identité qui peut être aussi fondé sur le regard de l'autre. « L'islam est pour ces jeunes une réponse à un problème d'identité. Il ne faut déceler là aucune récupération ni manipulation de la part de quiconque. Au contraire, cette revendication identitaire montre que ces personnes sont allées chercher au bout d'elles-mêmes les réponses qu'elles seules détenaient. C'est dans cette optique que l'expérience de l'altérité représente la plus grande richesse qui soit donnée à l'individu. »[1]

Ces jeunes veulent vivre leur islam sur le plan individuel. Mais comme il s'agit d'un mouvement généralisé, on passe sur le plan collectif, et des organisations apparaissent qui cherchent à répondre à ces demandes et à les exprimer sur la place publique. Il s'agit peut-être d'un phénomène minoritaire, mais il est suffisamment significatif pour qu'on lui porte attention. En rejetant

1. Nadira Branine, Identité musulmane : entre appartenance et référence, in *Islam et France*, Paris, L'Harmattan, *op. cit.*, p. 87.

des associations ont préféré celle de jeunes musulmans, qui caractérise des jeunes Français, issus de l'immigration, qui veulent appliquer dans leur vie quotidienne les prescriptions fondamentales de l'islam, tout en critiquant souvent la religion conformiste de leurs parents. Tariq Ramadan définit ainsi ceux qui souvent l'ont pris pour référence, sinon pour maître à penser, même s'il n'est pas de leur génération, et s'il n'est pas de nationalité française : « Un jeune musulman c'est quelqu'un qui est français musulman et qui doit trouver les voies pour déterminer comment il est français et il est musulman en même temps. Il y a eu une prise de conscience, mais le processus est long. »[1]

Ces jeunes ressentent plus ou moins confusément un besoin d'éducation et de (re)découverte de la religion et de la culture musulmane. Ils savent que leurs parents n'ont souvent pu leur révéler que des pratiques, des coutumes et des rites, sans leur en expliquer les raisons, sans leur en révéler le sens. Les jeunes, le plus souvent, ne rejettent pas la culture et les valeurs de la société française, ils en voient les aspects positifs, par rapport à ce qu'ils connaissent des pays musulmans qu'ils ont de moins en moins tendance à idéaliser ou à parer des vertus de leurs rêves, nés de leurs frustrations ; de plus en plus marqués par leur formation, ils se sont approprié la culture française. Mais ils veulent y imprimer leur marque, y faire reconnaître leur spécificité : c'est une quête de reconnaissance, un besoin de valoriser leur identité, qui nécessite pour eux une réinvention individuelle de l'islam. Ce réapprentissage se heurte à un problème de transmission : ces jeunes sont bien sûr heurtés par l'image souvent déformée et largement négative de l'islam, transmise par des médias où l'on insiste surtout sur le terrorisme, sur l'incompatibilité avec le monde

1. Cité *in* Présence musulmane en France, *Dossier du SRI, op. cit.*, p. 41.

Ils ne trouvent pas non plus un islam sur mesure, capable de répondre à leur attente. D'où la fluidité des adhésions et des organisations, et la multiplicité des types d'appartenance à l'islam, appartenance culturelle qui peut s'accompagner d'une indifférence religieuse, voire d'une désislamisation, ritualiste avec la fréquentation des salles de prières, individualiste ou privée dans le cadre domestique, spiritualiste ou mystique...

De même, il y a de nombreuses façons de vivre l'islam, l'islam tranquille, l'islam officiel, l'islam sécularisé ou laïcisé, l'islam militant et l'islam radical. On assiste cependant chez les jeunes à une réappropriation de la tradition musulmane, à la « reconstruction d'une lignée croyante dans le contexte français », qui n'est ni reproduction à l'identique (transplantation), ni rupture (désislamisation), mais recomposition et intériorisation. On a pu dire que se réalisait un passage de « la religion du par cœur » à la « religion du cœur »[1].

La visibilité du retour en force du religieux et même de la pratique ne manque pas d'inquiéter certains responsables qui craignent la prise en main des jeunes par les partisans d'un islam actif et revendicatif, voire par des mouvements islamistes et terroristes. Les lieux de l'islam se déplacent des mosquées aux mouvements de jeunes. Dans cette nébuleuse, on rencontre l'Union de la jeunesse musulmane, née en 1987, dans les banlieues lyonnaises, autour d'un noyau d'étudiants. Ces associations ont privilégié le travail en profondeur et ont mis l'accent sur la recherche de spiritualité dans une société laïque. Elles se sont regroupées en janvier 1996 dans le Collectif des jeunes musulmans de France qui se veut avant tout « un réseau d'associations de jeunes, intervenant de façons très diverses dans leurs quartiers ».

Les Jeunes musulmans de France (JMF) se sont créés en juillet 1993 avec l'appui de l'UOIF, dans le but de proposer aux jeu-

1. *Ibid.*, p. 25.

qu'on peut leur donner pour s'intégrer en tant que citoyen dans cette société. »

Parmi les étudiants, on note l'Union islamique des étudiants de France (UIEF) dont le siège est à Bordeaux, qui s'est transformée en 1996 en Étudiants musulmans de France, et l'Association des étudiants islamiques de France, fondée en 1963, avec l'aide du Pr Hamidullah, pour regrouper alors des étudiants étrangers, mais dont les membres sont aujourd'hui très majoritairement nés en France et utilisent le français.

Parmi les mouvements de jeunes, on peut noter la reconnaissance officielle par le scoutisme français et le scoutisme mondial des Scouts musulmans de France, à l'Unesco, en janvier 1995.

On remarque partout la volonté de conjuguer, sur des modes divers, le fait français avec l'identité musulmane : sans évoquer nécessairement un communautarisme, qui pourrait s'opposer à une intégration individuelle à la française, voire une « ghettoïsation », on pourrait souligner le désir de reconstruire un lien social, en mettant en avant le référent islamique, pour promouvoir des activités très diverses, éducatives, culturelles, sportives... susceptibles de lutter contre le mal des banlieues, en proposant aux jeunes de prendre leur destin en mains et d'inventer leur place dans la société, en tant que Français et en tant que musulmans, dans une oscillation entre repli communautaire et ouverture, mais avec une volonté profonde de reconnaissance et de dialogue avec d'autres jeunes.

Ces jeunes recherchent des références et des maîtres à penser qui les aident à trouver leur voie, à dialoguer, en dépassant les querelles du passé et les divisions entre associations, à s'ouvrir aux autres croyants et aux incroyants, à se situer dans la société, à se penser en tant que Français et (bon) musulman. Les conférences, les cassettes, les ouvrages de Tariq Ramadan, Larbi Kéchat, H. Iquioussen ou Soheib Ben Cheikh répondent, sur des modes divers, à ce puissant besoin.

et en particulier de centres d'élaboration d'une pensée théologique adaptée à la situation des musulmans en France, à propos de la formation des imams, avec la création, dès 1992, de l'Institut européen de sciences humaines de Bouteloin, dans la Nièvre, sous l'égide de l'UOIF, de l'Institut islamique de France, en 1993, sous forme d'éducation continue et par correspondance, et de l'Institut d'études supérieures de formation religieuse et théologique, sous l'égide de la Mosquée de Paris.

Il y a aussi un besoin de diffusion de la pensée islamique dans les différents médias : les musulmans ressentent de plus en plus difficilement la faiblesse de la présence sur les ondes. La plupart des ouvrages sur l'islam, de plus en plus nombreux, sont publiés par des maisons d'édition non musulmanes : ce sont elles qui diffusent les œuvres classiques et les travaux de l'islamologie occidentale. Au contraire, de petites librairies diffusent, pour un public spécialisé, une littérature souvent fondamentaliste, en arabe, publiée à l'étranger. Le principal problème est celui de la transmission et de la médiation culturelle. Il faut faire connaître l'islam à un public francophone, à la fois pour diffuser des connaissances théologiques auprès des croyants musulmans, et pour en donner un visage vrai et positif à un public non musulman.

Dès 1985, l'Association « Vivre l'islam en Occident » a eu le souci, à travers ses éditions, de donner une initiation à l'islam, à destination des parents et des jeunes. A Lyon, l'Union des jeunes musulmans s'est dotée, en 1991, d'une maison d'édition, les éditions Tawhid ; elle a été suivie dans cette voie par le centre socioculturel de la rue de Tanger qui a créé, en 1996, les Éditions Confluent.

Les cassettes audio ou vidéo représentent un moyen très utilisé pour répandre les idées musulmanes de tendances diverses ; certains prédicateurs sont très virulents à l'égard du monde occidental, de la modernité, des chrétiens et des juifs, pouvant même diffuser des théories racistes et xénophobes et des incitations à la haine qui tombent sous le coup de la loi. Cependant, la pensée responsables chrétiens.

Depuis ces dernières années, toutes les associations musulmanes de quelque importance se sont dotées de périodiques. La plus ancienne revue est *Le Musulman* fondée par l'AEIF en 1970. Mais l'explosion est récente avec *Lumière* (ex *Regards d'islam*), mensuel de la FNMF (1995) ; *Islam*, organe officiel du Haut Conseil des musulmans de France (1996), *La Lettre de l'UOIF*, bulletin trimestriel interne (1996), *La Lettre des UFM de France* (1996), trimestriel de l'Union des familles musulmanes (1996), JMF (1997), organe des Jeunes musulmans de France, *Islam de France* (1997), bimestriel d'information indépendant qui a repris le titre d'une lettre d'information mensuelle, éditée par l'Association française des convertis à l'islam. A cette liste non exhaustive, on pourrait ajouter trois magazines mensuels, créés en 1996, *Le Monde musulman*, édité par Atlas Presse, *Salama. Le Maghreb dans tous ses états*, Éditions NMP, et *Nedjmeddine, l'étoile qui veille à votre service*, Éditions Islamic Relief. On a donc de nombreux titres, mais de faibles tirages, assez dispersés, et dont la durée de vie n'est pas toujours assurée.

La situation est encore plus complexe dans le domaine audiovisuel. Beaucoup de stations locales sont nées, en particulier avec l'explosion de radios libres. Il s'agissait le plus souvent de radios créées par des jeunes issus de l'immigration qui voulaient faire entendre leur voix et revendiquer l'égalité, sans que l'affirmation musulmane soit leur motivation première. Souvent ces stations ont cessé d'émettre, ou se sont fondues dans des radios locales. Certaines radios, comme Radio Orient, ont un plus grand impact mais elles sont souvent soutenues par des États étrangers et le contenu idéologique de leurs émissions varie au gré des événements et des rapports de force au sein de l'association. Une coloration fondamentaliste est toutefois donnée par l'interruption des émissions par la prière et parfois par la transmission de certains prêches nettement hostiles à l'Occident.

L'image de l'islam dans les médias français est très largement floue, voire négative. A part la place réservée à l'islam dans les émissions religieuses dominicales sur France 2, le téléspectateur n'a guère l'occasion de regarder des émissions réalisées par des musulmans ou d'avoir une vision positive de l'islam, en France ou dans le monde. L'islam est très largement absent des émissions culturelles et littéraires, mais aussi des programmes pour la jeunesse, des téléfilms ou des jeux : c'est la non-existence qui domine.

Au contraire, comme le souligne le Pr Ali Merad, « les bulletins d'information manquent rarement de faire référence à l'islam à l'occasion de faits divers liés à la délinquance des jeunes, à la criminalité terroriste, à des coutumes ou des pratiques dites "religieuses" (excision des filles, exorcismes, etc.) : autant de signatures de barbarie, nécessaires et suffisantes pour valider les thèses de l'incompatibilité de l'islam avec les valeurs inhérentes à la modernité et aux "Droits de l'homme" »[1].

L'émission religieuse musulmane à la télévision elle-même a connu de nombreuses critiques et ses responsables ont vécu de nombreuses crises et de nombreux procès. Mise en place, en 1983, avec l'appui des pouvoirs publics par le grand islamologue, Jacques Berque, qui créa l'association « Connaître l'islam », elle n'échappa pas aux rivalités politiques et affairistes. En effet, Jacques Berque avait su réunir une élite intellectuelle, Turki, Guellouz, Seydou, Hamidullah, Bammate, et s'appuyer sur une équipe de réalisateurs de qualité. Mais l'association fut vite confisquée par son président, Bentabet, proche de la Mosquée de Paris. L'association confia à Abdelaziz Tolbi, responsable de la FMP, le soin de réaliser « gratuitement » des émissions enregistrées dans le golfe, pour lequel il réclame aujourd'hui 20 millions de francs à France 2. Abdallah Ouahabi, qui a obtenu la condamnation de France 2 pour licenciement abusif à la demande de Bentabet au moment où il traitait avec

1. *Islam de France, op. cit.*, p. 136.

Raoul Weexsteen, conseiller technique du ministre de l'Intérieur, avait proposé à France 2 un certain nombre de conseillers pour relever le niveau de l'émission, dont Azzedine Guellouz et Mustapha Diop. Bentabet ne retint que Ahmed Baba Miske, alors fonctionnaire de l'Unesco et membre du CORIF. Depuis ces querelles, et malgré les divisions de l'association, le responsable de l'émission, M. Guidernoni, a su donner à l'émission une ouverture intellectuelle et un niveau de spiritualité que l'on doit souligner. Des évolutions sont encore à prévoir et l'on annonce une réorientation de l'émission pour l'automne 1998...

Il n'en reste pas moins un déficit de présence de l'islam dans les médias, et le poids d'une image trop souvent déformée et négative, à travers des amalgames rapides et fallacieux entre musulmans et islamistes terroristes.

DES ÉVOLUTIONS ATTENDUES

Il suffit de suivre certaines tendances actuelles pour évoquer ce que sera l'islam en France dans les prochaines années et les grandes évolutions qu'il est encore appelé à connaître dans l'espace d'une génération.

Les flux migratoires qui ont nourri l'islam en France depuis moins d'un siècle semblent, sauf renversement radical, mais fort improbable, de la conjoncture économique ou crise internationale majeure qui fasse de la France un nouveau foyer de développement économique, ayant recours à la main-d'œuvre étrangère, ou une nouvelle terre d'asile, devoir sinon se tarir totalement, du moins devenir très limités. Le nombre des musulmans en France va continuer à croître, mais de façon très modérée, et essentiellement par un croît naturel qui, lui-même, s'affaiblira progressivement, le taux de fécondité des populations musulmanes se rapprochant du taux de fécondité de l'ensemble de la population, par suite de l'intégration et de l'adoption de comportements caractéristiques des sociétés postindustrielles d'Europe occidentale.

En revanche, le nombre des musulmans français qui constituent dès à présent la moitié environ des musulmans résidant en

France augmentera très nettement par acquisition de la nationalité ou, de façon automatique, par le droit du sol. On assistera à une « naturalisation » de l'islam en France, liée à la durée de son implantation sur le sol métropolitain qui ne laissera, au terme de cette évolution, qu'un élément étranger marginal, en fonction du nombre de ressortissants. Ce qui implique que tout soit fait désormais pour faciliter l'intégration, la naturalisation, des musulmans, et la prise en compte de l'islam comme partie intégrante du paysage religieux français, si l'on veut éviter des attitudes explosives de rejet, créées par la distance entre une situation juridique de large égalité et des réactions hostiles, nées des conceptions sociopsychologiques et des mentalités.

Parallèlement au processus d'intégration que les musulmans, issus pour la plupart de travailleurs immigrés, manœuvres ou OS de l'industrie, sont en train d'accomplir, va se développer un processus de diversification sociale rapide qui sera facilitée par des parcours individuels réussis, par l'école, la formation professionnelle ou l'entreprise. Grâce à la formation reçue, dans un cadre moderne, pluraliste et laïque, des élites intellectuelles vont apparaître et se développer qui seront plus en contact, voire en symbiose, avec le « peuple musulman » en France, et pourront assurer son encadrement. Ce sont ces nouvelles élites qui dénoncent l' « islam de papa » et contestent la confiscation des grandes mosquées et de la représentation de l'islam par des notables, qui investissent les mouvements de jeunes musulmans. Ce sont eux qui, rejetant les tentatives de tutelles étrangères et sans doute les dérives extrémistes, sauf s'ils y voyaient un moyen d'affirmation et la seule issue pour arracher leur reconnaissance, seront appelés à élaborer, comme y invite Soheib Bencheikh, « une théologie de la minorité »[1] que permet un « État laïque, dont la laïcité se traduit officiellement par l'incompétence des autorités publiques envers tout ce qui touche à la question confessionnelle ». C'est un appel à inter-

1. *Islam de France*, *op. cit.*, p. 62 à 64.

ici et maintenant et non hier et ailleurs. »

Le rythme de ces évolutions qui paraissent inéluctables peut être plus ou moins rapide, en fonction de phénomènes extérieurs, difficiles à prévoir. Ces phénomènes peuvent se produire dans le monde musulman, à la suite de poussées islamistes, de guerres civiles ou d'affrontements, périphériques ou directs, avec le monde occidental, ou dans la société française, en liaison avec la situation économique et sociale, avec la conjoncture politique, les attitudes d'exclusion, les manifestations de xénophobie et la force des extrémismes. Ils peuvent incontestablement gêner, voire freiner, ces évolutions, ils ne pourront pas, sauf catastrophe, les empêcher, et c'est ce qui nous amène à être très largement optimiste à moyen terme, sur l'intégration de l'islam en France, sinon sur l'enfantement d'un islam gallican, et sur l'élaboration d'une pensée musulmane moderne, adaptée à la situation nouvelle vécue en France, profitable à l'islam en général, comme à la France dans son ensemble.

DES DIFFICULTÉS ET DES RISQUES

Ces perspectives n'empêchent pas les difficultés présentes et même la possibilité de crises à court terme. Surtout elles nécessitent de trouver des réponses appropriées aux problèmes concrets que rencontrent les musulmans en France pour exercer leur culte librement et sans handicap, et à l'inégalité de fait dont souffre encore le culte musulman en France par rapport aux anciens cultes reconnus, et plus particulièrement au catholicisme, qui reste la religion dominante et bénéficie de nombreux avantages sur le plan symbolique, mais aussi financier.

Pour répondre en particulier à la demande des jeunes musulmans qui représentent l'avenir de la communauté et l'espoir d'une symbiose réussie entre la France et l'islam, qui se veulent à la fois pleinement français et bons musulmans et qu'il s'agit de ne pas décevoir dans leur attente, il convient de développer les instances de formation, d'assurer la promotion d'imams français et de permettre la construction de mosquées pour sortir l'islam des caves, de faciliter la vie quotidienne des musulmans, de développer les aumôneries musulmanes, et de promouvoir des cadres dynamiques et motivés.

Il faut aussi libérer l'islam de France des tutelles étrangères, en réglant d'abord le problème de la Mosquée de Paris qui ne doit plus être une « propriété de l'Algérie », mais qui doit retrouver son rayonnement au service d'un islam français respectueux des lois de la République. L'organisation des circuits de la viande halal devrait aussi offrir aux associations cultuelles musulmanes les moyens d'assurer librement l'exercice du culte musulman, conformément à la loi de 1905.

LA PLACE DE L'ISLAM DANS LA RÉPUBLIQUE : LA FRANCE UNE CHANCE POUR L'ISLAM, L'ISLAM UNE CHANCE POUR LA FRANCE

L'islam fait désormais partie, qu'on le veuille ou non, du paysage religieux français. Il doit, sur le plan juridique, être considéré par les pouvoirs publics comme un culte, au même titre que les autres, conformément aux dispositions de la Constitution (la France est une République laïque) et aux grands principes constitutionnels de liberté religieuse et d'égalité juridique entre les citoyens, quelles que soient leurs différences d'origine et leurs opinions. Il importe donc de tout mettre en œuvre pour que les inégalités de fait dont les musulmans, en tant qu'individus, ont encore à souffrir, et surtout dont l'islam, en tant que groupe reli-

[illegible] et promouvoir cette normalisation et cette « nationalisation » de l'islam en France, qui est tout le contraire d'une banalisation de la religion musulmane et d'une simple assimilation des musulmans, qui serait négatrice de leur identité, est de la responsabilité éminente des pouvoirs publics. Ce besoin de coexistence avec l'islam nourrit les réflexions actuelles sur la leçon pratique à tirer de la commémoration du quatrième centenaire de l'édit de Nantes[1], à la suite des réflexions de Pierre Joxe, de Michel Rocard, de François Bayrou, ou des conclusions des différents spécialistes de la laïcité, comme Jean Baubérot, Émile Poulat ou Jean-Marie Mayeur. Des intellectuels et des responsables musulmans ont exprimé leur intérêt pour l'édit de Nantes, dans lequel ils voient une étape dans le lent et difficile processus d'intégration réussie d'une minorité religieuse, qui permet à l'État d'établir les règles d'un vivre ensemble, d'une coexistence pacifique, et même positive, après des années de conflits douloureux et de guerres civiles, causées par l'affaiblissement de l'État et l'éclipse du sentiment national et de la primauté du bien commun. « L'intervention de l'État devient inéluctable. D'ailleurs, à tort ou à raison, le voit-on dans la gestion du religieux, non seulement pour l'islam, mais aussi pour les sectes et nouveaux mouvements religieux. Les tensions actuelles ne permettent plus de s'en tenir à une gestion policière et sécuritaire d'un islam sédentarisé, ni d'en demeurer à une laïcité immobile... »[2]. Cette évolution ne se fera que si l'ensemble de notre société est prête à faire à l'islam la place qui lui revient et à considérer les musulmans français comme des concitoyens et comme des frères. Pour cela tout un travail d'éducation est nécessaire, dès l'école, pour faire

1. Cf. Henri Tincq, Pour un édit de Nantes... avec l'islam, in *Le Monde*, vendredi 6 mars 1998, p. 15.
2. *Ibid.*

connaître l'islam, et en donner une image positive. C'est en particulier le rôle des différentes religions de faire un retour sur leur histoire et sur leurs pratiques, comme les Eglises chrétiennes l'ont fait, peu à peu, après la Choa, à l'égard du judaïsme, pour demander pardon pour les erreurs, pour rejeter l'enseignement du mépris, voire les déformations et les discours de haine.

Mais cette égalité pleine et véritable de l'islam en France, à côté des autres religions, et en particulier le règlement de toute une série de problèmes pratiques, ne pourront être réalisés que si les musulmans prennent conscience de la nécessité d'être des partenaires et des interlocuteurs des pouvoirs publics, comme nous avons, à plusieurs reprises, tenté de le montrer. En effet, ce n'est pas à l'État, dans le monde moderne, et en particulier dans un statut de séparation des Églises et de l'État, d'instituer ses interlocuteurs religieux et de les investir d'une légitimité qui ne viendrait pas de leur communauté. Les musulmans responsables se déclarent prêts aujourd'hui à assumer leurs obligations ; « il n'est plus possible d'affirmer l'universalité de l'islam et de continuer à regarder le monde avec les yeux du Moyen Age », a déclaré, lors du colloque organisé par l'hebdomadaire *Le Christianisme au XXe siècle*, à Paris, le 28 février 1998, Abd Al Guiderdoni, intellectuel musulman, réalisateur de l'émission musulmane à la télévision.

Les musulmans, plus ou moins consciemment, sont en train de négocier les modalités de leur participation à la communauté nationale, à la fois sur le plan individuel et sur le plan collectif. Ils savent que, juridiquement, dès lors qu'ils sont citoyens français, ils ont légitimement toute leur place dans la société française et qu'ils doivent l'occuper. Ils savent aussi tout l'apport que les immigrés musulmans, en particulier ceux originaires du Maghreb, ont représenté pour notre pays, dans notre vie quotidienne, notre cuisine, nos musiques, notre culture. Cet apport est appelé à se développer encore. Il ne sera pas seulement folklorique, et ne se limitera pas au couscous, devenu le plat préféré des jeunes Français, comme la promotion de la pizza et des spaghettis avait accompagné l'intégration des Italiens en France.

consciemment,
ceux qui se demandaient si l'islam est soluble dans la laïcité, en y répondant par la négative, et en voulant signifier par là son caractère inassimilable, l'islam développera son influence et continuera à attirer des convertis. En même temps, les modalités d'expression de l'islam changeront et une théologie de l'islam, dans une situation de minorité et dans une société libérale, ouverte et tolérante, devra être élaborée par les musulmans eux-mêmes. Cet islam minoritaire devra définir de nouvelles relations avec le monde musulman, des relations d'échanges, mais décomplexées et égalitaires, et non plus celles de solliciteurs des prébendes d'États, agissant en fonction de leurs propres intérêts stratégiques. Les musulmans de France devront faire entendre leur voix propre et faire reconnaître leur place et leur spécificité dans l'ensemble du monde musulman.

Les musulmans d'Europe, et tout particulièrement ceux de France, à cause de leur nombre, de leurs relations directes avec le Maghreb, et surtout des conditions spécifiques d'exercice de leur culte et d'affirmation et de reconnaissance de leurs droits, dans le cadre de la laïcité, devront mener une réflexion nouvelle sur la définition et les contours de l'Oumma, la communauté. Déjà des recherches ont été entreprises sur la notion de maison de l'islam (Dar al islam) et de maison de la paix, en partant de situations historiques similaires, où des communautés musulmanes en Sicile ou en Espagne ont été soumises à des autorités non musulmanes, à la suite de reconquêtes, par opposition aux contrées dominées par les idolâtres ou aux régions où les musulmans étaient massacrés par les infidèles et qui devaient être conquises par la « guerre sainte ». Mais ces efforts de clarification et de reconstruction historique, s'ils permettent de nuancer et de relativiser bien des réponses dogmatiques, ne suffisent pas. En effet, la solution, dans un État pluraliste et laïque, ne peut plus être conçue en termes d'affrontement ; la situation nouvelle nécessite d'élaborer des concepts nouveaux, conformes bien sûr à la révélation coranique, mais en acceptant des efforts d'interprétation, contraires au littéralisme, à une situation hégémonique, radicalement différente, mais qui se révèle inopérante pour répondre pleinement aux questions réelles des musulmans vivant aujourd'hui en France.

L'islam doit donc tenir compte de la laïcité française qui lui permet de s'exprimer, voire de se développer, sans avoir à combattre par les armes, et d'occuper une place jusque-là méconnue dans une société non musulmane. Parallèlement, l'islam oblige à repenser la laïcité, à en voir les limites réelles, les insuffisances, en ce qui concerne en particulier la place de la religion dans la vie collective et le rôle indispensable d'un enseignement des religions, largement déconnecté d'une catéchèse confessionnelle, et *a fortiori* opposé à tout endoctrinement. La présence des musulmans nous oblige donc à reconsidérer les insuffisances ou les manques de la laïcité, sans remettre en cause ses fondements qui permettent le vivre ensemble pacifique et l'enrichissement mutuel dans un pluralisme accepté. Il n'est sans doute pas nécessaire, il n'est, en tout cas, pas souhaitable de modifier la loi de 1905, et de négocier un nouveau pacte laïque. C'est d'ailleurs la même chose quand il s'agit de répondre à la présence d'autres mouvements religieux et de prendre en compte la montée des sectes et, en particulier, de lutter contre les aspects dangereux et malfaisants des activités de certains... Il suffit d'appliquer les principes de la laïcité et les lois de la République, en tenant compte des situations nouvelles. Ce n'est pas d'un trop-plein mais d'un déficit de laïcité dont nous souffrons, pour répondre, de façon adéquate, à de nouveaux défis, et spécialement à la présence de l'islam en France. Il nous suffit de méditer la pensée de Tommy Fallot : « Dieu seul est laïc, malheureusement les hommes sont religieux. »

Les débats interminables sur la compatibilité de l'islam avec la laïcité sont donc stériles ; ils ne servent à rien, car très souvent on ne précise pas de quel islam, ni de quelle laïcité on parle, et l'on ne réussit qu'à prononcer des « excommunications » réciproques.

... aux pro-

blèmes des rapports entre l'État et des forces religieuses qui cherchaient autrefois, par le biais du cléricalisme, à s'arroger un pouvoir politique. L'islam doit non seulement accepter la laïcité et les lois de la République, mais se réjouir des perspectives de coexistence et d'épanouissement qu'elles offrent aux musulmans en France. Chaque citoyen doit veiller à ce que notre pays soit pleinement fidèle à ses valeurs et qu'il traite les musulmans en parfaite équité, et l'islam comme les autres cultes pratiqués sur notre sol, en toute liberté et sans aucune discrimination. Nous devons tous être exigeants pour développer une laïcité réelle et pleinement ouverte ; en retour, la République doit faire comprendre à ses enfants musulmans qu'ils doivent renoncer à toute tentation séparatiste ou communautariste, et qu'ils doivent combattre des mouvements politiques qui chercheraient à instrumentaliser l'islam, à le pervertir dans les violences, à créer un État dans l'État, ou à vouloir imposer ou promouvoir un islamisme ou un terrorisme, contraires à l'ordre républicain... et sans doute à l'islam véritable.

Alors bien sûr, l'islam en France, dans le cadre de la laïcité pleinement appliquée, est appelé à évoluer dans un échange fécond avec l'ensemble de la société française et à retrouver sa créativité et sa capacité d'adaptation à des situations nouvelles. L'islam, en ce cas, deviendra une chance pour la France puisqu'il lui apportera ses valeurs et sa culture et lui permettra une ouverture sur l'ensemble du monde musulman. La France, en retour, est une chance pour l'islam, car elle lui permettra d'élaborer une relation nouvelle, décrispée et féconde, avec la modernité, en favorisant le dialogue interreligieux et l'échange pacifique.

Dans cette évolution, à travers ces échanges réciproques, l'islam en France est appelé à se franciser, sans renoncer à ses valeurs, sans perdre son identité. Des termes très divers pour évoquer cet islam français, respectueux des valeurs et des lois de la République, ouvert au dialogue, tolérant à l'égard de tous les citoyens français ont tour à tour été lancés : islam de France, islam à la française, islam gallican... Au fond, peu importe ; il revient aux musulmans eux-mêmes de faire cet effort d'adaptation, de profiter des possibilités offertes par la laïcité, et de définir leurs rapports à l'islam et à la modernité, dans une tension et un dialogue féconds. Par une intégration réussie dans la société française – et il est de la responsabilité des pouvoirs publics de tout mettre en œuvre pour que cette intégration soit réussie – les musulmans français pourront développer leurs valeurs et maintenir leurs différences, voire les proposer, bien sûr sans ostentation ni prosélytisme agressif, à leurs concitoyens. Il ne s'agit pas de gommer les différences, mais, au contraire, de les promouvoir, sans les absolutiser. Il revient aux musulmans, eux-mêmes, de revisiter leur identité et les fondements de leur religion, et de faire le tri entre coutumes, héritages du passé et valeurs fondamentales, facteurs de différence assumée.

Dans ces évolutions, nous nous situons dans le long terme et dans le domaine des mentalités. Le cadre juridique et les mesures préconisées dans le domaine de la religion musulmane par le Haut Conseil à l'intégration servent simplement à permettre et à accompagner ces évolutions dans l'immédiat. Bien des phénomènes externes, des crises internes peuvent venir les freiner, voire les perturber. La tolérance, le pluralisme, la laïcité, sont des conquêtes progressives, tirées de siècles de conflits et de luttes. L'intégration réussie du protestantisme, puis celle du judaïsme en France n'ont pas été de longs fleuves tranquilles. L'intégration de l'islam, qui est aujourd'hui une nécessité, ne se fera peut-être pas de façon linéaire et dans un total consensus, ni sans aucun conflit, de part et d'autre. Il importe simplement que chacun ait conscience qu'il n'y a pas d'autre voie possible, que chacun sache que la situation juridique de la laïcité et du statut des religions offre des possibilités que les prédécesseurs de l'islam n'ont pas connu d'emblée, mais qu'ils ont dû conquérir de haute lutte. Il reste ainsi à espérer que notre société sache tirer des leçons positives de son passé, ce qui est le but essentiel [illegible] français, mais la symbiose entre l'islam et la France qui pourra ainsi devenir un modèle et une référence dans le monde entier, conformément aux valeurs de liberté, au génie humaniste et à la vocation universelle de notre pays.

I – OUVRAGES GÉNÉRAUX SUR L'ISLAM

Abd el Jalil J. M., *L'islam et nous*, Paris, Foi vivante, 1992.

Arnaldez R., *Mahomet*, Paris, Seghers, 1970.

Barreau Jean-Claude, *De l'islam en général et du monde moderne en particulier*, Paris, Pré-aux-Clercs, 1991.

Benkheira Mohammed Hocine, *L'amour de la loi. Essai sur la normativité en islam*, Paris, PUF, coll. « Politique d'aujourd'hui », 1997, 408 p.

Boubakeur Cheikh Si Hamza, *Traité moderne de théologie musulmane*, Paris, Maisonneuve & Larose, 1985.

Boubakeur Cheikh Si Hamza, *Le Coran*, trad. franç. et commentaire d'après la Tradition, les différentes écoles de lecture, d'exégèse, de jurisprudence et de théologie, les interprétations mystiques, les tendances schismatiques et les doctrines hérétiques de l'islam et à la lumière des théories scientifiques, philosophiques et politiques modernes, texte et glossaire bilingues, Paris, Maisonneuve & Larose, 1995, 2 132 p.

Boudhiba Abdelwahab, *La sexualité en islam*, Paris, PUF, 1986.

Boz Pierre, *L'islam, découverte et rencontre*, Paris, Desclée de Brouwer, « Petite Encyclopédie moderne du christianisme », 1993, 210 p.

Burlot J., *La civilisation islamique*, Paris, Hachette, 1990.

Cheik El Malek, *Encyclopédie de l'amour en islam*, Paris, Payot, 1995, 708 p.

Chraïbi Driss, *L'homme du livre*, Paris, Balland, 1995.

Le Coran, traductions : D. Masson, Gallimard-Folio ; R. Blachère, Maisonneuve & Larose, 1966 ; J. Berque, Sindbad, 1991.

Delcambre Anne-Marie, *L'islam*, Paris, La Découverte, 1990.

Foehrlé Roger, *L'islam pour les profs, recherches pédagogiques*, Paris, Karthala, 1992, 242 p.

Gardet Louis, *L'islam, religion et communauté*, Paris, Desclée de Brouwer, 1967.

Gardet Louis, *L'islam, religion et communauté*, Paris, Desclée de Brouwer, 1970.

Giertz Clifford, *Observer l'islam. Changements religieux au Maroc et en Indonésie,* trad. de l'anglais par J.-B. Grasset, série « Islam et société », Paris, La Découverte, textes à l'appui, 1992, 150 p.

Islam et santé, collectif *Sociologie-Santé*, n° 9, décembre 1993, Paris, 184 p.

Jomier J., *Pour connaître l'islam*, Paris, Cerf, 1988.

Kepel Gilles (sous la dir. de), *Exils et royaumes. Les appartenances au monde arabo-musulman aujourd'hui,* Paris, Presses de la Fondation nationale des sciences politiques, 1994, 418 p.

Lamchichi A., *Islam, islamisme et modernité*, Paris, L'Harmattan, 1994, 272 p.

Laroui Abdallah, *Islam et modernité*, Paris, La Découverte, 1987.

Massignon Louis, *Sur l'islam. Les confidences. L'heure*, Paris, 1995, 128 p.

Mongin Olivier et Roy Olivier (sous la dir. de), *L'islam, le grand malentendu*, Paris, coll. « Autrement », décembre 1987.

Pallavicini 'Abdal Wàhid, *Islam interiore, la spiritualità universale nella religione islamica,* Milan, Arnoldo Mondadiri Editore, 1991, 202 p.

Péroncel-Hugoz Jean-Pierre, *Le radeau de Mahomet*, Paris, Lieu commun, 1983.

Qaradhawi Youssef, *Le licite et l'illicite dans l'islam*, Paris, Al Qalam, 3e éd., 1995.

Reeber Michel, *L'islam*, Paris, Milan Édition, coll. « Les Essentiels », 1995, 64 p.

Rodinson Maxime, *Mahomet*, Paris, Le Seuil, 1974.

Rondot Pierre, *L'islam*, Paris, Lafarge, coll. « Prismes », 1965, 128 p.

Zeghidour S., *L'islam*, Desclée de Brouwer, coll. « 50 mots », 1990.

Arkoun Mohammed, Leveau Rémy, El-Jisr Bassem (sous la dir. de), *L'islam et les musulmans dans le monde. L'Europe occidentale*, t. 1, Beyrouth, Centre culturel Hariri, 1993.

Ashmawi, *L'islamisme contre l'islam*, Paris, La Découverte, 1989.

Barou J., Enseignement des cultures d'origine : ambiguïtés et contradictions, in *Hommes et migration*, n° 1190, septembre 1995, Paris, p. 16-21.

Benkheira Mohammed Hocine, *L'amour de la loi. Essai sur la normativité en islam*, Paris, PUF, coll. « Politique d'aujourd'hui », 1997, 408 p.

Bistolfi Robert et Zabbaz François, *Islam d'Europe : intégration ou insertion communautaire ?,* Paris, Éd. de l'Aube, 1995, 384 p.

Cesari Jocelyne, *L'islam en Europe*, Paris, La Documentation française, 1995.

Dassetto Felice et Bastenica André, *L'islam transplanté*, Bruxelles, 1984.

Dassetto Felice, *La construction de l'islam européen. Approche socio-anthropologique*, Paris, L'Harmattan, 1996, 384 p.

Europa : Nova frontiera del Islam, Rome, Lavoro, 1988.

Kepel Gilles, *A l'ouest d'Allah*, Paris, Points-Seuil, 1994, 380 p.

Lewis Bernard, *Comment l'islam a découvert l'Europe*, Paris, La Découverte, 1984, 222 p.

Lewis Bernard, *Europe-Islam. Actions et réactions*, Paris, Gallimard, coll. « Le Débat », 1992, 174 p.

Lewis Bernard et Schnapper Dominique (sous la dir. de), *Musulmans en Europe (Observatoire du changement social en Europe occidentale),* Poitiers, Arles, Éd. Actes Sud, 1992.

Nielsen Jörgen, *Muslims in Western Europe*, Edinburgh, University Press, 1992.

Ramadan Tariq, *L'islam dans la laïcité. Responsabilités et droits des musulmans dans les sociétés occidentales*, Éd. Tawhid, 1994, 156 p.

Saint-Blancat Chantal, *L'islam de la diaspora*, Paris, Éd. Bayard, 1997, 196 p.

Les musulmans en Europe : vers quel modèle d'intégration, in *Confluences Méditerranée*, n° 14, 1995, p. 89-96.

L'organisation de l'islam en Europe, en France, en Alsace-Moselle, *Revue de droit canonique,* Strasbourg, t. 46/2, 1996.

ADIC, *Dialogue islamo-chrétien*, Paris, Tougui, 1992, 194 p.

Babès Leïla (sous la dir. de), *Les nouvelles manières de croire, judaïsme, christianisme, islam, nouvelles religiosités*, avec le concours de l'Université catholique de Lille, Paris, Éd. de l'Atelier/Delattre, 1996, 180 p.

Bernheim Gilles (rabbin), *Petit traité sur l'islam à l'usage des juifs*, Paris, Consistoire de Paris, ACIIP, 1997.

Borrmans Maurice (P.), *Orientations pour un dialogue entre chrétiens et musulmans*, Paris, Cerf, 1981.

Bricet A. et H., *Hôte de Dieu, sois le bienvenu. A la rencontre des musulmans*, Versailles, Éd. de l'Évêché de Versailles, 1992.

Brown Stuart (éd.), *Meeting in faith. Twenty years of Christian. Muslim conversations*, Genève, sponsored by the World Council of Churches, WCC, 1989.

Brown Stuart, *Reconnaître les liens spirituels qui nous unissent. Seize ans de dialogue islamo-chrétien*, Vatican, Conseil pontifical pour le dialogue interreligieux, 1994.

Caspar Robert, *Pour un regard chrétien sur l'islam*, Paris, Centurion, 1996.

Delorme Christian et Benzine Rachid, *Nous avons tant de choses à nous dire*, Paris, Albin Michel, 1997, 256 p.

Galembert Claire de, *L'attitude de l'Église catholique à l'égard des musulmans en France et en Allemagne* ou *Le pari sur l'islam de l'Église de France*, thèse de doctorat à l'IEP de Paris, 1995, 408 p.

Garaudy Roger, *Vers une guerre de religion ? Le débat du siècle,* préface de Leonardo Boff, Paris, Desclée de Brouwer, 1995.

Hallaq Boutros, *Religion, société, culture*, Acte du colloque de l'Association pour le dialogue islamo-chrétien, Paris, Tougui, 1992.

Hayek Michel, *Le Christ de l'islam,* Paris, Le Seuil, 1959.

Hervieu-Léger Danièle, *La religion pour mémoire*, Paris, Cerf, 1993.

Hussein Kamel, *La cité unique*, Paris, Sindbad, 1973.

Jean-Paul II, Discours à Casablanca, *La Documentation catholique,* n° 1903, 6 octobre 1985.

Ledit Charles J., *Mahomet, Israël et le Christ*, Paris, La Colombe, 1956.

Lelong Michel (P.), *L'Église catholique et l'islam*, Paris, Maisonneuve & Larose, coll. « Orient-Orientations », 1993, 126 p.

…, Paris, Cerf, 1979.

Messner Francis (sous la dir. de), *La culture religieuse à l'école : enquête, prises de position, pratiques européennes*, Paris, Cerf, 1995, 284 p.

Pousseur Robert, *En quête d'identité. Des jeunes ensemble, chrétiens, musulmans et « croyants autrement »*, Paris, Éd. de l'Atelier, 1997, 110 p.

Saïd Edward, *L'orientalisme : l'Orient créé par l'Occident*, Paris, Le Seuil, 1980.

Talbi Mohamed et Clément Olivier, *Un respect têtu*, Paris, Nouvelle Cité, 1989.

Talbi Mohamed, *Islam et dialogue. Réflexions sur un thème d'actualité*, Tunis, Maison tunisienne d'Édition, 1979.

Thomas Michel, *Pour comprendre le christianisme : un chrétien présente sa foi aux musulmans,* IMO, Cernusco/Milan, 1993.

La convivance entre chrétiens et musulmans dans les pays méditerranéens, Rome, Séminaire de travail, CHEAM-PISAI, 29 septembre - 1er octobre 1994.

Enjeux du dialogue avec les juifs et les musulmans, texte commun de la commission Église - Peuple d'Israël et de la commission Église - Islam de la Fédération protestante de France, Paris, 1996.

Groupe de recherche islamo-chrétien, *Les Écritures qui nous questionnent. La Bible et le Coran,* Paris, Centurion, 1987.

Groupe de recherche islamo-chrétien, *Foi et justice. Un défi pour le christianisme et pour l'islam*, Paris, Centurion, 1993.

Groupe de recherche islamo-chrétien (GRIC), *Pluralisme et laïcité. Chrétiens et musulmans proposent*, Paris, Bayard Éditions et Centurion, 1996, 266 p.

Islams en mutation, Dossier de la revue *Études théologiques et religieuses*, présenté par Jean-Paul Gabus, t. 71, Montpellier, 1996.

Musulman mon prochain, Actes du colloque de Sète, organisé par la commission Église - Islam de la Fédération protestante de France, avril 1994.

Pluralisme et laïcité. Chrétiens et musulmans proposent - Groupe de recherche islamo-chrétien, Paris, Bayard Éditions et Centurion, 1996, 266 p.

Tartar Georges, Connaître Jésus-Christ. Lire le Coran à la lumière de l'Évangile, *Évangile Islam*, 5, 1985.

Tartar Georges, Jésus-Christ dans le Coran, le débat théologique, *Évangile Islam*, 13, 1993.

Vivre avec l'islam, réflexions chrétiennes sur la religion de Mahomet, ouvrage dirigé par Annie Laurent, Paris, Éd. Saint-Paul, 1997, 288 p.

IV – RELATIONS FRANCE ET ISLAM

Altschull E., *Le voile contre l'école*, Paris, Le Seuil, 1995, 280 p.

Balkati S., *Islam de France et laïcité*, Paris, Ligue française de l'enseignement et de l'éducation permanente, 1995, 160 p.

Bencheikh El Hocine Soheib, *Islam et laïcité. Étude doctrinale concernant le débat sur les musulmans de France*, thèse soutenue à l'École pratique des hautes études, Section des sciences religieuses, le 13 mai 1996.

Bozdemir M. (sous la dir. de), *Islam et laïcité : approches globales et régionales*, Paris, L'Harmattan, 1996, 438 p.

Costa-Lascoux J., *Les trois âges de la laïcité*, Paris, Hachette, 1996, 142 p.

Frémeaux Jacques, *L'islam et la France depuis 1789*, Paris, PUF, coll. « Politique d'aujourd'hui », 1991, 292 p.

Gaspard Françoise et Khosrokhavar Farhad, *Le foulard et la République*, Paris, La Découverte, 1995.

Kaltenbach J. H. et P. P., *La France, une chance pour l'islam*, Paris, Félin, 1991.

Le Pors Anicet, avec les contributions de Laurent Fabius, Robert Hue et Philippe Seguin, *Le nouvel âge de la citoyenneté*, Paris, Éd. de l'Atelier, Éd. Ouvrières, 1997, 174 p.

Perri P., L'islam et l'État, in *Les Cahiers de l'Orient*, Paris, 1995, 2e trimestre, p. 131-137.

Tribou G., *L'entrepreneur musulman, l'islam et la rationalité d'entreprise*, Paris, L'Harmattan, coll. « Comprendre le Moyen-Orient », 1995, 236 p.

Laïcité française : le port du voile à l'école, 2 t., Paris, FAS, 1995.

Liens culturels et intégration, Paris, Haut Conseil à l'intégration, 1995, 86 p.

Problèmes d'histoire des religions. Pluralisme religieux et laïcité dans l'Union européenne, Bruxelles, Éd. de l'Université de Bruxelles, collectif, 1994, 176 p.

Arkoun Mohamed, *Lecture du Coran*, Paris, Maisonneuve & Larose, 1982.

Balta Paul, *L'islam dans le monde*, Paris, La Découverte, 1986, 384 p.

Benkheira Mohammed Hocine, *L'amour de la Loi. Essai sur la normativité en islam,* Paris, PUF, coll. « Politique d'aujourd'hui », 1997, 408 p.

Bistolfi Robert et Zabbal François, *Intégration ou insertion communautaire ?,* La Tour-d'Aigues, Éd. de l'Aube, 1995, 380 p.

Boubakeur Si Hamza, *Traité moderne de théologie islamique*, Paris, Maisonneuve & Larose, 1985.

Boutaleb Abdelhabi, *Monde islamique et le projet de nouvel ordre mondial*, Paris, PUF, 1995.

Burgat François, *L'islamisme en face*, Paris, La Découverte, coll. « Islam et société », 1995, 264 p.

Carré Olivier, *L'islam laïque ou le retour à la Grande Tradition*, Paris, Armand Colin, 1993.

Caspar Robert, *Traité de théologie musulmane*, Rome, Institut biblique pontifical, 1987.

Cesari Jocelyne, *Faut-il avoir peur de l'islam ?,* Paris, Presses de Sciences-Po, coll. « La Bibliothèque du citoyen », 1997, 128 p.

Chafiq Churio et Khosrokhavar Farhad, *Femmes sous le voile face à la loi islamique*, Paris, Éd. du Félin, 1995, 240 p.

Chérif Ferjani Mohamed, *Islamisme, laïcité et droits de l'homme*, Paris, L'Harmattan, 1991, 397 p.

Étienne Bruno, *L'islamisme radical*, Paris, Hachette, 1987, 366 p.

Ghalioun, Burhan, *Islam et politique, la modernité trahie*, Paris, La Découverte, 1997, 254 p.

Gozlan Martine, *Pour comprendre l'intégrisme islamique*, Paris, Albin Michel, 1995, 180 p.

Hamidullah Mohamed, *Le prophète de l'islam*, Paris, Imprimerie BM, 1979.

Hirt Jean-Michel, *Le miroir du prophète. Psychanalyse et islam*, Paris, Grasset/Fasquelle, 1993, 278 p.

Kamrane Ramine, *La fatwa contre Rushdie. Une interprétation stratégique*, Paris, Kimé, 1997, 130 p.

Kepel Gilles et Richard Yann, *Intellectuels et militants de l'islam contemporain*, Paris, Le Seuil, 1990.

Kepel Gilles, *La revanche de Dieu : chrétiens, juifs et musulmans à la reconquête du monde*, Paris, Le Seuil, 1992, 288 p.
Kepel Gilles, *Les politiques de Dieu*, Paris, Le Seuil, 1993.
Kepel Gilles, *Le prophète et le pharaon : aux sources des mouvements islamistes*, Paris, Le Seuil, 1993.
Kepel Gilles, *A l'ouest d'Allah,* Paris, Le Seuil, 1994, 330 p.
Labat Séverine, *Les islamistes algériens entre les urnes et le maquis*, Paris, Le Seuil, 1995, 344 p.
Lacoste-Dujardin Camille, *Des mères contre les femmes. Maternité et patriarcat au Maghreb*, Paris, La Découverte, 1966.
Lafitte Maria, L'islam au miroir de ses voiles, in *Autres temps. Cahiers d'éthique sociale et politique,* n° 56, Paris, 1997, p. 111 à 125.
Lamchichi Abderrahim, *Islam et contestation au Maghreb*, Paris, L'Harmattan, 1989, 346 p.
Laroui Abdallah, *Islam et modernité*, Paris, La Découverte, 1896, 188 p.
Locquin Jacques, *L'intégrisme islamique : mythe ou réalité ?,* Paris, L'Harmattan, 1997, 190 p.
Quaradawhi Youssef, *Les facteurs de facilité et de souplesse dans le droit musulman*, Le Caire, Wahba, 1990 (en arabe).
Ramadan Tariq, *Les musulmans dans la laïcité. Responsabilités et droits des musulmans dans les sociétés occidentales*, Lyon, Tawhîd, 1994, 156 p.
Ramadan Tariq, *Islam. Les civilisations face à face. Quel projet pour quelle modernité ?,* Lyon, Les Deux Rives, 1995.
Ramadan Tariq, *L'islam et les musulmans : grandeur et décadence*, Paris, al Bouràq, 1995.
Ramadan Tariq, *Islam, le face-à-face des civilisations*, Paris, Les Deux Rives, 1995.
Roy Olivier, *Généalogie de l'islamisme. Questions de société,* Paris, Hachette, 1995, 144 p.
Roy Olivier, *Le radicalisme religieux dans le monde arabo-musulman*, Paris, Hachette, 1995.
Saint-Blancat Chantal, *L'islam de la diaspora*, Paris, Bayard, 1997, 196 p.
Tillion Germaine, *Le harem et les cousins*, Paris, Le Seuil, 1966.
Waardenburg Jacques, *Les fausses peurs de l'islam. L'histoire des religions et la crise actuelle*, Paris, Cerf, 1995.
Zeghidour Slimane, *Le voile et la bannière*, Paris, Hachette, 1990, 156 p.

Accepter ou maîtriser les islamistes ?, revue *Hérodote,* n° 77, Paris, La Découverte, 1995.

Benguigui Yamina, *Mémoires d'immigrés. L'héritage maghrébin*, Paris, Canal + Éditions, 1997, 210 p.

Brabant Jacques, *La population marocaine en Alsace*, Strasbourg, Gerim, FAS, octobre 1995.

Weil Patrick, *La France et ses étrangers. L'ouverture d'une politique de l'immigration, 1938-1991*, Paris, Calmann-Lévy, coll. « Folio », 1995.

Weydert J., Musulmans de France, in *Projet*, n° 244, hiver 1995-1996, p. 106-112.

Affaiblissement du lien social, enfermement dans les particularismes et intégrations dans la cité, Rapport du Haut Conseil à l'intégration remis au gouvernement le 17 mars 1997.

Enquête mobilité géographique et insertion sociale, Rapport final, INED (avec le concours de l'INSEE), Paris, mars 1995.

VII – L'ISLAM EN FRANCE

Ageron Charles Robert, L'immigration maghrébine en France, un survol historique, *XXe siècle*, n° 7, juillet-décembre 1985.

Aubert R., *L'affaire Rushdie*, Paris, Cerf, 1990.

Babès Leïla, *L'islam positif. La religion des jeunes musulmans de France*, Paris, Éd. de l'Atelier, 1997, 224 p.

Balkati Souad, *Islam de France et laïcité*, Paris, Ligue de l'enseignement, 1995, 160 p.

Bellion-Jourdan Jérôme, « Jeunes Musulmans » en société française, in *Études*, Paris, septembre 1995, p. 231-242.

Bellion-Jourdan Jérôme, *Jeunes musulmans : la construction communautaire, modalité nouvelle de la participation dans la société française ?* (sous la dir. de Sébastien Rodié), mémoire de l'Institut d'études politiques de Grenoble, septembre 1994, 212 p.

Bencheikh El Hocine Soheib, *Islam et laïcité. Étude doctrinale concernant le débat sur les musulmans de France*, thèse de doctorat soutenue le 13 mai 1996, Paris, École pratique des hautes études.

Bencheikh Soheib, *Marianne et le prophète, l'islam dans la France laïque*, Paris, Grasset, 1998, 282 p.

Bichet Robert, *Un comtois musulman, le Dr Philippe Grenier, prophète de Dieu, député de Pontarlier*, Besançon, Éd. Jacques & Demontrond, 1976, 198 p.

Boussinesq Jean, *La laïcité française*, Paris, Le Seuil, 1994, 210 p.

Brisebarre Anne-Marie, Le sacrifice de l'Ayd-Al-Kabîr en France (1990-1995), *Migration Études*, mars 1996, 12 p.

Brisebarre Anne-Marie et Lallaoui Mehdi, *Sacrifices et abattages rituels musulmans en France*, Paris, FAS, 1991, 184 p.

Brunin Jean-Luc, *Rencontrer l'islam*, Paris, Éd. de l'Atelier, 1993, 182 p.

Cesari Jocelyne, *Être musulman en France : associations, militants et mosquées*, Paris - Aix-en-Provence, coéd. Karthala/Iremam, 1994, 368 p.

Cesari Jocelyne, *Être musulman en France aujourd'hui*, série dirigée par Bruno Étienne, Paris, Hachette, 1997, 240 p.

Charte du culte musulman en France, présentation et commentaires du Dr Dalil Boubakeur, recteur de l'Institut musulman de la Mosquée de Paris, Monaco, Éd. du Rocher, 1995, 156 p.

Diop Mustapha, Structuration d'un réseau : la « Jannaat Tabligh » (société pour la propagation de la foi), in *Revue européenne des migrations internationales*, vol. 10, n° 1, 1994, p. 145-155.

El Yazami Driss, *Le point sur l'islam en France*, Paris, ADRI, 1991, 16 p.

État des lieux sur la question de l'islam à Mulhouse, rapport réalisé à la demande de la ville de Mulhouse, Observatoire régional de l'intégration Alsace, Strasbourg, octobre 1995, 82 p. + annexes.

Étienne Bruno, *La France et l'islam*, Paris, Hachette, 1989.

Étrangers, immigrés, Français, *XXe siècle,* n° 7, 1985.

Galembert C. de, De l'inscription de l'islam dans l'espace urbain, in *Annales de la recherche urbaine,* n° 68-69, septembre-décembre 1995, p. 179-188.

Geisser Vincent, *Ethnicité républicaine. Les élites d'origine maghrébine dans le système politique français,* Paris, Presses de Sciences-Po, 1997, 262 p.

Gozlan Martine, *L'islam et la République. Des musulmans de France contre l'intégrisme*, Paris, Belfond, 1994, 180 p.

Intermédiaires culturels, le champ religieux, Statut, rôle et formation de l'imam en France. Le cadre et les ressources juridiques pour l'islam

L'islam, religion et société, Paris, Ligue de l'enseignement, 1990, 74 p.
Islam de France, Revue d'information et de culture musulmane, n° 1, L'Harmattan, 1998, 192 p.
Jund Alain, Dumont Paul, de Tapia Stéphane, *Enjeux de l'immigration turque en Europe, les Turcs en France et en Europe*, Paris, L'Harmattan, CIEMI, 1995, 318 p.
Kaltenbach Jeanne-Hélène et Pierre Patrick, *La France, une chance pour l'islam*, Paris, Éd. du Félin, 1991, 258 p.
Kepel Gilles, *Les banlieues de l'islam*, Paris, Le Seuil, 1987.
Kepel Gilles, Les populations d'origine musulmane : insertion ou intégration ?, in *La France dans deux générations : population et société dans le premier tiers du XXIe siècle*, sous la direction de G. Tapinos, Paris, Fayard, 1990, p. 285-301.
Kepel Gilles, *Les banlieues de l'islam : naissance d'une religion en France*, Paris, Le Seuil, 1991, 434 p.
Khosrokhavar Farhad, *L'islam des jeunes*, Paris, Flammarion, 1997, 324 p.
Krieger-Krynicky A., *Les musulmans en France. Religion et culture*, Paris, Maisonneuve & Larose, 1985.
Labat Séverine, *L'exercice des libertés religieuses musulmanes en France*, Paris, FAS, 1991, 96 p.
Lapeyronnie Didier et Dubet François, *Les quartiers d'exil*, Paris, Le Seuil, 1992.
Le Pors Anicet, avec les contributions de Laurent Fabius, Robert Hue et Philippe Seguin, *Le nouvel âge de la citoyenneté*, Paris, Éd. de l'Atelier, Éd. Ouvrières, 1997, 174 p.
Leveau Rémi et Kepel Gilles, *Les musulmans dans la société française*, Paris, Presses de la Fondation nationale des sciences politiques, 1988.
Leveau Rémy et Withol De Wenden Catherine, *Modes d'insertion des populations de culture islamique dans le système politique français*, Paris, MIRE, 1991, 266 p.
Lorne A., *L'envers de l'islam. D'Aden à Paris*, Paris, L'Harmattan, 1994, 118 p.
Monde arabe, migrations et identités, Revue du monde musulman et de la Méditerranée, n° 43 (1987-1).

Morsy Magali, *Demain, l'islam de France*, Préface de Dalil Boubakeur, recteur de l'Institut musulman de la Mosquée de Paris, Paris, Mame, 1993, 204 p.

Présence musulmane en France, diversité, mutations et perspectives, Dossiers du SRI, n° 2, Paris, 1997, 60 p.

La République, l'immigration, l'islam ou le triangle des malentendus, dossier documentaire avec B. Étienne, M. Rodinson, C. Liauzu, P. A. Taguieff, Paris, UTIT, 1992, 262 p.

Le sacrifice de l'Aïd el Kébir en France, *Migrations Études*, n° 63, mars 1996, 12 p.

Sellam Sadek S., *L'islam et les musulmans en France,* lettre-préface de Jacques Berque, Paris, Tougui, 1987, 486 p.

INDEX DES NOTIONS

Imprimé en France
Imprimerie des Presses Universitaires de France
73, avenue Ronsard, 41100 Vendôme
Décembre 1998 — N° 45 766